劉君祖易經世界

身處變動的時代，易經教你掌握知機應變，隨時創新的能力。

易經六十四卦的全方位導覽

易經密碼　第五輯

劉君祖——著

目錄

進退有度——遯卦第三十三（䷠）

黑暗之心——明夷卦第三十六（䷣）

恩仇俱泯——解卦第四十（䷧）

進退有度——遯卦第三十三（䷠）

奪其所愛

第三十三卦遯卦和第三十四卦大壯卦（䷡），這兩卦的文字篇幅很少，但是隨著對《易經》的越來越熟悉，人生的歷練也比較豐富後，這兩卦的內涵卻可以發揮不盡。這也是《易經》很迷人的地方。有很多精簡的經句，有時候在不同的年齡、不同的歲月、不同的環境，甚至不同的心情等不同的經驗遭遇中，同樣可以玩味出新的意義，沒有窮盡；讓幾千年甚至更久以後的人產生類似的反芻，不斷發現新東西。這就是經典，好像它也會隨著人類的成長而成長，不是一下子就可以完全掌握的。

「甚愛必大費，多藏必厚亡。」這是老子《道德經》上面的名言，說的就是對某些事物愛到了執著的地步，無它就茶不思飯不想，仿如「憧憧往來，朋從爾思」。這就是愛過頭，喪失自己的主體性。有時可能為了持續維繫深愛的事物，極力去維護，執著在其中，就會做出很多傻事，結果是「多藏必厚亡」。這就是遯卦跟大壯卦所要告訴我們的。

對於某一事物的執著過頭，是我們人類最大的弱點。老子如此講，《孫子兵法》也講：「奪其所愛則聽矣。」你所愛的事物一旦被人家奪取，你不能容忍失去自己珍愛的事物，那就完全聽從人家的擺佈了。所以在當今社會，奪其所愛的綁票永遠有效，一旦不惜代價贖回你的所愛，你的所愛就變成致命的弱點。

一旦完全聽從擺佈，就失去了反抗的意願，這就是兵法所講的「奪其所愛」。把敵方要害抓到，讓敵方什麼力量都發揮不出來。可見，人、事、物都一樣，愛過頭了都不是好事。從人情人性來講，綁票永遠有效，通常都會達到一定的效果，讓人方寸大亂。在古代社會，如果遇到一個強大的對手，就要奪他的所愛，但是千萬不要判斷錯誤，一旦抓住這一心理弱點，就可以做多方面的運用攻防。因此，一個比較重要的人為了避免這種挾持，他之所愛就一定不能讓世人知道，尤其不能讓敵人知道。

進退有度

言歸正傳，回到遯與大壯二卦的關係這一正題來。這兩個卦都是屬於十二消息卦。《易經》的十二消息卦，大部分是陰陽對立，但這種對立不是陰爻、陽爻錯開或者你中有我、我中有你，而是陰陽各自為政、各有陣營；純粹是陰消陽長、陽長陰消的格局。如果悟透了這十二消息卦，我們就會發現，一旦活用這十二消息卦，全部都是很厲害的兵法。像大壯卦中的兵法意涵就非常明顯。「大壯」的另外一面就是「遯」，表現在兵法原理中的印證，就是有沒有給自己預留退路，退路就是「遯」，如果到時候要遯，就要預備全身而退，否則就會被套牢。「遯」的造字就是典型的「小豬跑路」，小豬一旦無心戀戰，就想抽身而退，不再承接任何的責任。因此，在人生中，當我們面對一些事情而覺得越來越無趣或有心無力時，就得選擇遯。至於能不能遯得了，能不能維持平衡、盡量降低損失，甚至完全沒有損失，這就與此時的身心狀況有關了。因為人通常在面臨退陣的時候，可能當初投入了很多資源或精力，等到要退的時候，面對取捨就很難抉擇；所以人生在每一個場域中遯退的時候，可能多多少少都要承擔一些損失。但是遯卦之「遯」，竟然可以零損失，走的時候沒有任何人留得住，好像只是多了一次歷練，純粹是一進　出而已，來去自如，進退有度。

通常人在這方面的教訓很多，一般來說，要進某個場域，只要滿足進那個門檻所需要的資源和能力，經過一定程度的競爭考核就可以進去了；甚至有的門檻很低或者不設門檻，所以「進」不是很難。但是「退」的時候就不是如此容易了。如果說你進去之後什麼也沒得到，「退」就等於浪費時間，當你一進一出的時候，空入寶山而一無所得，那就賠大了。這就是機會成本，浪費了青春不說，想要再進也不行，於是就退，退就是認賠殺出。那麼這不能算是「小豬跑路」，「小豬跑路」是有所得，而且想帶走的東西都帶走了，不管是有形的還是無形的，都不能夠阻攔，甚至也不會傷及進來之後建立的某些關係。這就是「遯」。人生的退場機制要做到這點，真的需要很圓熟的智慧，判斷的精準跟時機的拿捏非常重要。「遯之時義大矣哉」，正如遯卦〈彖傳〉所說的，只有掌握了這一點，就能進退自如。

老成凋謝和少壯接班

「遯」是人生的情境之一，因為有進，就一定有退；如同有生就有死、有老就有病、有興就有衰、有頤卦就有大過卦，這是絕對的。要是像「亢龍有悔」般「知進而不知退，知存而不知亡，知得而不知喪」，那就不妙了。只有「知進退存亡而不失其正者，其唯聖人乎。」所以人生要至少修到聖人層次，才能把這個問題處理得很好。可見，「遯」是人生非常重要的課題，在這個課題上，很多人都不及格，所以很痛苦。在歷史上，很多這種人該遯不遯，被世人稱為「老賊」。老賊使得大家都很困擾，前進的路被他阻礙、塞住，甚至很多負面情緒的散播也與他有關，他忽略了與時俱進的重要性，忽略了新一代需要的成長空間。其實任何組織、任何一個正常發展的社會，不是沒有某人就不會運轉了，要知道明天早上的太陽依舊會升起來，為什麼你就不能「遯」呢？像臺灣的經營之神王永慶先生，他上班上到九十幾歲，到最後還是得「遯」，但是有沒有安排後人的接班呢？安排得好不好呢？這就要檢驗一個人的智慧了。從後面的紛爭來看，顯然他並沒有真正做好圓熟的安排。

可見，「遯」絕對不是一件容易的事情，這一人生必修的課題，修得好的少之又少，每個人都要往前進，大多數人「知進而不知退，知存而不知亡」；都是「亢龍」的命，辛苦了一輩子，最後自己心生憤懣冤屈，不知不覺就變成這個社會跟組織進化的障礙，因為那種遯不了的心態放不掉，罣礙很深。所以我們要向「小豬跑路」學智慧，學它脫身有術，心無罣礙，很自在。

有「遯」當然就有「大壯」，這是很簡單的道理，是典型的世代交替。為什麼要「遯」呢？因為老成凋謝，可能是任期或者壽命到頭，也可能是緣分已盡，所以要交棒給下一代或新人，還要卸責，輕鬆走人，所以後面一定要有人接任。任何一個組織不是說非某人不可，非哪一代人幹到死不可，下面一定要有接班人。就像在古代社會，有人辭官歸故里，就有不知道多少倍的人進京趕考。辭官歸故里就是「遯」，進京趕考的少壯派就是「大壯」，血氣方剛，自信很足。這就是遯卦與大壯卦，是一體的兩面，而且一定要有人讓出位置，年輕人才能接棒。老的如果不遯，少壯的怎麼接呢？

「遯」可以是個人，也可以大到任何組織，甚至是文明。與時俱進的文明、社會、組織或個人，都要面臨「遯」的考量。要「遯」得圓滿，就不要自私自利，不要「人存政舉，人亡政息」，要安排接班的人、團隊或行之有效的制度，那就叫大壯。接班的人可能因為年輕、少壯，經驗不足，直接交給他們可能會有問題，所以在實質上你退了，可能還會用不是在枱面上的身份來協助、照顧他們走一段。不然那些大壯的怎麼成熟呢？否則會青黃不接，世代交替如何下去呢？但是一個組織在傳承最脆弱的時候，不可能是點對點的接觸，那樣的作法使得經驗沒有辦法傳承，因為經驗不是醍醐灌頂，一定需要前輩無私的奉獻直到可以放心撒手，中間有一段協助的過程，培養下一代樹立威望和獲得經驗，這些都是務實的，不要務虛。為什麼「遯」有時候很難？就是因為有時真的不是一下子可以撒手的，需要有一段經驗的傳承，即世代交替的過程。世代交替就是「遯」與「大壯」。前面不「遯」，後面的「大壯」無法承受，所以退的一代，對可能要上來接的那一代，都要有一個安排，這就是這兩卦深層的意義。

老成凋謝謂「遯」，少壯接班叫「大壯」，不管是企業交棒，還是領導人換屆，都要有很周密的方案，要一步一步來。培植接班人是做大事業的第一要義，天有不測風雲，隨時都會發生變故，個人或組織一定要想到這個問題，甚至在開始時，就要想到最後一天。有很多事情可能在「遯」與「大壯」交接的過程中發生，老天甚至會故意跟你開玩笑，所以你一定要有備案應對突發事變。因為真正的大事情絕對不是一個人、一個時代可以做得完、做得圓滿，需要生生不息、終而復始的人和力量來擔當。每一代經驗的傳承，都需要有一套圓熟的「遯」與「大壯」的機制。「遯」是交班退了，「大壯」可並沒有進，是停在那裡，還在蘊養。

以前我也提過，大壯卦不管卦辭、爻辭還是傳，只告訴你一件事情，即不要輕舉妄動。只要占到大壯卦或者落在大壯卦任何一爻，不動為宜，一動不如一靜。不管你多有自信，不管老前輩多麼罩著你，只要還在大壯這個卦的氛圍裡，動輒得咎。尤其在身體保養、養生方面，大壯卦是在陰曆二月份，乍暖還寒時候，早晚溫差大，這時特別危險。尤其老年人或有宿疾者，身體很可能會出事，有心臟、肝臟方面疾病的，很可能就會掛掉。那什麼時候進？大壯的下一卦晉卦（䷢）。「晉」代表日出，旭日東升正是大好時機。等到大壯的階段圓滿了，到晉卦的時候，自然而然就可以進了，所以不是一代退了以後，下一代馬上就可以進，還要一段蘊養的時間，那就是大壯卦的六個爻到了圓滿成熟的時候，下面才可以進。

但是這跟一般的人性人情正好相反，所以問題層出不窮；尤其在世代交替的階段，往往是最危險的時候，一是有人藉此機會進行破壞，很容易影響到組織或個人的安全交棒；一是血氣方剛的年輕人喜歡衝，不知道天高地厚，新官上任三把火，一出手就不凡，想要有新的表現。可是如果還處在大壯卦的階段，要有新的表現就是不可能，只有等到晉卦的時候才能真正進，因為這時的人已經很老成了，不再是血氣方剛的年輕人了；所以有一種說法，大壯卦就像青春期的青少年犯罪，熱情有餘，冷靜跟經驗智慧不足，做事情常常適得其反，會出很多狀況，這就是所謂的「殘酷青春」。等到我們學完大壯卦之後，你會看得更清楚，這時候真的不能動；不過，並不是讓你永遠不動，只是時機成熟時再動。按照自然卦序，總有可以動的時候。如果在動輒得咎的環境中沒動，保全了資源，將來進的能量就很可觀。如果躁動，就可能把「遯」留下來的東西統統敗光，也不會有「進」了，這是要特別小心的地方。

遯卦的十二消息卦分析

在十二消息卦中，大壯卦是陰曆二月，遯卦是陰曆六月。我在否卦中講過，否卦（䷋）是陰曆七月，否卦的「否之匪人」真的不是開玩笑。這個月份在佛教或中國民間看來，其中就隱藏了文化DNA的訊息，節氣很特殊。遯卦也有其絕對的道理，正值陰曆六月，是很熱的暑夏時節，這時的暑氣最濃，很耗體力，所以在這個時候，要特別注意身心的保養。

在遯卦的月份，這麼熱的天，不適合做任何事情，不適合教書，不適合上課，大家都得遯。古印度時期就有「夏安休」，就是一年最熱的季節，你再有慧根去聽佛經，也會熱得汗流浹背，受不了。所以印度的佛教徒每年大概有三個月，甚至更長的時間，不大開道場，廣衍經義。這個時期就叫「遯」。

遯卦在中國古代是很受歡迎的，很多人受了挫折或者官場不如意時，便回家種田，退隱避世；

就像天山遯的月份，非常熱的時候，做什麼事情都心煩意亂，效率不好，所以大家最好到山裡頭去避暑，找一個清靜的地方清修，冷靜身心，不要有大規模的群聚活動。

當然，像印度佛教徒夏安休的制度，其實並不是全部停擺；研討真理、身心性命的學問哪有假期呢？他們是換一個方式，只是不講經、不開法會，這是針對大眾來講；精英分子、傳道師更不會懈怠。在最熱的那一段時間，可以藉機跟同儕切磋琢磨，盡量利用「天下有山」的地方學習、精進。

「遯世无悶」的智慧

我們都知道，乾卦的初爻「潛龍勿用」講的就是「遯世无悶」，即耐得住寂寞。還有大過卦（䷛），其〈大象傳〉說的也是「遯世无悶」；在面臨「澤滅木」的毀滅性環境中，「君子以獨立不懼，遯世无悶」。這都是運用遯卦的智慧。可見，遯並不簡單，純屬高難度。像乾卦初爻，如果你修到了「遯世无悶」，有什麼好處呢？就是等到哪一天你變成亢龍的時候，保證無悔。因為「潛龍勿用」時耐得住寂寞，基礎功扎實，等到退下來之後，就會知進退存亡。如果在初爻時就耐不住寂寞，不懂得「遯世无悶」，到該遯的時候卻是「亢龍有悔」，就做不到知進知退了。

遯卦的錯卦是什麼呢？臨卦（䷒），二陽在下，有「大震」之象，「帝出乎震」，所以可以君臨天下。和遯卦不同，臨卦是積極行動，全身心入世投入其能量，勇於面對一切挑戰；而遯卦則是勇於不面對。性質完全對反。臨卦之時勇於面對人生的一切挑戰，發揮無窮的創意去克服困難，自由開創自己的事業格局。臨卦為什麼能勇於面對？因為兩個陽爻在下面站得很穩。遯卦為什麼要遯呢，因為初爻和二爻都空了，沒有立地的條件；站不住腳，地位已經空了，當然就得遯。遯卦又稱「大巽」（☴）之象，「巽」是低調沉潛無形的，把什麼事情都處理得圓圓滿滿，而且也了解天命，所以在「遯」的時候就要用到「巽」的智慧。遯之前安排得天衣無縫，一點瑕疵都沒有，然後了無罣礙地離開。而大壯卦（䷡）則不同，為「大兌」（☱）之象，很容易衝動，猶如青春期的燥熱難耐，這就是大壯的危機。

大壯「大兌」之象

大壯卦有大兌之象，也是天地人三才兼三才而兩之；即初爻、二爻的地位是同質的，要陰就同陰，要陽就同陽，就會構成這種情形。既然是同陰同陽，又同在天地人位的，濃縮成三畫卦，就是基本的八卦，像遯卦就有大巽之象。大壯有大兌之象，兌是少女情懷，是兩情相悅，也就是危險的青春，容易躁進就容易犯錯，是典型的青春期燥熱。這樣的濃縮解讀，就多了一個全方位深透觀察了解大壯卦的角度，有助於加深理解。

這也是我們學《易》越久就越讚歎的地方，《易經》的這種創作已進入化境，看著平平常常幾個字，當你的人生經驗剛好跟它符合的時候，你會發現真的就是這樣，不能多講，也不能少講，韻味就跑出來了。而真正斷卦的難處也難在這裡，有基本功的同時，還有臨機應變的思維，才能斷得神準。像要了解遯卦，遯卦有大巽之象，就要懂得巽卦。人生知所進退，該遯的時候遯得圓滿、不痛苦，遯得很自在，不傷害到別人，也不耽誤事情的繼續運轉，你就要活用巽卦的智慧。處大壯卦的時候就要知曉，因為它有大兌之象，好像一個放大的兌卦一樣；那你就要小心，兌卦有利的地方在哪裡，不利的地方在哪裡，千萬不要犯兌卦的毛病。像「甚愛必大費」就是兌卦的毛病，那可是一個致命的弱點，兌卦上面是有缺口的，很多東西可以從裡面宣洩出來，外面的東西也可以從那裡倒進去。愛過頭了必大費，而且弱點完全暴露在外面。多講、愛表現，自己無法保護自己，也可能傷害到別人，這就是兌卦的毀折之象。照這樣看就不妙了，想要提前退休，少領退休金恐怕都辦不到了，其實何必呢？動輒得咎，可能毀人毀己，甚至是破壞環境。

大壯卦的時候最容易衝動，就像陰曆二月天氣狀況不穩定一樣，此時身體也容易生病，養生就變得非常困難。在陰曆二月，一動不如一靜。動沒有任何好處，可是人心就是躁動，就是不寧。在這種晝夜溫差大、乍暖還寒的時候是最可怕的，就像遯卦跟大壯卦世代交替，老一代交給下一代時，那是很脆弱、很危險的時期，一定要有智慧，才可以安全周到地度過這一段；甚至還要蘊養一段時間，才可以真正地進；這種進才是扎實的，才有日出東方的新氣象。大壯卦本身是要蓄養的，可是它偏偏是兌卦情懷激蕩的青春熱情，而且所值的節氣——驚蟄和春分也是在鼓勵這樣的情懷。剛開始打春雷曰「驚蟄」，有朝一日春雷動，本來蟄伏的事物都蠢蠢欲動了，人內心中的情欲也是蠢蠢欲動，這種大兌之象很難壓抑住情欲的衝動。自然動物的本性就是這樣，到一定的節氣就會有相應的行動。作為人，就容易有很多事情出來，人衝動，能量沒有地方去，又是高度不穩定的狀態，「二月二，龍抬頭」，大壯卦下卦是乾、上卦是震都有龍的象，內外陽氣之盛不可阻擋，可是它又不像泰卦那麼平衡，是交泰的。它是典型的陽盛陰衰，連著四個陽，氣壯如洪，卻沒有地方宣洩，而且還偏偏不能宣洩，必須調養靜待時機，否則動輒得咎，所以克制起來非常之難。

無立地之象和無天時之象

除了有大巽大兌之象，遯卦和大壯卦還有一個致命的弱點。我們看卦的結構就知道，像遯卦就是無立地之象，沒有立地條件。初爻、二爻的地位都空了，支撐不住上面四個陽爻，所以站在組織的高層一定要安排遯，因為缺乏民意的支撐，還不趕快見機榮退。再不退，下面看你的眼光就不一樣了，會由遯（䷠）而否（䷋）、而觀（䷓）、而剝（䷖），而且正是陰長陽消的時候，不趕快安排遯，結果只會越來越糟。那麼大壯卦什麼是空的？天時的位置。上面的五爻、上爻是空的，畢竟太嫩、太年輕，以為自己很不錯了，其實歷練不夠，只是有地位而已，一副接班人的態勢罷了。身強體健，血氣方剛，年富力強，也有人脈，像三爻、四爻的人氣也足，可是天位，最重要的天時是「空」的，天位猶虛，時機沒有成熟；天時未至，怎麼可以大展身手呢？大壯卦完全不佔天時，就像遯卦沒有地利一樣。

再如世代交替，遯卦交給大壯卦，就算是合法的，新的領袖起來了，坐上那個龍椅，但會扮演好那個角色嗎？當然不是。所以大壯卦可能是接班人，但老一輩不放心，還會在暗中指導扶持少壯一代。就像大壯卦的結構一樣，上卦是震，長子接班，下卦是乾，老父隱退，他交給長子繼承，由長子來主持大局；但是長子還不能輕舉妄動，需要磨練，直到自己成熟，能夠獨自料理政務、做決策、解決問題為止。像以前的皇權時代，很多皇帝上來還是娃娃，所以一定要有攝政王、輔國大臣，如多爾袞攝政，順治親政時，多爾袞就得「滾」了。還有康熙時就有鼇拜等四大輔臣，不過總有一天娃娃皇帝會長大，長大之後，就變成老臣要不要遯的問題了。要是沒遯好，可能就被小皇帝收拾了，像鼇拜就是如此。歷史上這種老臣少主的現象太多了，三國蜀漢時期，劉備臨終時交代顧命大臣諸葛亮要照顧少主，諸葛亮真可謂是「鞠躬盡瘁，死而後已」，像相父般盡心輔佐後主——白癡皇帝劉禪。諸葛亮一死，劉禪就真的是白癡了，在位四十年，如同行屍走肉。還有商鞅輔佐秦孝公，君臣二人肝膽相照，但最後商鞅卻死在秦孝公的兒子秦惠王手中。這種大壯一接手就大開殺戒，歷史上這些現象真是充滿了人世的辛酸跟智慧，如何處理得好，不留遺憾，只有遯。像伊尹三放太甲，最後成就君臣佳話。周公輔佐成王剛開始權傾天下，但是他即使不篡位，還是有人說他心懷不軌，最後歸政於成王才讓人放心。可見顧命大臣的風險有多高，一不小心就人頭落地。

從卦的結構中看，真的是「遯」中有「遯」，「大壯」中有「大壯」。遯卦初、二、三、四、五爻構成的卦中卦還是天山遯，「遯」中有「遯」，這就說明第一次遯即使圓滿，第二次遯就可能流血；也就是說過得了初一，過不了十五，想遯都遯不了。就像商鞅感覺到不對勁時，要遯都遯不了，連店家都不敢收容，最後被抓回去五馬分屍。

再看，「大壯」中也有「大壯」，二、三、四、五、上爻構成的就是大壯卦。青春期的衝動，一波接一波，充滿了動盪的危險和微妙的變數。有時候人一走了，什麼事都來了，像秦始皇生前對帝國控制嚴密，他一死亡，帝國土崩瓦解，接班人都成了問題。所以要放開手腳，又不能讓它失控，還有權力交接、資源交接、責任交接的階段要順利進行，這兩個卦就很值得參詳了。大壯中有大壯，遯中有遯，千萬不要百密一疏，要全部都想到，很不容易。

遯、大壯的卦中卦相互關係

剛才談到了遯卦和大壯卦的卦中卦，即遯中有遯、大壯中有大壯，那麼其餘的卦中卦呢，它們之間有何關係？

首先來看遯卦的二、三、四、五爻，構成的是姤卦（䷫），而大壯卦的二、三、四、五爻則是夬卦（䷪）的象。二、三、四、五爻是典型的卦中卦，意義也較其他卦中卦深刻。如果「遯」中有「姤」，就是退出來後，未來還是有無限的可能，你可能會在人海茫茫中又有很多新的不期而遇的機會，所以為什麼硬是不肯退呢？人生又有新的遭遇、新的機緣，何樂而不為呢？「遯」中有「姤」，正如我們常常講的「退一步海闊天空」，會有新的機緣；如果你一直在這裡面，沒有遯，新的機緣也不會到來，永遠碰不到。所以在遯卦中含藏了未來無限的可能性，現在就算不確定，但是不期而遇的可能性絕對存在。離開這裡，人生又會創造新的機遇；如果還待在原地不想退，年輕人也上不來，大家的機會就沒了，何必呢？既然雙方面的熱情都在消退，何不給未來的新歡、未來的不期而遇製造新的機會？

記得在咸卦中也有姤卦，熱情一消退，內卦的阻礙出來了，但是在咸卦中看不到；可是在遯卦時，會明顯感覺到更往姤卦接近一步。人生在體力、心力、熱情消退時，裡面有姤卦的象，這也是我們常講的中年危機。每到中年，想退的時候就會有這種危機感，很難看到未來的機會。

「大壯」中有「夬」，「夬」就是決策，年紀輕輕就急著想突破、做決斷，但是不行，乳臭未乾，畢竟太嫩。「大壯」中有「夬」，想要做主，可是偏偏天時未至，而且君位是空的。大壯卦第五爻還不具備做領導人的智慧和經驗，名義上是領導人，但真正的實力還沒有，無法扮演好那個角色。所以大壯卦不但是天時未至，而且君位猶虛，沒有君位第五爻那個角色的實力。這種大壯豈不是很危險？那什麼時候才可以真正做決策呢？按照十二消息卦的順序，大壯時不要動，下一個月就變夬卦了；慢慢在這裡學習，在四個陽的時候不要倉促，到五個陽的時候就變成夬卦了，就可以做決策、決斷了。一旦「六五」變「九五」，天位就佔了一半，學分修到手，落實了。換句話說，千萬不要以為上面兩爻是天位，其實還是空，充滿了無限的風險，所以要稍安毋躁，等待天時。在六十四卦中，遯卦沒有地利，中孚卦（䷼）欠人和，而大壯卦則是缺天時。

另外，「大壯」中有「夬」也很合理，因為四個陽爻總有一天會發展成五個陽爻，陽長陰消是自然的道理。那遯卦呢？在陰長陽消的時候，照講是倒退，但裡面還有一陰生姤的象，那就要把姤所可能代表的意義結合遯卦的結構，深挖可能隱含的因素。如果我們了解「遯」中有「姤」，「大壯」中有「夬」，再結合爻變，就要更重視了。遯卦的「六二」爻變是天風姤。在遯卦中跟姤卦關係最明確的那個機會、那個機緣可能是毀滅，也可能是新生，這在遯卦「六二」就表現得淋漓盡致，而且「六二」剛好又是卦中卦姤卦的五爻下一陰生的初爻，所以遯卦的第二爻充滿了姤卦的特性，野心勃勃，很危險，也很難纏。

其實遯卦中不只有一個姤卦，其實有兩個姤卦，二、三、四、五、上爻構成的也是天風姤，我們就知道「六二」這一爻的重要性了，它是兩個姤卦的發動點——初爻，是危機，也可能是轉機。一個新的徵兆變化，都在遯卦的「六二」包含著這麼強的因子。「雙姤」加上爻變也是姤卦，不姤都很困難。從這個角度我們去理解「六二」的行為模式、身心狀況，它就不可能脫離姤。姤卦初爻是充滿了顛覆性的效應，很有能量，如同星星之火可以燎原，所以我們對遯卦的第二爻，可以從這個角度去加深理解。

大壯的第五爻也是一樣，「六五」爻變是夬卦，它是夬卦上面被逼到牆角的陰爻，然後既是二、三、四、五爻構成的夬卦上爻，也是初、二、三、四、五爻構成的夬卦上爻，雙重夬加上爻變又是夬，所以君位「六五」的「喪羊于易」要參透，非懂夬卦不可，其拿捏程度很重要，一不小心就喪亡。

遯卦還有乾卦的象，大壯卦也是，精氣飽滿，勇猛精進，自強不息。大壯卦是下面的四個爻——初、二、三、四爻構成乾卦，遯卦則是三爻到上爻是　個乾卦。另外，遯卦中有初、二、三、四爻構成的漸卦（䷴），所以任何退位的安排要安排得圓滿，早就要有計畫，要分階段抓重點來循序漸進，不能臨時交班，那樣非完蛋不可。漸卦是雁行團隊的象徵，分工非常縝密，一代接一代的接班不會有任何問題，而且非常有團隊精神。不管是退的人，還是要接班的人，都要有團隊精神，重視大局，才能使交接過程不出意外。遯卦中有風山漸的卦中卦，那就要特別重視遯卦的「九四」，「九四」爻變也是風山漸，是漸卦的上爻，所以那個爻理解不難，但是要做好卻很難，因為它又分君子、小人，同樣是到遯卦第四爻這麼高的位置要遯，就看你是君子或小人，那是完全不同的結果。遯卦中有漸卦，而大壯卦的三、四、五、上爻構成的是歸妹卦（䷵），「征凶，无攸利」，是不是更幫助我們了解大壯卦為什麼會出問題了？感情衝動的少女，看到喜歡的人就嫁，結果一嫁就完蛋了，可見衝動是魔鬼。

〈序卦傳〉說遯卦與大壯卦

先看〈序卦傳〉：「恒者，久也。物不可以久居其所，故受之以遯。遯者，退也。物不可以終遯，故受之以大壯。物不可以終壯，故受之以晉。晉者，進也。」「物」指一切人事物，天地間所有的資源，都不能在一個地方待一輩子，隔一段時間就得離開那個位置，或者影響力就消退，「故受之以遯」。就像雷風恒，即使是所有長期的東西，它的每一個剎那都是在變化的。「久居其所」是人的妄想，那怎麼可能呢？你上一秒鐘整個的身心結構跟下一秒鐘都不一樣，所以你想在一個地方待一輩子，有這樣的主觀意願，但跟客觀的自然規律不符合。諸葛亮的「鞠躬盡瘁，死而後已」看起來很悲壯，其實不圓滿，任何所在都不可以待太久，要挪一挪。俗話說「人挪活，樹挪死」，人要經常挪一挪的，要懂得變，而且這種變是不可避免的；「故受之以遯」，不變、不遯都不行，因為時不我與，環境不一樣，人心也在變。

「遯者，退也」，「退」之所以難，因為要採取行動時，往往遭遇種種阻礙，正如「退」字，要走時就有「艮」，幾座大山擋在前面就得退。「物不可終遯」，問題是「遯」的後面一定有下文，一種是轉進，由遯卦到大壯卦，再到晉卦，人生的轉進就是如此。與其在這邊死守，不如把有限的戰力作戰略、戰術的撤退，在另外一個地方說不定還對大局有利。可見，遯真的是人生轉進的智慧，這邊退，那邊進，換一個軌道，海闊天空。「物不可終遯」，如果結合佛教輪迴的觀點，就充滿了無限的可能性。遯世都是轉進，換一個方式活，如果覺得這輩子做男人太痛苦，那下一輩子可以做女人，所以不必擔心，上帝自有安排。那麼，另外一種就是你在這個領域遯了，在那個領域可能方興未艾。所以有什麼好想不開的呢？上帝關了一扇門，為什麼要關這扇門，因為下面還有一扇更大的門正準備打開。這一扇門不關，那一扇門能開嗎？「物不可以終壯，故受之以晉」，到大壯卦的時候，如果還能夠穩得住，不出事，將來這股能量等到環境變了，當然就「晉」了。「晉者，進也」，就像日出一樣，越來越光明。學問積累久了，大壯卦到最後，到該出來的時候就是「晉」，馬上就發光、發亮。

大壯則止，遯則退也

再看〈雜卦傳〉：「大壯則止，遯則退也。」「大壯則止」說的是如果你處在一種大壯的狀態，自己充滿了信心，自我感覺良好，想一鳴驚人，但是《易經》告訴你「則止」，絕不會錯。這個階段明明是大壯，但是你就是不要動。在〈雜卦傳〉中還有兩個卦也是如此，一個是艮卦，一個是節卦，也是說「止也」。這樣一來，〈雜卦傳〉就有三個「止」，三個止都不同。按照卦序，首先是在大壯卦的時候，要懂得止的智慧，要扼住自然的性情，才能有成就。年輕時要穩重，但是老了再張狂沒關係，俗話說：「老要張狂少要穩。」這就是「大壯則止」。然後到了艮卦時則要止欲修行。到了節卦的時候，則是適可而止，恰到好處。好，這是三個「止」，每一個「止」都有無限的風味，外面表現出來的都是「止」，但是內部絕對不一樣。「遯則退也」，該退就退，再不退就難看了。這就需要多觀察，事事多去想。

遯卦卦辭

䷠

遯。亨。小利貞。

遯卦與大壯卦這兩卦的卦辭都是超精簡，大壯卦只有兩個字，遯卦只有四個字。遯能夠創造亨通，退一步海闊天空，人不要老是覺得遯是人生的懲罰、痛苦的過程，或者是悲劇的開始、失望落魄的開端；其實不一定，《易經》就告訴我們，遯有亨通之道，就看你遯得好不好，有時候不遯反而把你的人生給埋葬了。遯得亨通，有時還不是一方，「亨者，嘉之會也」，是喜上加喜，不僅給你創造了新的人生機緣，也給了別人亨通的機會，大家都很愉快。要是你不遯，大家都給塞死了。有人願意隱退，沒有必要的摩擦、競爭就沒了。要是打死不退，怎麼會亨通呢？大家都不痛快。

「小利貞」，「小」指的是陽大陰小，遯卦是陰爻漸漸得勢、陽爻漸漸消退的卦。從遯卦本身看，兩個陰爻要往上長，新興的下面兩個陰爻，尤其是二爻帶著基層的初爻，接管四個陽爻，要和平轉移，讓大局不起動盪。所以這兩個新興的陰爻必須「利貞」，不能操之過急，更不可以咄咄逼人。不然在接班的時候可能會造成反抗，或者逼人太甚而破壞了接班時候好的氣氛。因為初接班時還需要前輩的指導，需要經驗的傳承。如果關係搞壞了，對自己的未來不會有好處，所以一定要貞，固守正道，不能太囂張，這才是遯卦的智慧。所以在陽的要遯，陰的要去接的時候，陰為小，這一方就要「利貞」，貞才有利，不要操之過急，要有禮貌，要有風度，這是一方面。第二方面指的是退的部分，要交接的人也要利貞，因為有人要接班，你也要有風度。就像《論語》所說：「舊令尹之政，必以告新令尹。」前輩要傾囊以授，希望後輩好好幹，幹得比你這一代更好。可是有些人在遯的時候，會將很多機密的、關鍵的東西統統都帶走，這種作法就不行。

「小」也有順勢用柔的意思，要用陰柔的功夫，即坤卦厚德載物包容的功夫。但是有些人因為小氣、自私自利，自己退時不服氣，一定要讓接班的人難看，什麼也不幫助他，甚至破壞、抵制他。這是人性常犯的毛病，其實這時要採取陰柔的方式，懂得運用坤卦小、柔、忍、寬的智慧。這就考驗雙方的風度，這種風度在具體的六個爻中，「六二」跟「九五」就充分表現出來了。一個是要接，一個是代表君位要退，那就看你是什麼風度，才會成就大局的圓滿程度。交棒，不要操之過急，所以這裡絕對看不到出征的象，看不到咄咄逼人、欺人太甚的象。

好，這就是「亨，小利貞。」「小」是陰柔，不管是要退的人，還是將來要接任的人，穩定壓倒一切，虛心一點，不要氣焰太盛。「貞」在世代交替中很重要，「貞」就有利，人世之所當為，正如乾卦〈文言傳〉所說：「乾元者，始而亨者也。利貞者，性情也。乾始能以美利利天下，不言所利，大矣哉！」「利貞」就是在這種時候很多事情會受到人性、人情的干擾，你能不能夠深入了解人性人情，在「利貞」這個階段的表現讓人滿意，遯卦跟大壯卦的領悟就很重要了。

遯卦〈彖傳〉

〈彖〉曰：遯亨，遯而亨也。剛當位而應，與時行也。小利貞，浸而長也。遯之時義大矣哉！

遯卦的〈彖傳〉很簡單，我們先看：「遯亨，遯而亨也。」「而」是能夠，遯能帶來亨通，不是壞事，也不是被逼退。「剛當位而應，與時行也。」「剛」就是「九五」，「而應」指「六二」要接手。這句話很好理解，意思是現在處最高位置的遯了，旁邊的都得跟著遯；一朝天子一朝臣，全上全下，完全換新的人上來。陽的要下來了，陰的要上去；執政黨要下來，在野黨要上去，這就是政黨輪替或者改朝換代。正因為遯卦中有明顯的改朝換代的象，所以第二爻就有革命的「革」字，「用黃牛之革」，這是一個驚天動地的改變，不是兒戲，真的要小心。「當位」就是「九五」，有關當局要遯了，「剛當位」，那誰來接？是「六二」代表的陰爻這一新興的勢力來接班。下卦要接，上卦要退；朝要退，野要上。「九五」跟「六二」就是兩個陣營的領導人，他們都是中正相應與，所以可以遯得很漂亮，很有風度，結果很圓滿，彼此還相敬如賓。該退的就退，把所有的經驗無私地教給下一代；那麼該接班的也不能顯現浮躁、得意的樣子。「與時行也」，「九五」已經確定要退，「六二」確定要接，可是為什麼還要六個爻一步一步來操作呢？跟時機有關，接班需要循序漸進的部署，一步一步接收，不能一股腦就丟給下一代。雖然「剛當位而應」，但彼此都有這樣的默契，到正式交接的時候，中間一段時間都得「與時行」；每一天都要訂出行程表，先做什麼，再做什麼，然後直到放心交付。

「與時行」，盡量辦得圓滿；「小利貞，浸而長也」，是慢慢來，一點一點地滲透，一點一點地浸潤，讓新人耳濡目染，慢慢熟悉業務，舊人慢慢地退，不要一下子抽身。所以就要循序漸進地「浸」，浸才不傷；如果一下抽掉或者一下就上去，都會因不適應而造成傷害。所以這時就要有耐心，就算是已經成了定局，只有「浸」才能成長。遯卦成長的是下面兩個陰爻，它們要在這個過程中，一步一步地了解狀況、進入狀態，才會慢慢發展進步。像臨卦的「剛浸而長」，則是兩個陽爻往上發展，也是不能操之過急。浸的智慧其實就是水滴石穿，是很溫柔的動作，是慢慢地、很細心地讓水分子滲透，把塵垢清理乾淨，如此才不會出狀況、傷感情，造成組織的破壞、結構的瑕疵。

如此一來終於可以鬆口氣了：「遯之時義大矣哉！」在遯這麼重要的上台、下台的人生場合，怎樣做得完美恰當，那就叫「義」。人之所當為叫「義」，天時、地利、人和具備就是「時」，義到了時機成熟時，人才會做到恰到好處。這種智慧就不會留下遺憾，所以遯的退場機制相當重要。

整個〈彖傳〉告訴我們要「與時行」，六個爻由基層到高層，由新勢力到舊勢力衰退，由內而外，都得按部就班，世代交替過程才會順利進行，不然會有很多的遺憾出現。每一個爻的「時」都不同，相應的行動方式也不一樣。這種時機、時勢應對的智慧，對人生來說太重要了。

遯卦〈大象傳〉

〈大象〉曰：天下有山，遯。君子以遠小人，不惡而嚴。

「天下有山，遯。」這是遯卦的象。為什麼要遯？因為現實的社會、現實的環境讓人覺得虛無，沒有了立足之地。怎麼遯呢？要遯得瀟灑、自在，就像其交卦大畜卦一樣，「不家食，吉」，就有出家的味道，不在家裡吃飯，到哪裡去吃？到廟裡去吃飯，而大多數的廟宇在「天下有山」之地，適合隱居修行，可以暫時避開現實的憂悲煩惱。山裡總是比較清幽，天下名山僧佔全，想隱遯修行的人就喜歡這種清幽的環境，天下的名山當然不會放過。幾千年下來，佛教、道教的廟觀大部分都建在這些地方，而佛、道兩家都有遯的傾向，正所謂「天下有山，遯」。

選擇有山的地方去遯，這對中國古代的隱士們來說，是最理想的場所。古代官場中即使是以入世為志向的儒家人士一遭貶官或者厭煩官場，也會想到山上去避一避或者乾脆隱退，不為五斗米折腰。像陶淵明辭官歸田園就是如此，其隱退之地就是有名的廬山。田園生活雖然清苦，但是從他的詩句中我們可以看到陶淵明活得很自在，彷彿回到了很圓滿的地方。正如遯卦下卦止欲修行的艮，藉著山居止欲修行，反而化解了居塵世而鬱積在內心的很多矛盾、障礙。當然，這種遯也有暫避的象，像印度人的「夏安休」就是如此。再如諸葛亮，亂世之中隱居臥龍崗，其實只是暫避，仍在密切關注形勢，等待入世的機會；即使要入世，也要擺足架子，故劉備三顧茅廬他才肯出山。

買個山頭，自耕自娛，然後調養心境，在佛教未傳入中國之前，儒道兩家的轉換就是如此。出來幹的時候是斯土斯民、為國為民，這是臨卦的作法，也是儒家的積極入世；一旦厭倦官場，或者是尋求另外的捷徑，就是遯卦的退隱山林，又變成了道家。《論語》中就有很多這種動人的場景，孔子遇到的那些隱士，幾乎都沒有真名，而他們之間的對談記錄，以及不期而遇、萍水相逢時對答的機鋒，雖然儒、道兩家對亂世時處世的看法不同，但彼此互相尊重，很有風度。由此可見，隱者的傳統，即「遯」的傳統，自古就有，有人喜歡做官，有人就不習慣做官，不習慣就隱退。

隱遯和入世是很明顯的節奏，猶如山上山下，何況「天下有山」的空間很大，怎麼會沒有退路、沒有去處呢？而且以前也不像我們現在這個時代，很難找到一片淨土了；以前空曠的山到處都是，只要你肯到山裡去拓荒，自耕自娛，做田舍翁，絕對餓不死。後來所建的寺廟，通常也是選擇山裡，其用意都是遠避塵世，如今都變成了旅遊景點，難得清靜了。不像過去只需找一個清幽的地方，就可以自給自足，不問世事。當今社會，尤其官場，你在台上的時候別人不好對付你，你一下台，馬上就有人來調查你。這樣的遯就很有問題，下台的背影就很難看了。要想遯得好，遯了之後還讓別人懷念你，這才是遯的藝術。

任何一個中國的知識分子同時都有「臨」和「遯」的問題，就看時機的把握，把握得好就可以融合得很好。像唐代盧藏用的「終南捷徑」，假隱終南山，培養身價。在官場就得服從官場倫理，屁大一點的官，比你高一點，你就得卑躬屈膝；一旦到了山上，你就是山大王，清高好像就出來了，這就是遯的好處；即使不見得是真隱，只是為了將來的入世轉換一下環境和策略。臥龍崗則是最標準的環境，劉備即便不去找諸葛亮，我想諸葛亮也一定會出山。

遯卦（䷠）的「天下有山」跟謙卦（䷎）的「地中有山」看似相同，卻有質的不同。謙卦是真正的功成不居，真的是放開名利，謙退江湖，而且那個「山」是無形的，在地底下，根本看不到。而「天下有山」則是好大一個山，擺明了那是一個贖罪、解憂、祭祀的地方，是一個香火道場；然後暫時去避一避，等風向一變，官場形勢有了變化，又出山了，這在古代來說是常有的事。諸葛亮如果真要隱居，怎麼不去烏魯木齊或更偏遠的地方呢？怎麼隱居在如此熱鬧繁華的地方？遯卦跟謙卦就是上卦三爻全變的觀念，謙卦的「地中有山」是真看不見，真人不露相，露相非真人；遯卦的「天下有山」就非常有可能著相，是一個姿態，是暫時失意療傷止痛的地方；甚至為了圖下一步真正的轉進，是典型的以退為進，就如同兵法中常講先退再進一樣。所以那些香火特別旺的天下名山中，其實沒有多少真東西的，紛爭可能更多，像佛教四大菩薩的名山道場，我雖然沒有全去過，只去過一兩個，全都變成了賣票的景點。

真正的高人是看不見的，無形無相，故謙卦絕對得善終，絕對是吉，天地人鬼神都無疑；可是遯卦只是「亨，小利貞」。這和孔子接觸的有道家色彩的隱士一樣，荷蓧丈人就是如此，有隱士趨向，可同時又很熱中塵世，也想出世做一番事業。像唐朝的李白那麼接近政治核心，但是真正做事的人也知道這個人不見得能用，所以最後還是「狂歌笑孔丘」，到名山逛蕩。如此看來，山的形象代表有艮卦的意思，是提醒人們要止欲修行，人在「震」的時候，常常要用「艮」來調節。遯的姿態是很靈活的，我們不要在別人遯的時候就輕下論斷，認為他就會在此山上終老，其實「遯之時義大矣哉」，「天下有山」到處都是，可以隱居的地方絕對比繁榮的地方要多、要大、要深、要廣，怎麼會沒有退路呢？只要你耐得住寂寞，不熱中名利，到處都是。像故宮曾經是天下政經的實力中心，但是那才多大？那麼多的大官，那麼多的皇族，其實都在一個大監牢裡面，不能隨便出去，而最悶的自然是皇帝。

「天下有山，遯」，確實是一個好的遯之所在。諸葛亮的遯雖然是姿態，但是也合乎文化傳統，他的〈出師表〉不是講得也很誠懇嗎？「臣本布衣，躬耕於南陽」，他絕對不是「躬耕於烏魯木齊」。「苟全性命於亂世，不求聞達於諸侯」，這才是遯卦對我們人生的意義，好好享受你的離退生活，去掉心理罣礙，活得很自在，變成一個到哪裡都受歡迎的老人。

君子以遠小人，不惡而嚴

我們接著看遯卦〈大象傳〉的另外一半：「君子以遠小人，不惡而嚴。」君子、小人就是社會中的對比，〈大象傳〉就明確標出君子、小人要如何「保持距離，以策安全」。小人不能得罪，得罪君子無所謂。得罪一個小人，這一輩子就跟你沒完沒了了，那是一個禍害，所以不管怎樣都不要和小人撕破臉。你如果得罪小人，你遯的時候就不得安寧，一旦你失勢，小人就可以整你。按照十二消息卦自然的氣運，遯卦的下一卦就是否卦（䷋），否卦的恐怖就在於「否之匪人」，而且「不利君子貞」，「儉德辟難，不可榮以祿」。還沒到否卦那種環境的時候，就在遯卦中出現了徵兆。遯卦之前的消息卦是姤卦（䷫），社會就已經出現了危機，繼續惡化，到遯卦則明顯不安全了，要安排後路遯退。在下面的否卦，一不小心就會變成鬥爭的目標，所以在遯的時候，要料到下一階段小人當道，在遯之前就不要得罪小人。不同流合污，保持距離就行，就像否卦的「儉德辟難」，要知道否卦到最後「傾否」的時候，惡形惡狀的小人們都是沒有好下場的。只是在小人當勢的時候，不能硬碰硬，最好保持距離，以明哲保身。

君子在與小人互動時，要遠離小人，尤其在小人道長、君子道消之際，君子平時不要形諸於色，更不要得罪小人或與小人交惡；否則你想遯的時候都不得安寧，遇到否的時候就會生不如死。所以「君子以遠小人，不惡而嚴」，不要在表面起衝突，心中厭惡就好了，自己心裡有數，絕對不可以「誠於中，形於外」。如果你不能夠容忍任何人，而且擺出非常明顯的態度瞧不起他，尤其是小人，那麼這些人一定會報復。所以在成人世界，這種自保的智慧非有不可，而且越早越好，不要讓任何人提早變成敵人，站在其對立面。尤其是君子跟小人之間不要勢不兩立，也不要合作，只需保持距離，所以這個分寸就得拿捏。

「不惡而嚴」，「而」是能夠，「嚴」是自重的意思。既強調遠小人，不可能合作，又不直接衝突得罪，以謀自保，這是「不惡」；可是又要能「嚴」，該守的分寸一定要守住，不要越雷池一步。所以君子跟小人互動時，尤其在「天山遯」的態勢下，要拿捏得恰到好處，的確是一門藝術。

在這種嚴守分寸的時候，人家害不到你，而你也沒得罪他，他也抓不到你的把柄。一個真正的君子自重、自持是非常嚴的，有時候連鬼都怕，邪門歪道都遠離其身。如果不自重，人家怎麼羞辱、整治你，那就是自取其辱。

在這種遯的狀態下，君子不惡能嚴，不去迎合這些惡勢力，又要遠小人。那麼，最好尋求「天下有山」的環境，給自己挪出一個空間，既保全了自己，也給其他人挪出了空間。如果硬是撞上了，大家的空間就變窄了，至於最後到底孰是孰非，只有讓時間來決定了，好在有很多轉換的空間，天下哪裡沒有山呢？不是名山之處，說不定更好、更清幽，至於什麼時候再出山則是後話了。所以「天下有山，遯。君子以遠小人，不惡而嚴。」分寸是最重要的，不要執著於一定要到山裡去，世間還有很多無形的山。大隱隱於朝，中隱隱於市，小隱才隱到山裡頭。如果說一定要隱到山裡頭，那又是著相了，其實哪裡都可以是山，只要心中靜就好了。如果心裡不靜，就是躲到人煙絕跡的地方也無濟於事。

遯卦六爻詳述

遯卦的不言之象

在進入遯卦具體的六個爻時，首先是我們的老命題，即不言之象。遯卦六個爻有一個爻沒有「遯」，其餘五個爻都有「遯」；而第二爻不「遯」，其中必有文章。因為「六二」是準備接班的，上面四個陽爻當然得滾，多了就會滾，像順治皇帝跟多爾袞的矛盾，中間又卡了一個孝莊皇太后——康熙的祖母、順治的老娘，此人從各方面看，比慈禧太后還要厲害。傳說中讓多爾袞「滾」的順治，後來也「天下有山」去了，據說到了五台山出家，八歲的康熙只好走馬上任。二爻沒有「遯」，因為他野心勃勃，帶著「初六」的廣大基層，而「初六」也是有「遯」，這就妙了。「六二」是要接班的，「初六」怎麼會遯呢？在這種困難的時候，如何「遠小人，不惡而嚴」。「六二」絕對充滿了進取心，他首當其衝的一定是裹脅住「初六」的廣大基層民眾，沒有「初六」哪裡來的治理？於是「初六」想遯卻遯不了，「初六」要怎麼遯呢？他已經跟原來的統治班子——四個陽爻越隔越遠，中間又有「六二」想要基層民眾，只有很少的人有機會遯，大多數的人想遯都難。

二爻不「遯」，第一個就要穩住初爻，員工不能都跑光，那第三爻呢？第三爻是忠誠的中間管理階層，他的屬性還是舊的統治階層，可是在遯的時候，那些人老都遯了，三爻要幫他們斷後，掩護他們轉進，不然「六二」就直接逼上去了。你看，遯卦這個象真好玩，「九三」常常就是過渡時期，因為「六二」一定要把「九三」留下來，不然他怎麼熟悉業務？但是「九三」因為是小官，所以一定是跑得最慢的，他要跑的時候，「六二」手一伸就把他抓住了。再者，二爻與三爻是陰承陽、柔承剛，三爻處在陰陽交界的最前線，怎麼能跑得了呢？在戰場上，大部隊撤退時，常常可能是一個營的軍隊要拖住敵軍的一個師，因為它要掩護後面的大部隊撤退，有時候就注定要犧牲，再不然就注定要投降了，都是為了爭取時間。這才是真正打轉進戰的前線，雖然充滿了悲壯或者滿心的不情願，但是為了斷後，不得不為之。這就是「九三」的可悲之處，被「六二」徹底套牢了，想跑都跑不了，何況下卦為艮，更有重重障礙。

如果「九三」真的幫助上卦爭取到了時間，掩護他們撤退，上卦就會有撤退的空間和時間，而且上卦是乾卦，也是比較有力度的。所以「九三」很重要，不然「九三」要是被突破了，「九四」就變成了前線，也走不了了。可見，「九三」在世代轉換的時候命運之悲慘可想而知。《易經》在分析這個爻的同時，其實也告訴我們在這個爻的時候要怎樣活下去。想走走不了，就得坐下來打坐，適應新的環境。

在整個遯卦中，在不同的階段、不同的時機、不同的地位，都有不同的遯的方式，只有「九三」最不輕鬆，「初六」則是慌亂的，「六二」總想在這個情況下逮住那些想跑掉的幫他做過渡階段的安排。「六二」首先用承乘關係拉住「九三」，至少得陪走一段；等到發現不需要了，就把它去掉，再換上自己的人馬。其次，「六二」跟「九五」之間是應與關係，至少都要裝出好的風度，安排交接；如果這樣的話，「九五」可以用最優厚的條件遯退，然後也方便「六二」。這是在遯卦中的承乘應與關係。

「九五」是要退下來的前任領導人，「六二」是準備接班的新主人，他們兩個真的很有風度，做下種種周密的安排，而這兩爻也是最容易使人心浮動的象，兩爻齊變為鼎卦（䷱）。鼎是公權力，而且很穩定，如此就完成了政權的移轉，沒有出任何亂子。二爻、五爻做到中正相應與，國本絕對不會動搖，這就是「六二」跟「九五」的一舉一動互相配合，如此就可以成就一段佳話。

上爻：全身而退

䷠

上九。肥遯，无不利。

〈小象〉曰：肥遯无不利，无所疑也。

我們先從上爻講起，「肥遯，无不利。」關於「肥」字，以前的《易經》註解不一，有的把「肥」解釋成「飛」，有人就從豬身上取象，就是退得了無罣礙。因為「上九」不是官，是退休的大老，他沒有責任，甚至也不必安排交接，愛去哪裡就去哪裡。不像「九三」苦得要死，還有「九四」、「九五」責任重，不能說走就走。「上九」沒有官責在身，想遯退自然无不利，而且自給自足，絕對不缺。這頭豬吃了一輩子，通常都吃得肥肥的，要走時大搖大擺，你留它也抓不住，因為它把所有的油水都帶走了，誰也不能在它身上刮一層油下來。因為它沒有責任，所以它也了無罣礙。

「肥遯，无不利」，遯得超輕鬆，而且距離第三爻超不輕鬆的位置又很遠，距離「六二」更遠；天高皇帝遠，啥也不用管，乘承應與都難不倒他，所以他要是決定走了，就可以全部都帶走，這就是所謂的全身而退。故〈小象傳〉說：「肥遯无不利，无所疑也。」完全不懷疑，所有東西都變現了或者到遯卦最後一個階段，全部都處置完畢，沒有任何東西再值得留戀了，心裡很輕鬆。以前也有把「肥」解釋成「胖」，即心寬體胖，沒有任何罣礙，沒有任何弱點，無牽無掛，心就寬廣，身體就很安樂。像五爻、四爻、三爻這三個爻都很辛苦，因為他們有職責在身，要照顧這個、照顧那個，還有很多未實現的利益，還有很多不動產。但是上爻統統門前清，所以他就「肥遯，无不利」。「无所疑也」，就是無罣礙，因為你涉入不深，隨時可以走人，不會再有猶疑彷徨。所以遯卦最後一爻有這樣的餘裕可以慢慢安排，沒有任何罣礙，輕鬆自在。況且他是已經退休的人了，可以選擇自己的餘生該怎樣過，所以他輕輕鬆鬆，要走就走，沒有任何人留得住。為什麼說全身而退呢？因為爻變為澤山咸（䷞），意思是統統帶走了，一個也不剩。

初爻：靜觀其變

初六。遯尾，厲。勿用有攸往。

〈小象〉曰：遯尾之厲，不往何災也？

遯卦的初爻很慌亂，拿不定主意，手腳無措，不知該怎麼好。在遯的時候有可能會遇到改朝換代，於是廣大的基層在「遯」之初是最慌亂的，因為他不知道未來的命運是什麼；舊的領導統治階層雖然對他不一定好，可是習慣了，而新的統治階層未可知；所以這就是初爻在「遯」之初的心聲。對於廣大基層的心聲，作為領導人的就有必要了解，不管新的舊的都要參考。

「遯尾」，它是尾巴，不是頭，是最基層的。「厲」則是充滿了危險，這個時候也要到處去聽消息，新老闆如何、自己將來的工作有沒有保障、要不要提辭職？在轉換的時候，像螞蟻一樣遍地都是的基層，根本沒什麼資源；可是大多數是這樣，而且是整個社會的尾巴，是構成這整隻豬的尾巴，一點都不重要，很卑微。他在面臨「遯」的時候，心就慌了。

《易經》馬上就同情廣大的民眾，面臨轉換時期的衝擊，它說不要遯了，遯反而帶來危險；但肥頭大耳的「頭」必須趕快走，及早走。因為走就有風險，「初六」如果要對舊的政權、領導階層表示忠誠，而上卦三個陽爻，在「九三」的犧牲掩護下，都快跑完了，作為「初六」的若要跑到陽爻的陣營，你看風險多大？三爻跟二爻就是陰陽交火的前線，兵荒馬亂、槍子不長眼，「初六」要回到那個舊的政府參與逃亡，還得要穿過「六二」跟「九三」這條交火的線。

可見，初爻千萬不要跑，要學會「潛龍勿用」，先安靜地趴著；什麼時候要跑，看清楚再決定你的去向，這就是「有攸往」。

我們在講屯卦卦辭的時候就講過，「勿用有攸往」不要說成是「不要有所前往」的意思，「勿用」和「有攸往」是兩個概念，是有先後之分的。像屯卦，屯為初生的小草，雖然「元亨利貞」俱全，精氣飽滿，可是畢竟太嫩，在剛開始的時候要像乾卦的初爻那樣沉潛修行；因為你動了也沒有用，也不會發揮任何作用，所以要「勿用」；趁機好好修行，充實自己，等到時機慢慢成熟就可以動了，那就是「有攸往」。對於「勿用有攸往」，我們要這樣分開來理解，而不是說整個屯卦都不要往前；要是這樣的話，小草生出來幹什麼呢，反正沒有美好的前景了。

由此可見，「勿用有攸往」說的是大部分的時間是充實準備，短期內不要輕舉妄動；中長期要有所往，實力積累到一定的地步，再決定主要發展方向。這是遯卦的初爻，尤其不要因為遯而慌亂，否則就會帶來災禍；不動還沒事，動則惹災。所以〈小象傳〉說：「遯尾之厲，不往何災也？」不到處亂跑，怎麼會有災呢？所以「遯之時」的鎮靜非常重要，暫且觀望一段時間，搞清楚情況再有所往。「遯尾」只會給你帶來厲，千萬別動；等到形勢比較穩定了，再決定去留吧。「有攸往」就是根據一段時間的冷靜觀察再行動。暫時不動，怎麼會有災呢？

在冷靜觀察、休養生息的階段，既然一時走不了，也暫時決定不走了，那就要至少留一段時間，甚至是長久留下來，這樣一來爻變為同人卦（䷌）；留下來的人一起好好做朋友，營造一個很和諧的關係，人同此心，心同此理。再觀望一段時間，看看風波什麼時候停。小人物的去留命運一動不如一靜，千萬不要輕舉妄動，這個時候繼續「同人」，同是天涯淪落人，相逢何必曾相識？

總而言之，在遯卦初爻的階段要穩下來，不要慌亂，徐尋脫身之策。慌亂就有可能往死路上撞，畢竟你在整個陣營裡是尾巴，先留著不要損失掉，一旦損失可能永遠無法補償。留下來大家一起商量，既然大家命運相同，也是一股力量。如果在「初六」階段把「同人」的功夫做好，到時候不管任何狀況，還可以集體抗議。這就是這個爻心念一轉之後，不採取「遯」的動作，採取「同人」手段，團結就是力量，受災後組成的聯盟一樣有力量。

這個爻也是易學史上很有名的一個爻，很經典，講的可不是小人物，這是南宋朱熹很有名的易占，幾乎以前舊的《易經》註解都有提到他占到這一爻。朱熹也得到這一爻的好處，確實是「不往何災」。當時的南宋政治很黑暗，宰相韓侂冑在朝中弄權，朱熹做的官也不大，但書生的那種傻勁一上來，覺得王朝可能會亡在韓宰相手上，他就義憤填膺地寫了一本舉發當朝宰相誤國的種種罪狀準備呈給皇帝，這種舉措風險之高可想而知。他本想第二天就上奏摺，可好歹他也是研究《易經》的大家，當天晚上靈光一現，突然覺得心裡不對，這樣做好像很危險，就趕快起一個占，結果是「遯尾，厲，勿用有攸往」，你是尾巴，怎麼能做好這樣的事情呢？要逼退人家，如同蚍蜉撼大樹，談何容易，而且自己還要準備逃亡，充滿著風險。所以第二天還是沒有上奏，不上奏摺，就不會有災，要不然給自己帶來很大的災，又不會有影響力。人做一件事情要成功，就不要做無謂的犧牲，最好都做元老，不要做「先烈」。當元老「天下有山」而且「肥遯」，千萬不要做「遯尾厲」。朱熹占後大徹大悟，怎麼辦呢？繼續做「同人」。人不要往死路上走，總是要找活路，當力量有限、採取任何改變現狀的動作時，都要三思而後行。

二爻：名韁利鎖

六二。執之，用黃牛之革，莫之勝說。

〈小象〉曰：執用黃牛，固志也。

二爻就是不「遯」的，雄心勃勃，下面還得護住「初六」，「初六」至少還有利用價值，這是他安定民心的基本籌碼。在這種時候，二爻更要籠絡「初六」，可見「初六」有什麼好緊張的，不動反而是安全的。另外，「六二」一定想辦法要拉住「九三」，「九三」想走也走不了。所以「六二」就「執之」，抓住所有想跑掉的人，「用黃牛之革」就抓住了。「革」是皮革，「黃牛」既是象徵也是事實。用黃牛皮做的牛筋繩，用來綁人絕對套牢，所有想跑的都跑不掉。用黃牛之革把「九三」、「初六」統統綁在一起，不准他們到處跑。「黃」當然也是「中道」的象徵，牛是忍辱負重的，二爻一定要有這種韌性、毅力和耐力；在這個時候千萬不能急，看到「初六」、「九三」到處跑，一定要想辦法把他們留下來，度過這一段不穩定的時期。所以不要亂開槍，用黃牛皮做成的皮革繩把這些想跑掉的統統套牢，留下來就行了。

「莫之勝說」，「說」就是「脫」。也就是說，沒有任何人被套牢之後可以擺脫的，都不得自由，這就是成功的機會。不套則已，一旦套住就走不了；「六二」就要有這種本事，像吸盤一樣，被他盯上的，誰也走不了。

〈小象傳〉說：「執用黃牛，固志也。」「六二」這樣做，堅定自己志向的同時，也是為了堅定大家的志向；把那些心志不定的游離分子，到處亂跑亂竄的，變成生命共同體。「黃牛之革」就是一個象徵性的東西了，可能是名，可能是利，很多人在名韁利鎖之下統統被套牢。「六二」要把「九三」留下來幫忙，那就給他一個官做一做，過渡期一完，可能就把他當石頭踢掉。很多人就會為名利而上鉤、上套的，而「六二」打造什麼樣的繩套，就要根據各有所好，才絕對可以牢牢控制。

三爻：隱忍脫困

九三。係遯，有疾厲。畜臣妾，吉。

〈小象〉曰：係遯之厲，有疾憊也；畜臣妾吉，不可大事也。

既然「六二」下了這樣的功夫，「九三」的痛苦和失去自由，沒有辦法脫身，我們就懂了。「九三」過剛不中，拚命三郎一個，其實他的性子是很衝的；但是在遯卦中，他沒有辦法。要負責掩護官大的，他可能死守，擋住「六二」；也有可能虛與委蛇，跟「六二」稱兄道弟，穩住他，緩和局面，為後面的三個陽爻爭取脫身的時間。所以「九三」就很痛苦，這樣一個陽居陽位而剛烈的漢子，在兵荒馬亂的時間，要扮演一個有違他性情的角色，不是很苦嗎？可是人生有時候就是這樣開玩笑，你越不想演的角色有時非你演不可，沒有選擇。因為你被套牢了，可能是利，可能是名，也可能是道義責任，反正不是自由身，掙脫不了，你只能配合，只能虛與委蛇、敷衍應付。

第三爻正是告訴我們，人生進場的時候一定要評估，哪一天萬一要退場了，能夠從容全身而退，就像上爻那樣「肥遯，无不利」；不要被套得太深，到時候認賠還殺不出來，白白損失，還要跟最不樂意的人去互動，敷衍應付陪笑臉，豈不是痛苦之極？但是三爻就是這種痛苦，就因為當時把自己擺在這個位置時，沒有經過詳細的分析，造成深深套牢而乏脫身之策的苦相。雖然是這樣，《易經》對這個爻還是提出建議，怎麼樣逢凶化吉。

「係遯」，「係」是被綁得死死的，走不了。「係」這個字出現在很多卦中，像隨卦的「係小子」就「失丈夫」，「係丈夫」就「失小子」，還有「拘係之，乃從維之，王用亨于西山」；坎卦的「係用徽纆，寘于叢棘，三歲不得」，三年都沒有辦法掙脫，純粹是無間地獄。這就是「係」，不得自由，總是有一些東西有形無形地牽絆住你。「九三」雖然「係」，但是還想「遯」，「有疾厲」，病很嚴重，充滿了風險。「厲」字又出現了，「初六」「厲」，「九三」「厲」，兩個「厲」都是「六二」造成的，但是也怪他們自己，怎麼會讓自己處於這麼一個尷尬的境地呢？濕手放進麵粉團，頭剛洗一半，怎麼走？所以〈小象傳〉就說：「係遯之厲，有疾憊也。」「係遯」為什麼這麼痛苦、危險呢？因為你有弱點，有暗疾在身，而且疲憊不堪，走不了，就得回頭應付，還得擺笑臉周旋。「有疾憊也」，這個病就把你拖住了，變成了宿疾，一時好不了，越急還套得越牢。即使不想去面對，每天還得面對。在陰爻上來之後，「九三」是沒有前景的，只能做一天和尚撞一天鐘。這個時候「六二」也是要用「九三」，而「九三」對舊主又有掩護斷後的責任，所以真是疲憊、難過；如果還拖家帶小那就更難過了。怎麼辦呢？在這麼一個難過的環境中，爻辭的作者還是告訴我們一條生路，指引我們在凶中、厲中求吉。

怎麼樣就會吉呢？「畜臣妾，吉。」很疲憊的病就好了。到底是怎麼回事？為什麼「畜臣妾」會吉？記不記得蔡鍔與小鳳仙的故事，他後來不是成功地遯掉了嗎？當時蔡鍔在北京被袁世凱牢牢地監控住，逼迫他合作。蔡鍔怎麼辦？就是「畜小鳳仙則吉」，把自己弄得很卑污，好像身無大志，天天聲色犬馬、放浪形骸，袁世凱也就放鬆了看管，蔡鍔藉機逃脫，在雲南發起二次革命討袁，這就是「畜臣妾」的智慧。「畜」是養，「臣妾」本來有兩個意思，「臣」是男僕，「妾」是女僕，地位是比較卑微的，但是在沒有辦法時，這一招反而可以化腐朽為神奇，會讓別人覺得你胸無大志，就會對你放鬆警惕，你就有了脫身之策。然後所畜的「臣妾」還一起配合演戲，變成最佳的掩護，最終金蟬脫殼。這就是在做你平常做不來的事情時，與其繃得那麼緊，老是採取抗爭，還是動彈不得、插翅難飛，不如換一張臉、換一種心態，可能就會想出辦法來。「臣妾」雖不是什麼高價值的東西，但是可以發揮大用，像大過卦第一爻就靠白茅草旋乾轉坤，小兵立大功。

既然這麼痛苦，投資一千萬拿不回來，能拿兩百萬跑掉也比拿不到好，所以這一關是很難的一關。在企業經營管理上，這叫「退出障礙」，退出來有一個門檻，等閒之輩出不來。你投資，人家都歡迎，要撤資，那可千難萬難，就看你有沒有絕招，盡量降低損失，然後脫身。要知道待下去只有更糟，只有應付一陣子之後，逮一個空兒出奇制勝，全身而退。這就叫「畜臣妾」，不能夠情緒用事，調整心態之後，再徐圖脫身之策。蔡鍔就是如此，既然領導人覺得他功高震主，他就故意讓自己的志向顯得很卑瑣，讓上面的人放心，去盯他的人也鬆懈了，他就可以脫身。像古代的大將出征，皇帝覺得把這麼多軍隊交在他手上，也是很不放心，所以很多大將就做長久之策，拚命買房置地，就像是抵押，讓皇帝知道自己不會跑掉，沒有異志。這樣的例子有很多，都叫「畜臣妾」，臣妾是沒有大志向的。沒有大志向，高手就可以誤導人家的觀念，就可以在很難脫身的時候真正脫身。這就得演戲，所以這個爻很苦，因為爻變是否卦（䷋），「儉德辟難，不可榮以祿」，完全不通氣的。

面對人生的無奈，要學會應付，把問題想開，像交朋友一樣，就像初爻也留下來「同人」一般，但是這種轉換對一個剛烈個性的「九三」來說，辨不辨得到呢？辨得到就有可能吉，在否中、「係遯」中求吉，但是畢竟「不可大事也」，這也是〈小象傳〉的無奈之語。這裡的意思就有很多，一是人家看你沒志向，不是有志大事的人，而你正好要造成這樣的印象；一是這不過是逃亡之術，因為這個爻不可能有大作為，先解脫疲憊的痛苦，可小事，不可大事，只有逆中求吉。所以人在像否卦一樣的地獄中，遯不掉就坦然面對，調整心態求解脫之策，這才是「九三」的脫困之道。

四爻：及時切割

九四。好遯。君子吉，小人否。

〈小象〉曰：君子好遯，小人否也。

「好遯」有兩種理解。一是把「遯」變成了一件好事；一般認為「遯」是壞事，壞事處理得好，可能變成好事。把壞事變成好事的契機，這也是「九四」旋乾轉坤的智慧。因為環境不理想，心不甘情不願，天天發牢騷，憂鬱兼躁鬱於事何補？不如面對現實，化腐朽為神奇，像「畜臣妾，吉」、「好遯」，壞事變好事，或者至少讓「遯」的姿態優美一點，不要那麼難過。有智慧的人才能做這種轉換。

另外一個「好遯」的意思是，即你愛的東西，「甚愛必大費」，很多未實現的利益，捨不得損失掉，就會拖住你的腳步。在該遯的時候下不了決心，一念之差，被你的喜好拖住陣腳，結果晚了一步，形勢一變，想走也走不了。為了你所「好」的東西而遯不了，「君子吉，小人否」就是這個意思。小人是包袱重，感情用事，在遯的時候遲疑不決，結果「九三」一淪陷，「九四」的擋箭牌沒了，也變成了最前線，依然捨不得放棄，結果跑不了了。那麼君子呢？君子懂得當機立斷，雖然很喜歡自己的東西，但是這個時候必須忍痛割愛，留得自由身最重要，不然就被愛好的東西所殉，脫不了身。「九三」一變就是否卦，「九四」則是首當其衝受影響，此時的物雖好猶遯，人不要被自己喜歡的東西拖累。必要的時候要懂得切割，這只有君子才辦得到，君子總在最後時刻能放棄牽絆自己的東西，寧願不要，所以吉。小人一遲疑，馬上就變成「否」。人在面臨遯卦第四爻時，需要當機立斷，該放棄的就要放棄，放棄得了就吉，放棄不了就否，就如〈小象傳〉所說：「君子好遯，小人否也。」

「九四」爻變是風山漸（䷴），就是有點拖拉，猶疑不決，而它又是卦中卦（初、二、三、四爻構成）漸卦的上爻，將來學到漸卦時再來印證這個爻，這個爻常常是關鍵。「九四」是遯卦的政府高官，所以應該安排、照顧「初六」，尤其是兵荒馬亂中的民眾，為穩定民心做一個好的示範尤其重要。只有君子可以辦得好，小人就搞得很難看，而且沒有好結果，這就是「九四」的抉擇。

五爻：圓滿之遯

九五。嘉遯，貞吉。

〈小象〉曰：嘉遯貞吉，以正志也。

我們看第五爻。「嘉遯，貞吉。」雙喜曰「嘉」，「嘉」字我們也是遇到過多次，如離卦的上爻，在突如其來的浩劫之後要出手解決問題，即「有嘉，折首」，要抓重點解決問題。「嘉遯」，「遯」還不僅僅是「好遯」，而且是「嘉遯」，變成了一段佳話美談；遯退的人不但沒有受到傷害，而且是圓滿地退，照顧到所有人，連接班的人也有好形象，很有風度，在此「六二」跟「九五」的呼應關係就出來了。「九五」處理事情很圓熟，有大政治家的風範，處變不驚；如果四爻真的是君子，幫著他「好遯」了，五爻退下來就不會遭迫害，而且可能很圓滿。「嘉遯」者，大家都歡迎，認為這是一件好事，老百姓也不必被殃及。

「貞吉」，按照這一套做事情，肯定吉。〈小象傳〉說：「嘉遯貞吉，以正志也。」「貞」就是「正」，有正確的主張、正確的想法，而且要堅持、做對。如果戀棧或者錯過時機而造成誤判，那種局面就很狼狽了。而「九五」處理得超好，還找到「好遯」的幫手，一起來搭配，這也是遯卦的君位所必須的涵養和智慧。這樣看來，遯卦其實越來越輕鬆，黃牛之革本來箍得很緊，像第三爻箍得超緊、初爻也很痛苦，四爻有可能鬆一點，到五爻則更鬆，到六爻完全沒了繩子。「遯」到後來壓力越輕，而且還可以運籌帷幄，遯得非常好，變成了遯的典範，皆大歡喜。

「九五」是「以正志」，「六二」是「固志」，進退之間有序、有節，安排得很好，仿如完美的演出。「九五」爻變是火山旅（䷷），周遊列國去了。在遯卦領導的位置上幹了那麼久，一定沒有時間出國遊玩，遇到了「嘉遯」，就可以開始自己的度假計畫，這樣不是很好嗎？所以不戀棧最好，把自己的事情交代得很圓滿，正如「嘉遯，貞吉」，這才是會處理事情的人。當然，人生嘉遯的時間，年紀不要太大，不然可能會玩不動。

占卦實例1：衣缽的意義

禪宗傳代往往都有衣缽為證，作為信物代代相傳。那衣缽的意義為何呢？答案為遯卦三、五、上爻動，第五爻君位為宜變。有最高位置的「嘉遯，貞吉」和「肥遯，无不利」；同樣也存在第三爻痛苦的象，被很多的人際關係，即所謂的貪嗔癡慢疑給綁住，痛苦得難以自拔，而上爻是完全解脫。三爻齊變是豫卦（䷏）。

佛教的袈裟和化緣的缽本是一個信物的象徵，禪宗一派傳衣缽到六祖就不傳了，因為下面不是傳給一個人了。從達摩祖師到六祖惠能，絕對是一個衣缽一代一代傳，本是作為一種凝聚的信仰，但到了惠能這一代，帶來了無限凶險，成為大家爭鬥的源頭，成了權杖。所以五祖對六祖說，衣缽傳到你這裡，就不要再傳了，再傳會引起腥風血雨，衣缽反而成了懷璧其罪。所以以後就不要衣缽了，大家也不會為衣缽相爭。那麼，不要衣缽是不是佛法不要傳了？當然不是，而是處處開花，所以六祖之後才會出現那麼多高才。而衣缽的意義就是這些列祖大師走的時候就得遯，遯之後留下的東西就是「係遯」，到「嘉遯」，到「肥遯」，人的肉身都得遯，生老病死人人都躲不過。遯的時候留給世人的啟發是什麼？第一是沒有罣礙，二是三爻齊變為豫，是振奮求道的心，「先王以作樂崇德，殷薦之上帝，以配祖考」；要發憤圖強，有為者亦若是。佛教善男信女的大軍就如此建立起來了。如果陷入執著，衣缽就變成了權力的工具，變成大家爭鬥的來源。

如果所有一代一代的祖師都得遯，遯之後留給世人的遺產，即豫卦的熱量散發，讓人起神聖的想法，這才是衣缽真正的意義。

占卦實例2：歐債危機大爆發

二〇一〇年二月上旬，歐債危機爆發，一時風聲鶴唳，各種末世論調出籠，我問所謂「歐豬四國PIGS」債務的後續發展如何？得出遯卦「初六」爻動，恰值宜變成同人卦。遯卦真有豬相，這四國也相當於豬尾巴，經濟退潮，開始出問題。「初六」爻辭稱：「遯尾厲，勿用，有攸往。」〈小象傳〉信心喊話：「不往何災也？」民眾先勿慌亂，冷靜觀察一段時間，再做定奪。爻變成同人卦，為當今世界全球化經貿之象，歐盟休戚與共，勢必不會袖手旁觀。如今又是好幾年過去，闖關難過關關過，希臘算是頂嚴重的了，卻還不至於立刻崩盤。

占卦實例3：新韓戰會爆發嗎？

二〇一〇年三月二十六日，南韓天安艦遭擊沉沒，兩韓交流終止，對峙嚴重，當年剛好是韓戰結束六十周年，很多人擔心爆發新韓戰。我占得遯卦三、四、上爻動，齊變成比卦。「遇遯之比」，顯然雙方都會退讓，透過外交談判解決問題，由「係遯」、「好遯」到「肥遯」，徹底從僵局中脫身，後果如此。

占卦實例4：美國會出兵敘利亞嗎？

二〇一三年八月底，我赴上海授易，教占時學員問：「美軍會攻佔敘利亞嗎？」其時敘利亞內戰嚴重，且稱已動用了化學武器，美國揚言出兵遏止，俄羅斯總統普京則介入調停。結果占出遯卦五、上爻動，「上九」值宜變為咸卦，兩爻齊變為小過卦。小過卦辭：「可小事不可大事。」遯卦退讓，「上九」爻辭：「肥遯，无不利。」美國必退，不可能出兵，後果如此，普京調停成功，衝突暫歇。

占卦實例5：精神病的根本原因

二〇一〇年十一月中，我問人會罹患精神疾病的根本原因，為遯卦二、三、上爻動，齊變為困卦。「遇遯之困」，想逃離現實卻不能脫困。「上九」爻辭稱：「肥遯，无不利。」這是患者的主觀意願，無奈「九三」爻辭稱：「係遯，有疾厲。」內心中被「六二」牢牢綁住：「執之用黃牛之革，莫之勝脫。」

執著太深，又害怕接觸人群，遂受疾患之苦。

莽撞青春——大壯卦第三十四（䷡）

再論「老成凋謝曰遯，少壯接班曰大壯」

在卦序中，遯卦和大壯卦相綜一體，講的就是世代的交替。老成凋謝曰「遯」，要知進知退，說的就是在一個位置不可能待一輩子，後面的人一上來，你就得把位置挪出來。正如〈序卦傳〉所說的「物不可久居其所」，這是人生必然要面臨的問題。要遯得漂亮，最好是「嘉遯」、「好遯」、「肥遯」，千萬不要「係遯」，牽扯不斷，弄得大家都痛苦，身心都不自在。要學會及時進退，留出空間給後來的人，同時還要扶植別人來接替你的位置，讓整個事情的推展不會因為你而不正常運作。「人存政舉，人亡政息」，或者說一朝天子一朝臣，這樣都不好，不利於國家和社會的發展。遯卦的退場機制不是一個人的問題，而是一代人的問題，所以為了避免有代溝，下一代能不能順利接班的問題很重要。

少壯接班曰「大壯」，就是下一代要接班。年輕少壯時，陽氣鼎盛，自然是志比天高，但實際經驗卻不足。遯卦是智慧經驗有餘，只是遯卦初爻跟二爻缺乏根基，無立足之地，地利方面的條件不允許；而大壯卦缺乏實力的兩個爻是天時未至，時機還不成熟。天時未至不能強求，一定要通過歷練來彌補。一個沒有地利，一個天時未至，這就是遯卦跟大壯卦青黃不接、最脆弱的時候，所以要維續整個組織的安全移轉或交棒，即世代交替，是非常重要的。老成凋謝就要「遯」，但不能說走就走，一撒手什麼都不管，所以還要有佈局和安排，一步一步交權；在過渡的階段，還可以持續發揮老一輩的影響力，提攜少壯派慢慢進入狀況，直到最後能夠完全放手為止。

所以遯卦要退也不能一下就退，正如其〈象傳〉說的「浸而長」，要一步一步地滲透填滿，不要出現權力的真空，以致組織無法正常運轉，必須循序漸進。絕對不能撒手或者不想退而故意給新人難堪；人情一旦走偏，就會存有這種心思，這對任何組織或國家是十分不利的。我們要像漸卦那樣，循序漸進，冷靜面對，秉承團隊的精神，如雁行團隊般各有分工；有這種大局的思維，才會使整個組織的事業長足進步。

遯卦的「九四」「好遯」，君子就吉，接軌就沒有任何問題。「好遯」的結果就是漸卦，剛好又是漸卦的上爻，是值得垂範於後世的交權模式，是退場的典範。全心全意，沒有藏私，希望下面的人能夠比前人做得更好。正因為「好遯」做了細密的安排，負責任地交接，下面就是少壯接班的大壯卦。大壯卦有一個特色，就是歸妹卦（䷵）的特點。遯卦的初、二、三、四爻有漸卦（䷴）的象，第四爻本身爻變又有漸卦的象，那麼在大壯卦中就絕對會有歸妹卦，因為漸卦與歸妹卦相綜，卦中卦也一定相綜。大壯卦三、四、五、上爻構成的卦中卦就是歸妹卦，歸妹「征凶，无攸利」，所以大壯卦的麻煩就是有歸妹卦的衝動；如同少女到了懷春期，經驗不夠，就會感情用事。如此一來，〈雜卦傳〉才說「大壯則止」，最衝動的時候一定要懂得節制、克制，不然馬上就會敗事；

加上大壯卦本身又有很多能量，一旦輕舉妄動，就會壞大事，就像蠻牛闖進瓷器店，一下子噼里啪啦。

整個遯卦是在漸卦的精神推動下，才能遯得好；而大壯卦就怕接班人衝動，新官上任三把火，往往不知天高地厚，亂衝亂闖，把前人的基業搞得一塌糊塗。這種例子多得很，像富不過三代，常常就是如此。老一代可能還不會犯的錯，到了年輕的一代要表現，想一步到位，常常就會犯下彌天大錯。

漸卦是循序漸進抓重點，把事情做得圓滿；而歸妹卦是易衝動，往前衝就一定凶，沒有任何利益。換句話說，歸妹卦慣常感情用事的衝動，就主導了大壯卦中很難按捺的青春期衝動，一爆發就產生很大的破壞性，使得事情終歸失敗。

遯卦和大壯卦中的君子、小人

遯卦的「九四」和大壯卦的「九三」都是這兩個卦中的關鍵，也是容易犯錯的兩個爻，端看你是君子還是小人。遯卦第四爻「好遯」，君子吉，小人就否，結果完全不同。大壯卦也是，第三爻也分君子跟小人。所以可以這麼說，十二消息卦中陽爻象徵君子，陰爻象徵小人，「君子道長，小人道消」或「小人道長，君子道消」；像臨卦跟觀卦，尤其是觀卦，第一爻「童觀」，小人還好，君子就吝。十二消息卦陰陽之間的消長，就像君子、小人之間的消長一般。換句話說，同一個爻的同一個問題或同一種處境，就能夠辨識出你的修為和智慧程度。像剝卦上爻「君子得輿，小人剝廬」，簡直天差地遠。

大壯的第三爻也分君子小人，就是因為有歸妹卦的衝動，尤其「九三」爻變就是歸妹卦，充滿了歸妹卦所易犯錯的熱情；加上「九三」本來就是拚命三郎，是陽居陽位，三多凶的位置，所以很難壓抑的衝動和生命熱情一旦爆發就很危險；如果不出問題，你就是君子。但是大壯卦的「九三」在卦中卦中是歸妹卦的第一爻，是很容易出事的。

儒家眼中的遯與大壯

《論語》中有很多語句頗合遯卦和大壯卦的意思。像〈公冶長篇〉中的「老者安之，朋友信之，少者懷之」，這是孔子一生的志向。「老者安之」就是「天山遯」，退下來心安理得，很自在。通常我們看到一些退下來的老人，老、病、牢騷特多，讓子女感到很難伺候；這些老年問題就變成了社會障礙。如果人老了退下來不能夠照顧好自己，一天到晚拖住好多人，從整體來講不是耽誤社會的進步，變成了絆腳石嗎？所以孔子認為，不到萬不得已，老者最好要安之，這個社會才更有活力，不會一天到晚看到老的拖住年輕的，各方面都需要人照顧；那麼他過去累積的豐富經驗，在這種身心不安的情況下，也談不上貢獻了。還有一點好像就是性別的問題；也就是老頭最麻煩，老太太好像還會照顧自己；在任何一種狀況下，老翁都比老嫗麻煩。可見，人生的遯不是一件簡單的事，是個很難的課題，是整個社會都要面對的問題；要做到知進知退，退了也不需要人家照顧，只有聖人才辦得到。

再如《禮記・禮運・大同》中說：「大道之行也，天下為公，選賢與能，講信修睦。故人不獨親其親，不獨子其子，使老有所終，壯有所用，幼有所長，鰥、寡、孤、獨、廢疾者皆有所養。」「老有所終」其實就是「老者安之」，也是「天山遯」。而「有終」是非常好的局面，就像謙卦卦辭所說的「君子有終」，面對宇宙中的一切都非常謙和，無爭無憤，心境特別平和。如此看來，「老有所終」是多麼的和諧。大同社會一開始講「不獨親其親，不獨子其子」之後，即不只是關心自己的雙親、愛護自己的小孩，關懷要推擴出去，讓天下這些遯的人皆「老有所終」。其次則是「壯有所用」，這就是大壯卦，老的退下來了，年輕力壯的接班，他就要發揮他的功能。這樣一代一代下去又有所長，然後「鰥、寡、孤、獨、廢疾者皆有所養」，則是同人、大有二卦的境界了。總的來說，「老有所終」才能夠「壯有所用」；「壯有所用」才可以再盡作為父母的責任去照顧下一代，讓「幼有所長」。這正如《論語》裡講的「老者安之、少者懷之」。

話又說回來，古人發表這些議論，形成經典的文句，其實並不是有意要按照《易經》的卦序去推演，然而這些卻常常暗合《易經》架構裡面的因果關係。從卦序上看，遯卦後面是大壯卦，大壯卦後面是晉卦（䷢）、明夷卦（䷣），而這卦序卻和〈禮運大同篇〉若合符節。「使老有所終」是遯卦的運用；「壯有所用」暗合大壯卦少壯派上任；而「幼有所長」代表晉卦的旭日東升，更年輕的一代起來了；至於「鰥、寡、孤、獨、廢疾者皆有所養」則是明夷卦了，那是人生的痛苦時期，如夕陽西下，那些弱勢的群體所體會的人生深層的痛苦，是社會的灰暗面；而這些人都需要社會提供溫情、照顧，如果都做到了，整個世界就會大大改觀。

陽宅與陰宅

陽宅是大壯之象，陰宅是大過之象，這是〈繫辭下傳〉第二章中講述人類文明的發展時所提出來的。在這一章中，自然而然的種種面相、民生問題等各方面，一共提到了十三個卦，第十一個卦就是大壯卦。人類最開始的訴求就是希望找遮蔽風雨的地方，條件允許的話，就會講究居住的品質，希望住上很舒服的豪宅。這就是大壯卦所謂的陽宅，陽氣充足，而且很穩固，也是人性基本的需求。可是住完陽宅之後，可能還沒過癮，下一卦就變大過卦（䷛），就得住陰宅了。從住陽宅到住陰宅，最後再檢討人生永恒的意義，那就是夬卦（䷪）。

我們還是把〈繫辭傳〉這一段重複一下，以加深印象。先看〈繫辭下傳〉第二章的內容：

> 古者包犧氏之王天下也，仰則觀象於天，俯則觀法於地，觀鳥獸之文與地之宜。近取諸身，遠取諸物，於是始作八卦，以通神明之德，以類萬物之情。作結繩而為網罟，以佃以漁，蓋取諸離。包犧氏沒，神農氏作。斲木為耜，揉木為耒，耒耜之利，以教天下，蓋取諸益。日中為市，致天下之民，聚天下之貨，交易而退，各得其所，蓋取諸噬嗑。神農氏沒，黃帝、堯、舜氏作，通其變，使民不倦，神而化之，使民宜之。《易》窮則變，變則通，通則久。是以自天佑之，吉无不利。黃帝、堯、舜，垂衣裳而天下治，蓋取諸乾坤。刳木為舟，剡木為楫，舟楫之利，以濟不通，致遠以利天下，蓋取諸渙。服牛乘馬，引重致遠，以利天下，蓋取諸隨。重門擊柝，以待暴客，蓋取諸豫。斷木為杵，掘地為臼，杵臼之利，萬民以濟，蓋取諸小過。

> 弦木為弧，剡木為矢，弧矢之利，以威天下，蓋取諸睽。上古穴居而野處，後世聖人易之以宮室，上棟下宇，以待風雨，蓋取諸大壯。古之葬者，厚衣之以薪，葬之中野，不封不樹，喪期無數。後世聖人易之以棺槨，蓋取諸大過。上古結繩而治，後世聖人易之以書契，百官以治，萬民以察，蓋取諸夬。

伏羲畫卦是《易經》的緣起，從伏羲本身開始，也要有創作發明，就是從離卦（䷝）開始，有文明永續、有網罟之象，這是畜牧業的開始，也是人類文明開始的象徵。後面就是神農氏教大家種田，為農業的開始，即益卦（䷩）。人們收穫了農耕、畜牧、狩獵等產品，就希望互相交換，如此就出現簡單的商業行為，這就是噬嗑卦（䷔）。有農業生產等活動，又有了商業活動，就需要管理，不然會有欺騙、耍詐行為出現，會出亂子，所以一定要有管理的機制，於是政治生活開啟，統御管理的領導出現，此即乾（䷀）、坤（䷁）二卦，乾為君，坤為民。「神農氏沒，黃帝堯舜氏作」，一旦有了政治的管理機制之後，「窮則變，變則通，通則久」，人類的生活由簡而繁，於是就有了交通的問題，不只是陸上交通，還有水上交通。水上交通的象就是風行水上的渙卦（䷺）；坐舟船要渡遠方，既有商業，又有政治人物的考察，然後就要棄舟登岸，牛載重，馬運人，就是隨卦（䷐）。在交通運輸中，為防止衝突，就要有一定的武備力量，從原始部族到後來建立國家的王朝都是如此，必須要有防備的手段以策安全；「重門擊柝，以待暴客」，這就是豫卦（䷏）。

有了軍隊、國防，糧食的問題就出來了；不只是當下的糧食，還要儲備未來的糧食，像以前至少要存糧三年。糧食問題就是小過卦（䷽），「斷木為杵，掘地為臼，杵臼之利，萬民以濟」，就是糧食加工的過程。糧食問題即便到現在都是非常迫切的問題；糧食的生產、分配，尤其整個農業已經轉型，如果問題擺不平，就容易引發戰爭。所以前面雖然有國防的豫卦，還是有可能主動攻擊、掠奪，那就是睽卦（䷥），互相把弓箭射來射去。

人生各個領域的問題自然而然就發展出來，就要面對、解決。要解決這些問題，就出現居住品質的問題，遮風擋雨是最起碼的要求，接著就是住得舒適與否，這就是大壯卦的問題。「上古穴居而野處」，原始人群住在荒野的洞裡面，隨著人類文明的發展，就要蓋房子，最早的是木蓋的房子；「後世聖人易之以宮室，上棟下宇，以待風雨」；「上棟下宇」正是雷天大壯的象，上卦震為陽木，是非常剛的木，可以做棟樑，下卦乾，代表宇宙；「宙」是講時間，「宇」是空間。打地基，砌磚修牆，再蓋一個屋頂，上面的棟樑下還有堅硬的支撐，絕對可以提供一個很安穩的居住環境，不怕風吹雨打。在大壯的居住環境中度過一生，接著就是死亡的來臨。「古之葬者，厚衣之以薪，葬之中野，不封不樹，喪期無數。後世聖人易之以棺槨」，要換一個地方住了，也就是入住棺材，再深入墓穴，是為陰宅，這是大過卦。一路走來，人生就是這麼回事，前面一個又一個的民生問題克服後，到最後就是身後事。大過卦之後的夬卦則充滿了啟發意義，人一輩子由「大壯」往「大過」之後，所謂的永恒呢？生不帶來、死不帶去的都是身外物，而永遠帶不走的、對後人有幫助的就是夬卦的文明永續。

未來的住房問題是否可以紓解？

在大壯卦上棟下宇的階段，即住房問題。住者有其屋，是每一個時代迫切要解決的問題，每個人一定要有遮風擋雨的地方，不然就不是文明社會。而到現代社會，隨著人口越來越多，可以居住的地方越來越少，生態環境也越來越糟糕，好多地方其實已經不能居住，房價也日漸變成了天價，住房問題在現代社會因此越來越嚴重了。我們如果是遯卦的一代，好歹還可以湊合，那麼下一代要有房子住就太難了。看如今的房價，全世界都一樣下不來，要買房子，有時會把一輩子都押進去。這就是大壯卦的問題。這個問題在現代大都會是非常難解決的，而且越來越難解決。不光是土地資源有限，難以負荷，活人也沒有地方住，甚至死人都沒有地方「住」了，墓地的價格也是飆升。所以大過卦跟大壯卦的狀況一樣糟。

我在思考這個問題的時候，曾算了幾卦，未來十年、二十年、三十年這個問題能不能紓緩？結果是沒有辦法，要找一個棲身之地，要有起碼的居住品質，年輕的一代若要完全靠自己，工作一輩子可能也住不了一棟好房子，這個問題幾乎是無解。

只要是一個生命，一定要找遮風擋雨的地方安居樂業，像屯卦（䷂）第一爻——生命開始的第一爻就講「磐桓」，「磐」就是打地基，「桓」就是棟樑，還沒有開始奮鬥，就希望要建立穩固的奮鬥基地，要找一個安居樂業的房子。屯卦前面是坤卦，有廣土眾民，民眾要在土地上生存，第一個想到的就是蓋房子。屯卦第一爻是人生奮鬥的第一步，先去找大石頭打地基，然後去鋸下大木頭來架起房屋，而且要花很多時間，可見建一棟房子確實不容易。一旦架構有了，就是「利居貞」，人生的據點安定，才能夠建侯，出去闖蕩。屯卦也是生之難，自古以來就是一個難的問題。我算臺北未來十年住房的問題能不能紓解，就是屯卦第一爻，很難紓解，而且大家還要擠在一起住，因為屯卦第一爻爻變就是比卦（䷇）。

居住的問題也是全人類的問題。為人父母的，有時候就是為子女辛苦、為子女忙。我大概在二十年前就發過宏願，因為女兒很喜歡看書，卻把書擺得很散亂，那個時候要表現自己疼愛女兒，我就許諾將給女兒弄一層書樓，免得擺書的地方都沒有。記得當時女兒的眼睛就亮了。二十年過去了，沒想到她擺書擺得更亂，怎麼樣也沒辦法解決這個問題。這個宏願我有沒有可能完成呢？結果《易經》告訴我完全是无妄卦（䷘），整個上卦都得動，不要癡心妄想，沒有希望，而且點在「无妄之疾，勿藥有喜」這一爻上，要自己想辦法治療；為了這種癡心妄想，爻一變，就要嘗試痛苦的噬嗑卦（䷔）。然後三個爻齊變就是叫你回歸到復卦（䷗），真的是辦不到。這麼一想我當下就解脫了，假裝以前沒有講過這樣的話。

因「大壯」而致傷害

大壯卦之「壯」字，其實不祥，「壯」字偏旁和「戕」字同，小過卦的第三爻就說「弗過防之，從或戕之，凶。」所以要特別防備人生的意外，有時候連怎麼死的都不知道。人生中很多的傷害就是因為大壯的衝動，血氣方剛，沒有節制，那種衝動所造成的破壞性傷人又傷己，很難修復。在過去古本《易經》的流傳中都持這種說法，說大壯卦跟明夷卦（䷣）都有傷的意思；不是傷害到別人就是傷害到自己，要不然就是傷害到周遭的環境，所以也稱這兩個卦為「傷卦」。明夷的「夷」則是最「傷」的了，已經夷為平地了，當然最黑暗、最痛苦。

大壯卦跟明夷卦都有傷害的象，大壯卦則跟字源也有關，同時也交代了人生很多的傷害、破壞都是由於「壯」而來。陽氣過盛，能量沒有地方發洩，一旦不受節制，就會造成很大的傷害，傷人又傷己。所以在老子的《道德經》中，對「大壯」是近乎深惡痛絕，針對大壯所代表的一些東西，他就站在遯的立場，以一個飽經世故的智者處處提供建言，要我們戒慎恐懼。譬如第三十章的「物壯則老」，「物」就是人生的一切東西，一旦發展到「壯」馬上就面臨老化，在壯年的時候揮霍青春就會對自己造成傷害，很快變老，如縱欲就是大壯的毛病。自然世界也一定是如此，「物壯則老，是謂不道，不道早已」，「早已」就是早早結束，完全不合乎道家清心寡欲的「道」。這是直接針對「壯」字建言。

再如第七十三章的「勇於敢則殺」，人在血氣方剛的時候喜歡好勇鬥狠，什麼都敢幹，結果就被殺或殺人。「勇於不敢則活」，勇氣為什麼一定要表現在跟人家爭鬥上呢，可不可以表現在忍讓上？像韓信、張良、越王勾踐，還有日本的德川家康，能夠忍辱包羞，把勇氣表現在「不敢」上，這都是非常簡單的道理，其實就是對「大壯」這種身心狀態的提醒。

還有第二十三章的「飄風不終朝，驟雨不終日」，狂風暴雨不會久，就像人的青春經不起揮霍一樣，一下子就過去了。正如《易經》針對大壯卦就只有一個字——「止」，在這個階段身心很不平衡，處於躁動的狀態，也是萬物蠢蠢欲動的時候，而在這個時候卻要靜下來，這就是人生的關口。孔子曾說過有名的「君子三戒」：「少之時，血氣未定，戒之在色；及其壯也，血氣方剛，戒之在鬥；及其老也，血氣既衰，戒之在得。」這其中的壯之時，「戒之在鬥」，就可以很好地幫我們理解大壯卦，大壯的時候一天到晚跟別人起衝突，沒有任何好處，絕對是互相戕害。

大壯卦在兵法上的運用

在兵法的運用上，遯卦跟大壯卦的進退有度特別重要。大壯卦猶如跨國遠征，補給線拉得很長，如果速戰速決，可能僥倖獲勝；如果深入敵人的腹地，糧食補給出問題，就會如強弩之末，後力不濟而卡住出不來，陷入進退兩難的境地。

從卦象上看，大壯卦下面四個陽爻連成一氣，利用強悍的實力進行陰陽對決，衝到上面兩個陌生的陰爻領域中。以實力的對比來講，兩個敵國的陰爻面對這四個陽爻的跨國遠征，一定很難抵擋得住；但是陽爻的長驅直入很難持久，最好的例子就是納粹德國針對前蘇聯的閃電戰。剛開始德軍的戰鬥攻勢是非常驚人的，幾百萬的大軍閃電般進入，蘇軍節節敗退；可是等到德軍進到縱深的地域，逼近莫斯科，補給線被拉長，閃電攻勢就有點力不從心了；最後不但沒有拿下莫斯科，還被迫在以後的戰役中陷入防守狀態，直到自己的首都柏林被攻克。

這就是一個借鑑，那時的納粹德國軍隊就是「大壯」，四個陽去攻人家兩個陰，沒有得手，反被人家反敗為勝。大壯卦一旦到一個臨界點，就會被反超，進而節節敗退。這就是大壯卦在兵法上的體現。實力最強的時候，就想以衝刺手段攻城掠地，以為很快就可以手到擒來達到目的，結果不但不是如此，反而如濕手放到麵粉中，難以自拔，最後是非常慘的敗局或者陷入進退兩難的格局。

再如法國的拿破崙，也是去打俄國，一樣的結果。那個時候的法軍可以說是世界上最強的軍隊，但是沒有征服俄國，反而吃了大敗仗。從《易經》的角度來講，仍然是犯了「大壯」的毛病。可見，一個充滿擴張意圖又迷信自己武力的軍隊，很少會有好結果。這兩個國家的軍隊對於同一個國家的進攻，其規模和戰力都是空前的，而俄國當時的實力遠不能比，但是他們都忽略了西伯利亞的寒冬，這是一個不可測的天時因素。大壯卦四陽兵強馬壯，佔了人位、地位，可是天時是不測的，那個因素就會埋葬四陽的實力，因為君位不在掌握中。所以我們說大壯卦作為接班人還不夠格，真正主導的位置是屬於陰爻那一方，不是陽爻，君位是「六五」，陽爻進去好像很容易，結果卻被套牢出不來。亂衝亂撞，反而陷入被動，這就說明在大壯卦就得「止」。還有大壯卦的另外一面是遯卦，要預留退路，萬一不能在很短的時間內拿下，就要考慮不要深入敵境。

可見，人生在大壯的時候一定要想到萬一不順利時，是否可以抽身而退。「係遯」就是想出來而出不來，還得「畜臣妾，吉」。所以在遯的時候要考慮大壯，在大壯的時候就要考慮將來能不能跑掉。我們常常講有沒有留後路，有沒有做好最壞的打算就是如此。但是大壯卦最容易犯的毛病就是迷信自己，看不清對手，不知道兩個陰爻其實含藏了無限深層的危機，也不是他現在年輕的生命階段所能理解的。

這就是大壯卦在兵法上的運用，進退都要保留一定的餘地，要給自己留下周旋的空間。其實給自己留空間有時也是給別人留空間；如果完全不給別人留空間，自己迴旋的餘地也會沒有的。

四陽結果居然沒有贏得過那兩陰，而且很難善後，這樣的例子太多了。像美國打越戰，結果也是吃了大敗仗，最後很不光榮地撤軍。撤就是遯，但那一次遯得不漂亮。前蘇聯去征服阿富汗，也是灰頭土臉，十幾年一事無成。後來美國有了新的戰法攻勢，兩次海灣戰爭都大獲全勝，也是閃電戰，問題是軍隊還得留在那裡，不知道要花多少錢。這就是很多人常犯的錯誤，總以為表面上看來強弱懸殊就可以搞定一切，沒有想到弱勢的一方可能焦土抗戰，強者則永遠都走不了，永遠都要花天文數字的金錢來維持下去，而且看不到終點。

回到我們中國自身，八年抗戰也是一樣。那個時候中國的武力跟日本相比不知道差了幾個時代，但日軍所謂的三個月結束戰鬥，滅掉中國，結果卻打了八年中國也沒亡。上百萬的日軍到了中國，就只敢佔據幾個城鎮，連鄉下都不敢去，因為充滿了危險。這也是大壯，日軍剛開始進行得很順利，到最後也是舉步維艱、強弩之末。

這就是大壯卦的毛病，有太多的例子了。所以我們一定要小心，在最止不下來的時候一定要稍安毋躁。止是絕對有道理的，這是經驗法則，幾乎沒有任何例外。

大壯卦與姤卦、觀卦的關係

大壯卦四個陽爻，故稱大壯，也可稱「男壯」；那麼只有一個陰爻的則稱「陰壯」，這個卦就是姤卦（䷫）。我們看姤卦的卦辭就可知道：「女壯，勿用取女。」姤卦是五陽下一陰生，表面上看陰爻相當微弱，可是在姤卦來說，陰爻的未來發展不可低估，其危機會擴大到可怕的程度，就像星星之火可以燎原。卦辭就明確地告訴我們，五個陽爻壓在上面，其實不見得能夠壓住下面一個陰爻，所以它叫「女壯」，也叫「陰壯」。可見，陰爻的發展不得了，面對姤卦的危機——「女壯」，我們一定要想辦法阻止其繼續發展，不要因為現在看起來很弱就不當回事。大壯卦同樣如此，雖然累積了四個陽爻，但是也不可以亂動。

大壯跟小壯、陽壯跟陰壯、壯陽跟壯陰，其力量對比在《易經》中本來是扶陽抑陰，可是陰爻的危機一旦蔓延發展，對於形勢發展的評估就很難預料。像大壯卦是正面不斷累積資源、能量，累積到四個陽爻確實很不容易，而且還不能亂動，否則就可能把所有的資源揮霍一空，可見正面建設很困難。四個陽爻尚且利於固守，不可以亂動；可是一個破壞性的陰性一出現，如姤卦五陽下的一個陰就等同於「壯」，它會吸收陽爻的資源，其破壞性的因素蔓延開來非常快。這就是建設困難破壞容易，一夕之間就是泰極否來，成事不足敗事有餘。所以人生成功太難，四個陽爻不知要花多少精力去累積，結果還不能動，動輒得咎，功虧一簣；一個陰爻只要出現負面的因子，就可能顛覆掉全部的陽爻，自己就壯了。我們在學「大衍之術」一章時其實就提到過，陰爻一變化，其能量至少是陽爻的三倍。所以負面的東西——陰爻，不變則已，一旦萌生就是壯。正面的東西培養個半天，一個卦到了四個陽爻，還是等於閒置資源，不能用，一用還出事。負面的陰爻只要出現一個，全域都有可能出現顛覆性的狀況，其破壞力相當驚人。這就是「男壯」跟「女壯」的不同。

四個陽稱大壯卦，四個陰呢？是觀卦（䷓），也是大壯卦的錯卦。觀卦的冷靜觀察跟大壯卦的熱情衝動正好相反。四個陽叫大壯，四個陰卻不叫小壯，它反而進入一種境界，即冷靜觀察的境界，絕不衝動；脫離了「童觀」、「闚觀」的幼稚、感情用事的階段，到了「觀國之光」這樣的高度。觀卦是有別於大壯卦的境界，一冷一熱，是兩個極端。這兩個卦連在一起，就是「壯觀」一詞。民間傳說觀音的生日是大壯月——陰曆二月，而觀音得道則是陰曆八月，正是觀卦的月份，這就有意思了。假如真的是這樣，觀音的修道是從「大壯」修到「觀」，是脫胎換骨的六爻全變。剛開始生下來也是大壯，像凡夫俗子一樣有很多衝動；可是最後得道時，就進入了觀卦的境界，剛好六爻全變，那種熱情衝動統統轉成冷靜觀察的智慧，所以他才能照見五蘊皆空，才能渡苦厄。大壯卦一不小心就給自己造成痛苦，也給別人造成痛苦、給環境造成痛苦，而觀卦可以讓人感覺圓滿。

傷卦相克之象

大壯卦有戕害、傷害的象，節氣在陰曆二月。二月二，龍抬頭，下卦乾（☰）是龍，上卦震卦（☳）也是龍，這個節氣就很麻煩，不好調養。從陰陽五行的生克來看，大壯卦就是相克的受傷之象。下卦乾為金，上卦震為木，五行中金克木，下卦完全克上卦，所以很難養。而金在人身來講就是肺臟，木一般認為是肝，那麼震代表肝嗎？不一定，應該是巽，巽隱藏得很深，肝應該是巽卦。木其實也代表心臟，心一般由離卦代表，其實震卦也是。心為君，心的功能就像離卦一樣，貫穿全部的網絡。但是心臟的搏起推動了血液循環，心是動的，故震卦也代表心，所以復卦有天地之心之說，天地之心生生不息。從這一個角度講，震卦應該是心臟的象。只是一個是講體，一個是講用。心火是離卦，心動是震卦，而且離卦跟震卦在先後天八卦中是有關聯的，先後天同位；先天八卦中離卦是在東方，後天八卦中震卦是在東方。在震卦中，就有爻辭提到心肌梗塞，如「震遂泥」、「震蘇蘇」。離卦中的「突如其來如，焚如，死如，棄如」，就是心臟病爆發。這兩個卦都是心，一個是講心的動主導一切，一個講心的網絡聯繫所有器官的官能。

可見，大壯卦就要注意心肺功能，尤其是老年人，碰到大壯這個月份可能真的就要遯了。如果有宿疾在身，在初春時節，晝夜溫差大，心肺功能就最容易出問題，再加上金克木，本身就有殺氣，所以大壯卦容易受傷，就要好好調護。

群眾運動之象

大壯卦也有群眾運動的象，不過是一群人盲目地往前衝。就像少年幫派的械鬥，常常是火爆衝突的場面，一旦突破藩籬，後果就很難收拾。

大壯卦取象為羊，一群羊發起瘋來要往前衝。不過這種羊不是溫馴的綿羊，而是山羊。山羊的個性一個是狠，一個是淫。大壯卦用一群羊作為象，成群結隊向前衝。取象於羊，是因為大壯卦（䷡）有大兌（☱）之象，兌為羊。大壯卦陽氣充盛，加上山羊的長角兇狠有力，就容易造成傷害。為什麼山羊又跟淫亂的情色意象有關呢？也是緣於大壯卦的放縱不節制。

群眾運動一般都是盲動性的，敢衝敢撞，所以集體的少年犯罪為了逞英雄，往往不計後果，有時就會造成很多遺憾。一個人不敢做，一群人就會做出很多莽撞的事情，這就是大壯卦的群眾心理；具有很大的感染性，誰也不甘示弱。這就是所謂的群體英雄主義，人多勢眾，勇氣就來了。

如果大壯卦是群眾英雄主義，那麼個人英雄主義就是豫卦（䷏），只有唯一的陽爻「九四」高高在上，下面是坤卦，整個群眾都是他的粉絲，隨著他的節奏起舞。這跟大壯卦有什麼不同？下卦全變而已，下面也是如狼似虎。

大壯卦卦辭

䷡

大壯。利貞。

大壯卦的卦辭就兩個字：「利貞。」固守就有利。為什麼要採取守勢呢？因為大壯卦已經累積了四個陽爻，來之不易的成果要愛惜。但是在這種階段，我們要勸別人就特別難。其實按照卦序來說，很簡單，並不是要你永遠不動，因為下一卦就是晉卦（䷢），日出東方的好日子。在大壯卦這個階段不要動，自然而然下面就會出現「晉」，創造輝煌，讓人耳目一新。這是從卦序來理解卦辭。

如果從十二消息卦的角度看，也可以解釋卦辭。下面是四個陽爻的時候不要動，等到下面是五個陽爻的時候再做，君位就由虛變實了，成為了名副其實的領導人，可以做決斷、下決策了。所以在大壯卦的時候要見習，不要提早進入陰陽對決，一旦衝進去對決兩個陰爻，四個陽爻就可能會全軍覆滅。如果等到五個陽爻的時候，對方只剩一個陰爻了，而且已經被逼到了牆角，此時勝利在望，就可以不戰而屈人之兵。兩個陰爻對大壯卦來講是未知的風險，等到變成夬卦（䷪）的時候，實力大大增長，一個陰已經不能構成威脅了；而且最重要的是第五爻已經在你掌握中，形勢大變。既然這樣，為什麼不等一等呢？從大壯的陰曆二月到夬卦的陰曆三月不過一個月而已，在大壯的時候盡量戒慎恐懼，稍安毋躁，一動不如一靜，不是更好嗎？

可是這又跟人的性情違背，「利貞」是專門針對人的性情來設計的話，大壯卦就是人的真性情。在這個階段，我們就要忍耐，不然就會出事。乾卦的〈文言傳〉解釋「利貞」二字可作為大壯卦的參考：「利者，義之和也；貞者，事之幹也……貞固，足以幹事。」說明年輕人在大壯卦的時候要多見習，不要躁動。〈文言傳〉還專門針對人的性情立論：「利貞者，性情也……六爻發揮，旁通情也。」不把人情觸類旁通研究清楚，怎麼能「時乘六龍以御天」呢？稍微一點變化就不知所措，「雲行雨施天下平」就變成了空話。所以凡是管理者，要做大事的人，一定得懂得人情，人情是從人性發出來的，就兩個字——「利貞」，貞才有利，不要不信邪。可是人在大壯的時候就想衝，一衝就出事，沒有一個有好結果。

大壯卦講「利貞」，缺少的是「元亨」，因為大壯卦是第二代，是接班人，不是開創的一代，哪有「元」呢？它只是叼著金湯匙出生，在老輩的基礎上接替下去，沒有什麼好得意的。乾卦打底，震卦就站在那個基礎上，所以一下就擁有這麼強的實力、資源；但是因為經驗不足，也最容易敗家。大壯卦沒有「亨」，緣於仗勢欺人；「亨者，嘉之會也」，強調的是雙喜，而大壯卦只有逞強的一方高興，弱勢的一方不高興，怎麼會是「嘉之會」呢？強凌弱、眾暴寡，社會永遠不會亨通，所以在大壯卦中「亨」是不可能存在的。這也是大壯卦陰陽失衡所帶來的問題。一邊強，一邊弱，然後強的找弱的麻煩，沒有顧慮到對方的感受，亨當然是欠缺的。既然大壯卦欠「元亨」，那麼這個卦就一定要補修「元亨」的學分，這樣才能元亨利貞、生生不息。「飄風不終朝，驟雨不終日」，大國的興衰起落不知道有多少，只要犯了這個毛病，就會欠元欠亨，無以為繼。

大壯卦〈彖傳〉

〈彖〉曰：大壯，大者壯也。剛以動，故壯。大壯利貞，大者正也。正大而天地之情可見矣。

「大者壯也」指的是陽氣所代表的東西特別堅實，而且是日積月累而成；由一陽復（䷗），二陽臨（䷒）、三陽泰（䷊），資源一直累積到四陽大壯（䷡）這個階段，積累了幾代的財富，自有資源終於「大壯」。

「剛以動，故壯。」「剛」是指內卦乾，「動」指的是下卦震，乾卦蘊養的力量支撐震卦在枱面上耀武揚威，發揚光大，繼續往前衝。內剛外動，當然理直氣壯，氣壯山河。在上文我們一直挑剔它的衝動所帶來的問題，其實大壯也可以很正面，像孟子講的養至大至剛的正氣，「直養而無害」，不要用欲望傷害它，自然而然地養氣，如果養得很不錯就是大壯的階段。

「大壯利貞，大者正也。」這句話就像孟子的善養浩然之氣一樣，浩然正氣，光明正大。人從個體獨立後，自己走自己的路，不用看別人的臉色行事；但是遇到群眾的時候，就要像乾卦和坤卦一樣和諧互動。「正」是《易經》一直強調的，乾卦〈文言傳〉針對第一爻「潛龍勿用」提出「不見是而無悶」；「日正」為「是」，不但是「正」，而且是中午的太陽。「利貞」就是正，從蒙卦（䷃）開始就要「養正」，師卦（䷆）則是「能以眾正，可以王矣」；直到未濟卦（䷿）最後一爻「有孚失是」，「日正」沒有了，所以《易經》是始於「正」，結束於「正」。大壯卦強調「大者正也」，如果強大的國家能夠止於一，他能夠正，懂得尊重他國，像美國那種超級大國，不要己之所欲必施於人，老把自己的那一套強加於他國，那麼這個世界將會安靜很多。曾經有一位美國的學者在臺灣演講，他就直接說美國是世界上最大的恐怖主義者。根據大壯卦一分析，有時還真是如此。美國動不動就要指導他國，扮演世界警察，其實這些干涉就是麻煩的來由。它實力強，「大者正也」，老是看他國不正，強凌弱、眾暴寡，好為人師。日本天皇中就有一個叫做「大正」的，從大正到昭和之間日本發動侵略戰爭，就犯了大壯的毛病，所以要強大還要正很不容易，一有偏失，侵略性就來了。

講完「大正」，後面就講「正大」：「正大而天地之情可見矣！」特別強調「情」，沒有講人，也沒有講萬物。大概是因為人本身就自私，有很多的欲望擺不平。想欺負人，想佔便宜，可是天地是大公無私的，是絕對正大的，沒有分別心。但是天地很正，人不正就麻煩了，所以〈彖傳〉沒有說「天地萬物之情可見矣」。大壯卦描述了「正大」的境界，這是〈彖傳〉的發揮，我們從正大這種無私、大公，就可以見到天地之情的表現。單純是人或萬物，恐怕表現出來是「不正大」，在咸、恒二卦中就是如此，咸卦（䷞）〈彖傳〉說：「觀其所感，而天地萬物之情可見矣。」恒卦（䷟）也是：「觀其所恒，而天地萬物之情可見矣。」還有萃卦（䷬）：「觀其所聚，而天地萬物之情可見矣。」人聚在一起就是一切麻煩的來源。咸、恒、萃三卦強調的都是天地萬物之情；大壯不講萬物之情，也不講人情，而是從「利貞」的卦辭引申出「正大」這個觀念，只有天地之情。那是人要效法的對象，「不獨親其親，不獨子其子」就是叫我們要突破人情的小我，不要護短，要跟天地之情看齊。但是這種突破很難，像杜甫潦倒之時，就說「安得廣廈千萬間，大庇天下寒士俱歡顏」，其實是寫得很過癮，要做到則根本就不可能。

人情距離正大光明的境界太遠，我們只能心嚮往之，正如老子所說：「人法地，地法天，天法道，道法自然。」正大光明絕對不容易，像北京故宮乾清宮上的「正大光明」匾，康熙一朝引以為範，傳說康熙傳位給雍正的遺詔就放在匾後，因為諸皇子爭位，太子也是幾經廢立，最後只好寫一道密詔，藏於「正大光明」匾後。以千古一帝康熙的能耐，都擺不平接班人的問題，而他由「遯」及「大壯」，一定要有人接班，到最後只能死後再公佈繼承人，

天地之心與天地之情

復卦的「天地之心」與大壯卦的「天地之情」有密切的關聯，一個是深藏在內，一個是湧現在外。四陽大壯（䷡）跟一陽復（䷗）都是〈彖傳〉作者的一片苦心。「正大而天地之情可見矣！」後面的驚嘆號就很明確地說明從「正大」的觀點去看，「天地之情」到處都顯現出來，即四個陽已湧現在外。可是「天地之心」不一樣，它是不確定的，作者好像是用商量、猜測的口吻，用問號來表現的：「復其見天地之心乎？」

一個是確實可見，看到情了，一個卻是猜測。其實道理很簡單，大壯卦時，情勢已經外露，就像人的喜怒哀懼愛惡欲，一旦外在表現出來了，我們就不難知道某人的內心想法。可是復卦的天地之心是深藏在最深層的，是最核心的創造力深深的源頭，不容易看見。正因為看不見，只能通過體驗悉知，像打坐、面壁修行，就是因為不確定。天地之情表現出來了，天地之心看不見摸不著，這在老子的《道德經》中表示得很明顯：「孔德之容，惟道是從。道之為物，惟恍惟惚。惚兮恍兮，其中有象；恍兮惚兮，其中有物；窈兮冥兮，其中有精；其精甚真，其中有信……」

由心生情，一是藏得很深，所以我們大膽猜測，像復卦更是如此，一切的開始，從一陽復到二陽臨，到三陽泰，到四陽大壯。因為有了這麼一個過程，天地之心看不見了，只能發展出充沛的天地之情。

「復其見天地之心乎？」它是一個不確定的口吻，不是肉眼可見的。所以我們一定是用體證，將心比心，為天地立心，用咸卦的人心去印證天地之心。「道，可道，非常道；名，可名，非常名」，老子的書中這樣的東西太多了，像「大道無形，視之不可見，聽之不可聞」，「大音希聲」，這就是復卦的境界。

大壯卦〈大象傳〉

〈大象〉曰：雷在天上，大壯。君子以非禮弗履。

我們看大壯卦的〈大象傳〉。首先是卦象：「雷在天上，大壯。」這是自然節氣景觀的神威，力道是很充沛的；雷在天上，聲音到處都可聽得到。

「君子以非禮弗履」，意思是指一個有智慧的人，對不合禮儀的事不要進行。「履」是腳踏實地，也跟「禮」有關。「禮」是作為社會人群的規範，大家遵照履行。可是大壯卦的時候就有可能突破所有的禮法制度，因為其先天的熱情衝動可能會破壞一切。不像履卦時要腳踏實地，按照禮來實行；大家按照規矩辦事情，這樣才能履險如夷。

誰都按照規矩來做，不允許有特權，不允許有破壞，禮法的制訂既要合理又要合情，就要用謙卦（䷎）的精神謙讓不爭，考慮到所有的平衡，包括「天地人鬼神」在內。「謙，以制禮」，最後造成謙和、祥和的社會。大家都會考慮到對方，考慮到所有其他人，然後還有人與天地、自然的關係。由於人過分伸張自己的想法，拚命求發展，馬上就有環保的問題；然後可能太多人破壞古蹟、破壞文物，破壞自己不信的宗教，所以一個禮真正定下來要按照謙卦的原則；不只是定人與人之間的禮，要包括人的自然倫理在內，還要懂得各民族的宗教文化不可以隨便破壞。這樣才能夠真正達到謙，圓善有終。

如果一種禮法制度是根據謙的原則制訂出來的，那就沒有了後遺症。它不是針對特權人士，一定是「稱物平施」，「謙，以制禮」，然後大家照著去做，那就叫「履」。而大壯卦就很可能破壞這些東西，很可能有很多事情就非禮；非禮的事情不要做，就是「履」。在大壯的時候一旦非禮，就會用非禮來傷害天地之情，影響到社會的安寧。大家可能都讀過顏回問的「克己復禮」，其真正的內容細目就是「非禮勿視，非禮勿言，非禮勿聽，非禮勿動」，這是落實到人的具體行為；諸如看的、聽的、說的、行動的統統都有可能非禮。要是做到「弗履」就進入狀況了，往「克己復禮」的道路上走去。

大壯卦六爻詳述

二爻：持中之道

九二。貞吉。

〈小象〉曰：九二貞吉，以中也。

大壯卦六個爻有三個爻有「壯」字，其他兩個陰爻是不可能有「壯」字的，即大壯卦的第五爻、第六爻，這是天位的兩個陰爻，已是強弩之末，絕對不會出現與「壯」字相關的字眼。而蓄勢待發的四個陽爻，卻有一個爻沒有稱「壯」，那就是「九二」。「九二」的爻辭幾乎是大壯卦卦辭的翻版，「利貞」跟「貞吉」有什麼特別不同嗎？沒有。卦辭是說「貞」就有利，利於固守正道；

而爻辭則說固守正道就會吉，完全體現了大壯卦全卦的精神，而且也符合「大壯則止」，只有「貞」才會吉。所以我們在「九二」的時候絕對看不到大壯卦的驕狂、衝動，而是很冷靜，它能夠在大壯的情況下保持「貞」。為什麼呢？首先跟爻有關係，它是陽居陰位，剛而能柔。「九二」藉著陰位調節陽剛的本性，以柔濟剛，能夠節制自己的衝動，就不容易出事。其次就是它居下卦之中，就像〈小象傳〉說的「以中也」，謹守中道，所以做得到「貞吉」，沒有大壯卦衝動的習氣。

其他三個爻就不同了，初爻陽居陽位，「壯于趾」，腳趾頭都癢了，很想動。三爻則是「小人用壯」，君子似乎可以避免，也難怪。「九三」陽居陽位，典型的拚命三郎，一定會出現驕橫跋扈的樣子，難能可貴的就是君子碰到「九三」時不會犯那種毛病。「九四」「壯于大輿之輹」，累積四個陽的實力當然是「壯」了，開著大車子就要往前衝，好像一點問題都沒有。不過「九四」因為也是剛居柔位，剛而能柔，陽而能陰，在那麼「壯」的情況下，還能夠剎住車，這一點頗為不易。如果沒剎住車，當下確實很爽，但是後遺症會在進入第五爻、第六爻之後浮現，就像拿破崙與納粹軍團先後攻俄之戰，剛開始都是長驅直入，後來卻敗得很慘。所以凡到這時，必須有先見之明，即便處於大壯卦的第四爻，也不要輕舉妄動，因為只能爽一時，不會爽多久。五爻、六爻當然不可能有壯，不知道有多少陽剛葬於墳場，什麼壯的東西都不見了。

二爻沒有「壯」，這是我們平常所說的《易經》的不言之象。其爻變為「雷火豐」（䷶），上卦是震、動，下卦是離、明。豐卦之所以豐，就是「明以動」，看準了才動，故能創造豐功偉業。大壯卦在第二爻的時候，就有「豐」的精神，只是不到時機不出手，並不是說他永遠不動，而是不輕舉妄動，如果環境可以動，一出手就要創造豐收的成果。

大壯卦「九二」跟恒卦「九二」頗有些相似之處。恒卦「九二」爻辭只有兩個字——「悔亡」。「九二」陽居陰位守中道，「九二悔亡，能久中也」，能夠久中，就減少了懊惱、遺憾。大壯卦「九二」是「貞吉」，其實也是從減少錯誤和遺憾來談的。大家都衝動時，你不要衝動，眾人皆醉你獨醒，而且還要把持全局不至於大亂。恒卦第二爻爻變是小過卦（䷽），就是再怎麼犯錯也不會犯致命的過錯，所以「悔亡，能久中。」因為有中道的精神。如此一來，就會因為當下很冷靜而產生這種情境下最好的效果。

維持中道的精神，才能立於不敗之地。像大有卦（䷍）「九二」「大車以載，有攸往，无咎。」大車子裝滿了東西，有確定的方向目標往前跑，就无咎。〈小象傳〉解釋其原因就是「積中不敗」，每一次都合乎中道，所以就立於不敗之地，爻變就是離卦（䷝），延續的光明、永續的經營。第二爻立於不敗之地的基礎，就是「見龍在田」（乾卦「九二」）的位置，也是「直方大，不習无不利」（坤卦「六二」）的位置。這些爻都有一定的穩定性，不會輕易動，社會上各種賢達專業人士，如學界、商界的意見領袖，都是第二爻的位置；他們都會愛惜自己的羽毛，有一定的身份地位。一旦離開那個位置，就會進入三多凶、四多懼，甚至有可能成為第五爻的殉葬者，原先所累積的一切就會付諸東流。

初爻：青春期的衝動

䷡

初九。壯于趾，征凶，有孚。

〈小象〉曰：壯于趾，其孚窮也。

我們再看大壯卦的第一爻，這是最基層，也是群情激昂、熱血澎湃的第一爻。根據常識我們都知道大壯之初是不應該動的，因為「潛龍勿用」。可是大壯卦初爻有點按捺不住，對於外界的資訊了解有限，只能「壯于趾」。初爻取象於腳趾頭，說明沒有人能限制其行動自由，所以心裡就有少男少女的衝動；在這種血氣方剛的壯的牽動下，腳趾頭就非常浮躁不安，只想往前衝。

像賁卦初爻，是教人們如何利用人文化成馴服自身如「噬嗑」般的獸性衝動，故賁卦初爻「賁其趾」，想幹就幹，但是要「舍車而徒」。在基層歷練，很多事情要自己腳踏實地走一走，車子只是人類文明發展出來的代步工具，如果貪戀坐車，對很多事情就會走馬看花，民間疾苦也無從知道，該有的基層工作歷練也沒有。我們的一雙腳生來就是要走路的，為什麼不好好走走，多看看呢？還有像坤卦的第一爻、離卦的第一爻，其實都是腳趾頭的象，都是指出開始時就要立定腳跟，邁出第一步要特別審慎。如「履霜堅冰至」，光腳板踩在霜上，一股陰寒之氣從腳底透上來，此時你就要馬上清醒過來，堅冰快到了。離卦的第一爻「履錯然，敬之无咎」，千萬不要踏出錯誤的第一步，要敬慎才不敗，第一爻錯了，下面就麻煩了。

回到大壯卦第一爻。現在是「壯」的情緒狀態，很飽滿，體力充足，非常想動，但是爻辭馬上告訴你「征凶」，死了這條心，一動必凶。初爻「征凶」，在於發現自己少不更事，自己的判斷有問題，到二爻就比較明白這個道理，改用「貞」（固守）的方式就吉。像希特勒幾番空襲都沒有打下倫敦，為了突破戰局，他就去突襲其他地方。照講他當時「壯于趾」應該很久，只是「征凶」判斷錯了，後來真的是凶，戰局很慘。

「壯于趾，征凶。」後面卻是「有孚」。這就有點意思了。「有孚」是肯定，「征凶」是勸誠，「壯于趾」是自然激發的狀態。「孚」是人在大壯的時候一種自然的生命熱情的表現，雖然人在入世之初缺乏冷靜的理性考量，可是有年輕人的可愛之處，就像母鳥對小鳥的信望愛，年輕人的熱情是可貴的。爻辭充分肯定這一點，故說「有孚」，只是徒有熱情，還是不足以成事；只能說年輕人其志可嘉，不能照他的這種方式做事。所以先是勸誡，指出「征凶」，但同時肯定年輕人的可愛之處，其志可嘉，其情可感。

現實人生常常是這樣，這是我們在人間世常常面臨的處境。上一代對下一代有時候就會這樣，「壯于趾」，但是告訴你「征凶」，這是經驗之談，可是又肯定你「有孚」。用「征凶」告誡你打退堂鼓的時候，要肯定你一句：你的想法很可愛。年輕人的想法雖好，但是落實於現實，還是有困難的；只有等待多累積一點經驗之後再幹。如果有這種熱情，再好好去觀察這個社會，累積經驗，你就會發現光靠熱情辦不成事，有時候就要忍耐，要「含章括囊」，要忍辱包羞，要考慮其他人的狀況，而不光是靠生命的熱情衝動就可以成事。

爻辭至此結束，一個廢字都沒有，確實是面面俱到。而〈小象傳〉更是直接點出來：「壯于趾，其孚窮也。」承認你「有孚」，雖然「孚」的誠意、熱情可感，但是其實難成，「孚」會窮，行不通。〈小象傳〉不像爻辭那麼寬容，而是直接給我們一個警醒，「孚」雖好，可是不能成事，有時還敗事有餘。這就是理想跟現實之間平衡的藝術不夠，「孚」反而敗事，「其孚窮也」。浪費理想，浪費青春，辦不成任何事情，甚至逼你到絕地。這種警醒很合理，很有說服力，承認你「有孚」，但是徒有熱情，不足以成事，就這麼簡單。由「初九」爻變為恒卦（䷟）我們就知道，確實還早，需要持之以恒，要很長的時間歷練。大壯的「孚」可能就是青春期的一時衝動，衝動一下就過去了，那個孚可靠嗎？沒有恒的錘煉，可靠嗎？連「咸、恒」都會「遯」，何況大壯卦的「初九」呢？所以我們要深具戒心，對這些一時衝動的「孚」，沒有經過「恒」的考驗，說得再怎麼好，講得再怎麼美，還是跟現實不符或者能否持續下去都成問題。一旦大家都心血來潮，將來你的熱情一退，誰來收拾殘局？我們都知道，年輕時的熱情一般是很難持久的，這就是「其孚窮也」。可見，大壯卦第一爻就要有爻變是恒卦的想法，不然就接受爻辭的規勸。我們曾經有過多少熱情澎湃的想法，其實都不算數，只能說其志可嘉，經得起考驗的，才是真正的好漢。

三爻：有實力而不稱霸

九三。小人用壯，君子用罔，貞厲。羝羊觸藩，羸其角。

〈小象〉曰：小人用壯，君子罔也。

第三爻就區分君子和小人了。三多凶，又是典型的「拚命三郎」，衝動的「九三」在一個很容易衝動的大壯卦就麻煩了。卦衝動，爻也衝動，所以很容易出事。「小人用壯」，說明小人往往因修養不夠而導致判斷失誤、感情用事，這個爻就可能非常糟糕。「君子用罔」，「罔」就是「空」。「罔」這個字初看會覺得有一點奇怪，哪有人「用罔」的呢？「用壯」是因為有實力，自己擁有資源就很想去揮霍。這些人只有小人的層次，沒有清晰的頭腦，沒有大局觀，缺乏全局的衡量，見識淺而很難克制先天的致命缺陷，所以他很可能有壯就容易出事情。君子就難能可貴了，遇到「九三」這個爻的時候，他有衝動，也有一些不錯的資源，但是他可以克制自己不用，寧願把資產閒置，保留實力，這一點完全合乎大壯卦卦辭的原則。可是以爻來講，第一爻「其孚窮」，可能會接受長輩的勸諫，第二爻自己就懂得調整，到第三爻累積的實力比較雄厚了，而且是下卦的頂點，就很想由內而外、由下而上突破。一般人大概都會這樣，而君子能夠有「壯」不用，因為他看清了整個大局，用壯就會出事，就會破壞全局的平衡；所以有壯而不用這是最難的。「用罔」的智慧就會把「壯」帶來的想宣洩的衝動給化解掉。

「罔」這個字我們印象比較深刻的是《論語》中「學而不思則罔，思而不學則殆」。意思就是如果你天天學習，卻不動動自己的腦筋，學的東西恐怕也留不住，最後還是空；一天到晚光是空想，而不去學習、挖掘新的東西，也會陷入迷惑。現實生活中犯這兩個毛病的人到處都是。有一些人很用功，就是不思考，那就要迎接「罔」的命運，一切都落空；有一些人總是仗恃自己有妙機緣，天天覺得自己創意無窮，看不起那些辛苦學習的書呆子或者認真的學生，不但很少聽講上課，連經典都懶得翻，就自己天天想，那樣結果更慘。

關於這一點我順便跟大家提一下時代的弊端。現在有很多人開口閉口都是大道理，既學一點佛，也學一點《易》，什麼都學一點，就是不看書。如果你跟他稍微深入接觸，講了半天，還是剛開始學的第一課，接著就顧左右而言他，因為他還在第一課，根本就沒有繼續深入學習經典。有時還拿六祖惠能舉例，說他書都沒讀，照樣成一代宗師；但是他沒有想到，惠能只有一個，沒有第二個。如果大家都覺得自己是惠能，都不讀書，只需每天思考思考，長久下去就會滿足於膚淺的氛圍，變成附庸風雅。

有稱霸實力而不稱霸，壯大之後不欺負人，就是「君子用罔」。〈小象傳〉直接把這一點解釋了：「小人用壯，君子罔也。」這是人之常情，胳膊大、拳頭粗、軍力強的就是要欺負人，不過東方這種智慧居然是有壯不用，真人不露相，這才是很難做到的。

我們接著看爻辭的後一部分：「羝羊觸藩，羸其角。」這裡說的是少數的「君子用罔」沒有辦法約束大部分的「小人用壯」，攔不住了，一群發瘋、發情的公羊衝出去，既傷到了自己，傷了到環境，又破壞了社會秩序，結果還是沒成功，衝不出去。「羝羊」把大壯卦大兌（兌為羊）的象揭示出來；「羝羊觸藩」是很野性的行為，一群羊像發瘋一樣往前衝，可是無法突破藩籬，反而把牠的角卡在其中，然後拚命掙扎，把角磨傷了，實力反而變虛弱。本來羝羊的角很堅硬，可是防範的籬笆比牠的角還硬，所以牠一方面沒有辦法突破，另一方在掙扎、不服輸的情況下，把最犀利的衝刺工具磨壞了，結果就變得比較弱，這就是「羸其角」。在現實生活中，我們有很多欲望想衝破禮教的藩籬，結果發現衝不破，反而磨傷了稜角。這是強中還有強中手，防範你行為衝動的力量，比你衝刺的力量強，你沒有辦法突破，只能乖乖待在圈裡頭。要恢復原先羊角的衝力，需要一段時間的調養。

這就是第三爻，馬上分出兩種完全不同性情的人的兩種結果。總之就是不能衝，衝刺無效，因為爻變為歸妹卦（䷵），加上歸妹的衝動，把所有青少年的毛病集於一人之身。前面雖然警告你「君子用罔」，最後結果多半還是「小人用壯」，「羝羊觸藩，羸其角」，不能突破反遭傷害。九三「羝羊觸藩，羸其角」，在一定程度上消磨了青春的力量，充滿了挫折感。要是稍微觀察一下，我們就應該明白的確不是衝刺的時候，因為前面還有「九四」，你怎麼能跨到老大哥前面去呢？陽爻前面是陽爻，後面的陽爻怎麼能夠超越？這就叫做「陽遇陽則窒」，進度自然受緩。

四爻：閃電攻勢

九四。貞吉，悔亡，藩決不羸，壯于大輿之輹。

〈小象〉曰：藩決不羸，尚往也。

「九四」是老大哥了，因為前面都是陰爻，前途可謂暢通無阻。表面上看兩個陰爻似乎很好弄，絕對抵抗不了「九四」帶動的後面三個陽爻；但是很多致命的錯誤就犯在只看表面，沒有看實質，沒有想到天時的不可測；雖然四爻這個帶頭衝鋒的角色是合法的，可是還是不能衝。陰爻如果前面碰到陽爻則不能動，就像艮卦的象。陽爻前面出現陰爻就可以動，那是震卦的象。光看意象就知道可不可以動，大壯卦真正可以動的一定是「九四」；但是即便可以動，還是不要動，那就是經驗法則。如果「九四」不能動，「九三」動就不合法，就是「羝羊觸藩」。

那「九四」呢？「貞吉，悔亡。」先拋出這一句話，這就是經驗之談，還是不要動，還是要固守，還是要記住大壯卦必須「利貞」。這時候「九四」就有點不服氣了。四爻跟二爻畢竟不一樣，二爻「貞吉」是天經地義，但四爻「貞吉」的目的是為了「悔亡」。「貞吉，悔亡」在咸卦（䷞）的四爻就出現過，「憧憧往來，朋從爾思」，在心亂時最容易亂衝亂撞，所以「貞吉，悔亡」。這句話要不是先拋出來，結果就會釀禍；因此到了咸卦第五爻就從「貞吉，悔亡」的境界進入到了「无悔」的境界。大壯卦也是一樣，第四爻「貞吉」就會「悔亡」，就會減少損失、減少遺憾，這個時候衝出去將來一定後悔。為了讓未來不後悔，現在就不要衝出去，下一爻就是「喪羊于易，无悔」。這也和渙卦（䷺）的第二爻「渙奔其機，悔亡」一樣，到第三爻就是「渙其躬，无悔」。先

「悔亡」再「无悔」，也就是先降低錯誤，處置得宜，下面自然而然不可能有悔。這是兩個不同的境界。還有未濟卦（䷿）第四爻「貞吉，悔亡。震用伐鬼方。」採取行動；到第五爻就「貞吉，无悔，君子之光。」這都是《易經》的「常例」，一定要深入了解，不能永遠只看表面。

「九四」在外卦震中是帶頭大哥，他非常可能動，但是壞話還要說在前頭，動了就會有悔，最好還是不要動，不動就吉，悔恨就消亡。那麼「九四」有沒有機會不動呢？還是有可能的。因為其陽居陰位，剛而能柔，「九四」比「九三」能夠克制。但是最終「九四」因為已經被推到了前線，它還是剎不住車，闖出去了，這就是「藩決不羸」。不管是有形的或是無形的藩都擋不住，所有障礙都被突破了，而且角還沒有受傷，沒有變虛弱。可見四爻的實力之壯，衝刺的力量比「九三」強多了。這就是實力相對的法則，四爻更強，如果他沒有聽取「貞吉，悔亡」的勸告，衝出去就是「藩決不羸」，當下沒有任何東西擋得住，所有的藩都給突破。就像二戰時德軍開始在歐洲發動的閃電戰一樣。

「壯于大輿之輹」，大輿是大車子，也是牛車，和小車不同，小車是馬車，是戰車，在春秋戰國以前是往前衝的。而運輜重、運糧食不是求速度的，是要求載重的，就用牛車。但是馬車在前面衝，牛車的後勤運補就要跟上，就像跨國遠征的軍隊，後面的補給線一定要源源不斷。雖然牛跑得比馬慢，但是絕對不可以脫節，尤其不能被敵方攔腰切斷。這是學兵法最起碼的常識，尤其是跨越千里國境去作戰的軍隊，後面要源源不絕地補給，牛車就得絡繹於途。四爻是往前攻的，二爻在後面就應後勤補給源源不斷。這就叫「壯于大輿之輹」，它的後勤運補沒有問題。我們就知道前面衝刺的力量很驚人了，什麼東西都擋不住，後面還不斷地跟上，氣勢如虹。運補的牛車長途跋涉，

「輹」保養得非常好，路再怎麼崎嶇也不會有問題，前面衝刺的戰車有了堅實的後盾，所以一出手就突破。就像希特勒的幾百萬大軍往東去攻蘇聯紅軍，當時前面很順的時候就是如此，所以忽略了「貞吉，悔亡」最後的勸諫。

〈小象傳〉說的：「藩決不羸，尚往也。」「尚」就是崇尚，把目標看得很高。第四爻爻變是泰卦（䷊），一個精力充沛的大壯卦四爻當然是泰了，衝刺時馳騁的感覺真的很泰，但是泰很快就會消失，就像泰極否來一樣，後面慢慢就會後力不濟，存了這麼久的能量有可能一下子就揮霍殆盡。下面就開始進入兩個陰爻的境界，進入了敵人的境界，速度越來越慢，這是一定的。一旦遇到焦土抗戰，你連敵人都碰不到，就銳氣大傷，等到「大輿之輹」的補給線拉長了，縱深的力量就會減弱，慢慢兵疲馬困，力量越來越小，怎能有效控制廣大的地區？「壯于大輿之輹」的爽終究是暫時的，沒有多久。

五爻：青春無悔

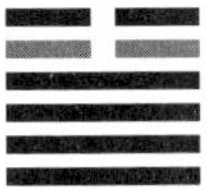

六五。喪羊于易，无悔。

〈小象〉曰：喪羊于易，位不當也。

第五爻出問題了，「喪羊于易，无悔。」「羊」就是「陽」，好不容易儲蓄的陽剛之氣，一進入陰之後就得消耗。像陰陽雌雄的互動，陽就會喪，精氣馬上磨掉很多。「于易」，指的是明明是面對充滿艱險困難的環境，卻把形勢估計得太容易了。這種輕敵的心理有時候連敵人都還沒有碰到就「喪羊」，陽氣就少了。就像旅卦的最後一爻「喪牛于易，旅人先笑後號咷」一樣，剛開始相當順利，後來則越來越不順，力量越來越少。這就是大壯卦的毛病，是戰線拉長深入敵境一定會遭遇的狀況。關於「易」字，在〈繫辭傳〉中就提到，除了跟「難」相對，還跟「險」相對。為什麼會「喪羊」呢？因為對於環境的判斷失準，貌似不危險的事物，實則充滿了危險。對於形勢的判斷過於簡單，以為輕易就能搞定，結果被「喪羊于易」拖住了，陷在僵局中抽不了身。

「无悔」是接著「悔亡」而來，如果看〈小象傳〉所說的就很容易理解這一點：「喪羊于易，位不當也。」當陽入陰中時，當時的判斷就有問題了，即使到了君位還不能主導整個戰局。沒有料到敵人已經保留有效的實力，他不跟你正面抗戰，而是利用你縱深的戰線難以為繼，在廣大的空間中把你慢慢消耗掉，你的生存就變得越來越困難。「六五」爻變是剛決柔的夬卦（䷪），它又是初爻到五爻構成的卦中卦夬卦的上爻。夬卦的上爻是很可憐的，等於是被逼到了牆角，如強弩之末勢不能穿魯縞也，沒有騰挪迴旋的空間。其實出現這樣的局面，也是你自找的，如果當初選擇不進入，你的實力絕對很強；但是你進來之後，反而因為你的衝刺讓你「喪羊」，實力大大折損。這就是「位不當」的結果，但是這也是你選擇的。「悔亡」後面「无悔」，說明當時確實很爽，前途不管怎樣，青春依然無悔。可是一旦要面對現實的人生問題，什麼壯志都沒有了。所以歷史上不管什麼樣的英雄人物一旦到了「喪羊于易」的時候，就是百鍊鋼變成繞指柔了。

上爻：進退兩難

䷡

上六。羝羊觸藩，不能退，不能遂，无攸利。艱則吉。

〈小象〉曰：不能退，不能遂，不詳也；艱則吉，咎不長也。

再往前走，就完全陷在進退兩難的情境了。因為衝刺得更深，到了「上六」。這個時候兩個陰爻面對四個陽爻的強敵入犯，雖然是一路讓道，但是到最後就把陽爻可以用的實力都消耗了。這時就形成一個僵局，陽爻不能達到目的，陰爻本身也耗得差不多。陷入僵局的時候怎麼辦？陰爻不屈服，陽爻則進退兩難，「羝羊」出現，又「觸藩」了。

三爻碰到的「藩」是因為不能越位，否則就會被處罰，但是沒有像上爻這麼嚴重，畢竟還是在自己的國度，兄弟鬩牆而已，可能會受到內規的訓斥。可是如果像上爻一樣到了敵人的國境去攻擊對方，對方對於侵略者是有深仇大恨的，老百姓也不會跟你配合，而且地形、地物對入侵者來說都是陌生的，要是陷入這種情況，形勢就嚴峻了。「藩」對入侵者的懲治再也不像第三爻那樣只是內部處理，而是以對待敵人的方式來處理。我們平常在家裡犯錯，家人可能會原諒；在學校裡犯錯，有校規制裁，不過也就是小過、大過的處分警告；要是在社會上犯錯，可能就要接受法律的制裁，而且沒有人有時間去感化你，這就是上爻與三爻的不同。同樣「羝羊觸藩」，一個是觸犯內規，一個是觸及公法，嚴重得多，沒有人會原諒你。

上爻的「羝羊觸藩」，等於是觸犯了國際公法，犯了眾怒，以至於「不能退，不能遂」，被卡死了。「不能退」是因為衝到最後力道不足，自己的力量減弱了，對方的抵抗力則增強，「藩」又出現了。衝關被卡住，一步都推不進，這就是「不能遂」，難以自拔。就像投資過多，要撤資也困難，而且不能達到預期賺錢的目標。想抽身而退或向前進都有困難，當然「无攸利」，沒有任何利益。這就是大壯卦受卦中卦（三爻到上爻所構成）歸妹卦的衝動所致。「上六」是歸妹卦的最後一爻，是一場空的象；歸妹卦的卦辭為「征凶，无攸利。」其最後一爻也是「无攸利」。「无攸利」

同樣也顯現在「羝羊觸藩」的大壯卦上爻，完全是竹籃子打水一場空，沒有任何利益，完全被套牢卡死，一點都不比遯卦第三爻的「係遯，有疾厲，畜臣妾，吉」輕鬆。

這一切皆因判斷失誤，輕敵所致。老子就說過：「禍莫大於輕敵，輕敵幾喪吾寶。」人生的禍患沒有比輕敵更大的了。「喪羊于易」就是輕敵，不知天高地厚就往前衝，幾乎就喪失自己最重要的寶貝。這正是「驕兵必敗，哀兵必勝」的道理。兩個陰爻抵抗四個陽爻，以弱擊強，完全靠著「哀兵必勝」的信念，利用天時、地利，還有人和，把強大的敵人卡死在進退兩難的境地，然後就可以尋求轉換談判的條件。畢竟陰爻也耗得差不多了，可是陽爻不能達到目的也不甘心，於是雙方都陷入僵持階段，因此唯一的勝算就是「艱則吉」。這個時候針對陽爻的進攻和陰爻的防守來說，雙方都要咬牙堅持下去，在艱難險阻中，攻方不能達到目的，守方大概也損耗殆盡。就像八年抗戰，中國最後雖勝，但是也犧牲慘重。這個時候既不可能獲利，又不可能全身而退，只有議定退兵、撤資條件，那是一個很苦的過程。雙方這麼耗下去就不如轉換談判，堅持到最後的才有談判的實力。如果處在「羝羊觸藩，不能退，不能遂，无攸利」的情況下，整個信心潰散，那就只有被人家收屍了。所以此時必須忍住最後一口氣，「艱則吉」。

〈小象傳〉說：「不能退，不能遂，不詳也。」沒有詳審形勢，考慮不周到，才會造成這樣的一個結果，大大不如預期。那是不是要檢討責任，在第四爻衝刺時出問題了？當時保證大家投資一億，明年就賺兩億，後年就賺四億，結果只收了一千萬，是不是不詳？盡往好處想，拿個雞蛋就想農場，「不能退，不能遂」，多苦啊！這就要怪兩個爻以前考慮不周到。但現在只能面對現實，盡量降低損失，因為「艱則吉，咎不長也」，一定要挺到最後，狹路相逢勇者勝。這正如噬嗑卦

（䷔）的第四爻「利艱貞，吉」，還有大畜卦（䷙）的第三爻「良馬逐，利艱貞」，以及明夷卦（䷣）整個卦都是「利艱貞」。大壯剛開始有些太順了，嬌生慣養，艱困的時候就一定要沉住氣，否則就是崩潰。這個時候也要防止「鷸蚌相爭，漁翁得利」的情形出現，當雙方互相不讓，撿漁人之利的大有人在，這就是在大壯卦「上六」的僵局下需要警惕的事情。所以雙方要有真正和解的善意，才能解決彼此的僵局。

「上六」爻變為大有卦（䷍），說明這是兩個人的問題，最後階段挺住很重要，要是那個階段沒有「艱」的氣勢就全完了；而且就算到最後能夠脫身，也是所剩無幾，不過這是沒有辦法中的辦法了。「上六」的問題我們都知道，全是自找的；大壯卦常常是知己不知彼，輕忽敵方，甚至不知天不知地。像元朝以天下第一的武力去打日本，兩次都遭滅頂之災，就是因為海上的大風把整個船隊給顛覆了，這就是不知天時。因為天時的關係，上卦的兩個陰爻中有著不可測的因素。有時候歷史就是這樣，一時的輕敵大意所造成的後果是很嚴重的，有些失敗不是敗在自己的實力上，而是敗在老天爺不配合。

最後回過頭來看，第六爻跟第三爻的情形完全不同；一個是在外面出問題，一個是在內部出問題。到外面則要面對最艱困的生存情境，這是第四爻自信滿滿時所想像不到的。

占卦實例1：名小說家之死

這個卦象是大壯卦動初爻跟上爻，兩爻動，初爻動起點，上爻動終點，然後這兩爻動就變成火風鼎（䷱），大壯卦中兩爻動有鼎卦的象。這是一位臺灣著名小說家，因為不節飲食，日夜顛倒，子午覺也睡不著，後來爆發好幾種癌症。大概是在當年年初的時候，因為不能去探視，而且病情聽起來不妙，我就暗算一卦，結果就是上述卦象。對於有宿疾的人來說，如果算到大壯卦則說明最後那一關最難過。初爻「壯于趾，征凶，有孚。」生命的熱力已窮盡，然後上爻「羝羊觸藩」，陽入陰中，「不能退，不能遂」，已經到了生死掙扎的階段；「无攸利」，最後只能看意志力或者天命，「艱則吉」；但已經到了盡頭，再努力也無濟於事。我們畢竟要看清上爻的形勢，尤其在問生死問題的時候，第六爻前面是第五爻，「喪羊于易」則是陽氣盡喪，然後進入最後的彌留階段——第六爻，已經接到生死的界限了，「不能退」也「不能遂」，所有這種大壯生命的力量經過「喪羊于易」到「羝羊觸藩」的階段，從第一步走到最後一步，進入到大壯卦的月份，後來他果然就是在大壯卦的月份去世。

那麼兩爻變為鼎卦是什麼意思？對於彌留之際的人來說，鼎卦其實有歸天的意思。因為鼎是香爐的象，含有祭拜之意。所以《易經》的占，有時候必須要活占，尤其是面對生死問題時，要因人而斷占。同樣是大壯中有鼎象，不能只看卦辭，不要認為鼎卦卦辭是「元亨」，就以為會康復，那可就搞錯了。像我的外甥才十幾歲時，因為脊椎有一個地方要開刀，我姊姊很緊張，就要我這個做弟弟的占卦，結果一占，開刀後是鼎卦的「元亨」。同樣是人，因為我外甥年輕，火力旺，革故就能鼎新，生命的火沒有問題，開刀後自然就安；可是七十歲的老翁有好幾種病纏身的時候，鼎卦反而是解脫。所以同樣是鼎卦，你就要判斷，要看對象才能做出正確的判斷。

占卦實例2：辯機和尚與高陽公主

二〇一一年十一月中，我講《維摩詰經》，在課堂上說起唐玄奘弟子辯機與高陽公主的情事，如此上等根器，又得大師教誨多年，仍甘犯色戒，以致殞身，究竟是甚麼緣故？學生白某即在堂上起占，得出不變的大壯卦。畢竟血氣方剛，兩情相悅，遂行世間男女之事，違犯了「非禮弗履」、「利貞」，與「大壯則止」之戒。人就是人，情關難過，於此可知。大壯的錯卦為觀卦，六爻全變卦性對反，衝動的熱情轉為冷靜，才能深觀自在，照見五蘊皆空啊！

占卦實例3：二〇〇九之後十年人民幣的國際地位

二〇〇九年四月初，我赴廈門大學「南強論壇」演講，主題為「由易經看世界大勢與民族復興」，為此而有多占。其中占問往後十年人民幣的國際地位，得出大壯卦「初九」爻動，爻變有恒卦之象。「初九」爻辭稱：「壯于趾，征凶，有孚。」國際化起步太晚，急躁不得，雖經十年努力，建立初步信用，還是難當大用，故〈小象傳〉稱：「其孚窮也。」爻變為恒卦，明示還需要更長遠的時間。

占卦實例4：惠普電腦的前景

二〇一一年六月下旬，我與幾位多時不見的學生餐敘，他們都是電子業的精英，談起賈伯斯掀起的蘋果旋風，頗多感慨。其中兩位是代銷惠普電腦起家的，我即興占問惠普前景如何？為大壯卦「九三」爻動，爻變為歸妹卦之象。「九三」爻辭稱：「貞厲，羝羊觸藩，羸其角。」享譽六十年的世界名牌遭遇難關，筆記電腦宣佈停產，衝擊代工代銷產業甚鉅，然亦無奈，只能「君子用罔」，冷靜尋求轉機。

占卦實例5：台新金控難併彰化銀行

二〇〇七年五月底，一位學生開車載我去他內弟家，有難題想請教云云。那位李先生是媒體記者出身，後投效台新金控集團做公關特助，常需為老闆分憂。當時台新金花下鉅資，入股彰化銀行，卻一直無法掌握經營權，難過已極。他問次年大選前，合併彰銀能否成功？出來不變的坤卦，體虛被動，難有積極作為。再問最後會如何解決？為大壯卦四、五爻動，齊變有需卦之象。雖然需要，只能耐心等待，以涉大川。大壯卦剛好當次年陰曆二月陽曆三月大選期間，他們將會面臨更多阻礙。「九四」「尚往」，「六五」「喪羊于易」，硬幹肯定不行。果然次年國民黨勝選，台新金迄今也未能如願。

自昭明德——晉卦第三十五（䷢）

需、晉二卦的錯卦分析

晉卦屬於政治改革的範疇，是經濟改革成熟之後自然而然的需求，此時中產階級大量興起，精神層次的提升，就像日出一樣，使得他們希望擁有在政治參與、社會參與等方面的權利。從經濟改革成功到不可避免、不可迴避的政治改革，也就是從需卦到晉卦，即六爻全變的錯卦過程。

需卦（䷄）是上經第五卦，關係食衣住行、休閒娛樂等國計民生的基本需求，也是人類很自然的需要。民以食為天，食色，性也，都是飲食男女的自然需求。如果這一需求沒有滿足，馬上就會引起無數爭端，因爭奪權益而訟；「訟」不成，下一步就是戰爭。這一切都是從自然的需求開始的。故需卦健行遇險，一步一步走來，由「需于郊」、「需于沙」、「需于泥」、「需于血」而逐漸滿足民生的需求。可見，脫離貧困、解決溫飽並不那麼簡單；畢竟資源有限、需求無限，要在供需之間找到平衡，難免會引起衝突、競爭。需卦的「需于泥」陷入僵局、「需于血」彼此搶奪資源就是如此。由「需于泥」到「需于血」，最後「需于酒食」，這就是階段性的滿足需求，「有不速之客三人來，敬之終吉。」最基本的民生需求才得以達成。

上經第五卦叫「需」，下經第五卦叫「晉」，真可謂天人相應，《易經》的結構妙到了極點，簡直是天衣無縫。下經以人道為主，晉卦則是精神方面的需求，要求精神層面的提升，不只是填飽肚子。任何社會除了溫飽問題，還要考慮精神層面的提升，這幾乎是常識，大概也很少有例外。由「需」到「晉」的問題，其實就是「倉廩實而知禮節，衣食足而知榮辱。」人吃飽了就要知道廉恥，要求整個社會的精神層面、人性層面得到提升，像旭日東升一樣朝氣蓬勃。「需」跟「晉」這兩卦截然不同但又觸類旁通，窮則變，變則通，通則久。

從國家的角度來說，從需卦到晉卦，就是從經濟改革到政治改革；經濟改革之後，政治改革是不可能永遠迴避的；而且政治改革也是比較長久的，有時甚至需要花一代、兩代的功夫，政治改革才會到達新的境界。

晉、明夷二卦一體相綜的分析

晉卦除了要注意和錯卦需卦的關係之外，還要考慮到與其一體相綜的明夷卦（䷣）。晉卦代表日出，明夷卦代表日落，有日出必然會有日落。就像臨卦的自由開放，一旦失控就會有觀卦（䷓）的「八月之凶」；所以開放不能夠過分，開放過分就會有如金融風暴的失控，即使亡羊補牢也要付出更大的代價。晉卦也是如此，不要把民主、自由、人權置於好像不容挑戰的地位，所謂的民主至上就會有問題，只有遵從「不可為典要，唯變所適」，才是正當的方法。否則，把某些東西神聖化，很多罪孽也就因之而生，故《易經》特別強調「中道」二字。晉卦本來是日出，最後變成日落，就像民進黨在臺灣發展的某一個階段也是扮演想要「晉」的角色，一當權之後就變成明夷卦的日落。日出日落是常軌，任何事物一過頭，原先所需要的就會變成意想不到的結果。所以既要強調由「需」到「晉」的必然要求，又要注意晉卦與明夷卦是一體相綜，而且非常有可能由「晉」到「明夷」，這樣的事例歷史上比比皆是。

晉卦與明夷卦一體相綜，然後需卦與晉卦相錯，從這兩方面去理解，可以幫助我們很好地了解晉卦與明夷卦這兩個卦；從經濟改革到政治改革相關的問題就可以看得很全面、很清楚。爭取日出就有日落的風險，期待光明反而可能帶來更大的黑暗；就像需卦與訟卦（䷅）一樣，要滿足需求，處理不好就會天下大亂、爭訟不斷，而訟卦的錯卦就是明夷卦。這四個卦可以讓我們足夠了解從經濟改革到政治改革錯綜複雜的關係。另外，水天需跟天水訟的關係不只是相綜，而且也相交，上卦、下卦朝野易位，既相綜又相交；然後晉卦與明夷卦也是一樣，相綜又相交。換句話說，通過這四個卦，我們觀察未來幾十年的發展問題時，幾乎就足夠了。

日出日落這樣的自然現象，其實就是最好的說明。假如我們坐著太空船，從宇宙去看地球就是晉卦跟明夷卦，地球的一面是太陽照著，一面是黑暗的。太陽照著的就是晉卦日出的地區；黑的一面剛好是夜晚，夕陽西下，所以真的是典型的一體兩面。所以晉卦與明夷卦就如整個地球在宇宙之間呈現的象，經年累月都是日出、日落的光明與黑暗。把這個推廣到人性、社會與國家，有時候也是有光明面、黑暗面；有上進的與沉淪的，就如同太極圖一樣。人性的黑暗面、社會的黑暗面就是爭訟不已，天天鬥天天爭，權益的爭奪就是這種黑暗的代表。可見，訟卦與明夷卦兩卦相錯，是觸類旁通的。

晉卦與明夷卦中都有離卦（☲），也就是「明」。白天有太陽提供的光明，晚上有月亮借光發光，照亮黑暗中的人心。我們先看「明夷」二字。「夷」是光明受到很大的創傷、破壞，被夷為平地，整個徹底破壞；同時也代表粗俗，文化程度不高。古代所謂的夷狄與華夏就是落後的文明與先進的文明地區的對立；發展得比較先進的中原地區，就是華夏民族；相對落後的、野蠻的就是夷狄。「夷」在中國傳統中還有東方的觀念，即所謂的東夷，與南蠻、西戎、北狄並稱為夷狄。詞語「鄙夷」就是人家覺得你境界不夠而鄙視你。「明夷」剛好是「明」被夷，就是日出到日落，那就糟糕了。這裡就有很多人性或者社會轉型的問題，我們要慎重考量、兼顧，千萬不要為了一心追求光明，反而到了黑暗的境地。當然「夷」字還有另外的意思，像渙卦中的「匪夷所思」，就不是一般人能夠想到的境界，是超凡入聖的境界，像是神通或者是不可思議的境界。

那麼，晉卦呢？「晉」字下面是「日」字，其造字直接跟太陽有關。「晉」是日出的象，但是「晉」的造字有很深的意思。晉卦的卦象上卦是離，就是太陽；下面是坤，太陽從地平線上冉冉上升，也就是光明在前進。明夷卦的卦象當然就是夕陽西下，下卦的太陽掉到地平線以下，當然就黑了。但是「晉」不止一個太陽，這個意義就很深刻，因為太陽不止一個，就沒有獨裁、壟斷的可能；就像眾生皆有佛性，每個人都有良知良能，人人都可以為堯舜。每個人經過後天的努力提升修行，人人都可以上進。「晉」字上面的字根「㚘」就是齊頭並進的意思；這個人可以上，那個人也可以上，「群龍無首」就是他們的終極境界；也就是不否定每一個人所具有的登峰造極的稟賦，都可以開發本來在生命中、人性中就具有的止於至善的可能。能夠努力到什麼程度，那是一回事，實際上也不是人人都能夠達成，但是理論上只要不放棄，人人皆可成，在這一點上人人絕對是平等的。儒、佛、道三大家都是如此認為，這就是乾卦所講的「自強不息」，人人皆可為堯舜。晉卦〈大象傳〉說的「自昭明德」與《大學》講的「在明明德」如出一轍，就是允許眾多太陽一起上來。如果只有一個太陽上來，別人都上不去，「晉」就一定會變成「明夷」的專斷獨裁。像法國大革命剛開始的時候，喊得最響亮的就是「自由」這一口號，可是很多歷史事件說明：「自由！自由！不知有多少罪孽假汝之名以行。」這就告訴我們要小心，不要過頭，有時「晉」會適得其反，由光明轉向黑暗，所以要重視齊頭並進，不要有個人英雄主義的念頭。

讓自己上來這是最重要的，別人對你來講都只是助緣，修行絕對在個人，沒有自立自強，就永遠沒有登峰造極的機會。每一個人都是如此，自己的努力是決定因素，再怎樣的聖賢老師都不能代替你修成正果。這就是晉卦的意思，每個人心中都有一個太陽，就看你怎麼開發。像后羿射日的神話傳說，說天空中突然出現十個太陽，結果民不聊生，然後就得射掉九個才行，其實這就變成了「天無二日，國無二主」的專斷思想。「晉」的本意是天上的太陽越多越好，大家都可以上天，把生命中蘊養的自省光明統統開發出來，這也就是乾卦的「群龍無首」，其境界比「飛龍在天」要高得多。就像佛教講的「諸佛」可以無限量，永遠都有未來佛的可能，佛這一最高的德位不是專斷的，而是人人可修行得而居之。但是西方的基督教文明卻不是如此，上帝絕對是至高無上的，只有一個，不管它的經義如何吹捧聖父、聖子、聖靈三位一體，但是眾生決不可以變成上帝；可是在東方的佛教來說，眾生皆可以成佛；在儒家來說，人人皆可以為堯舜。這是東、西方文明非常大的差距，不要小看。如此看來，西方的宗教裡面就有霸道的色彩；就有定於一尊的思想，影響到各方面都是那一套，這都跟思想源頭有關。中國與印度有「群龍」跟「諸佛」的想法，眾生平等；但是西方的上帝跟子民是永遠不會平等的，這就有「飛龍在天」的問題，一旦變質就是「亢龍有悔」。

從晉卦到大有卦——遊魂、歸魂的補充說明

晉卦是嚮往光明、修煉提升的境界，但仍然不是究竟，到達究竟的是大有卦（䷍）。大有卦的最高境界是「自天佑之，吉无不利」，完全不假外求。在京房八宮卦中，晉卦和大有卦都屬於乾宮，晉卦是從內在的遊魂開始到大有卦的歸魂，也就是登峰造極。

以乾宮來講，晉卦跟大有卦有什麼差別呢？就是說，不管如何修行，晉卦只是乾宮所代表的遊魂階段。遊魂是還沒有真正地安心，還在飄蕩、探索、嘗試，是不定的。如果按照晉卦的路數去修行，修到最後才可以擺脫遊魂，找到了安身立命的歸宿，那才是歸魂；就是由晉卦的修行轉到大有卦的「自天佑之，吉无不利」。「大有」的觀念我們都知道是人人皆有，是「遏惡揚善，順天休命」，最後「講信修睦」，後面再進一步就接到天地人鬼神兼通、圓融有終的謙卦（䷎）。從這個角度看，晉卦是大有卦前面的階段，它本身還不是終點，但絕對是正確的起點，是從內心出發開發自性的起點；只是最後要開花結果，還得從遊魂到歸魂，即從晉卦到大有卦。

這是從靈性修煉上來講。其實從政治制度上講，由晉卦到大有卦也是邁了一大步。拿孫中山先生倡導的三民主義來講，需卦是民生主義，晉卦是民權主義，爭民權、爭自由、爭參與，整個晉卦六爻的歷程清清楚楚、明明白白。既然生而平等，對我應該享有的東西當然要爭取，但是這個爭取

的過程是很艱辛的，你不爭取，人家不會主動給你，雖然天賦人權，但是要經過近乎革命、改造衝撞的過程，你才會爭取到晉卦。這和大有卦不一樣，大有是跨過民族主義必經的階段，再到世界大同，超越國界；但是剛開始一定還是同人卦（䷌）所講的「類族辨物」，民族主義的激情不是終極境界，同人卦處理這個階段到大有卦時就沒有了民族的差別，大家都一樣。

艱險無比的卦中卦

晉卦裡面所含的五個卦中卦，幾乎都令人感到手軟腳軟的害怕，艱險無比。從表面上看，晉卦是很光明的，我們看到了光明的成就，站在枱面上的都很了不起，難免讓人羨慕，但是它是怎麼成功的，那個太陽是如何奮鬥到現在大放光明的，裡面有哪些不為人知的辛酸？從卦中卦看就知道怎麼回事了。

首先是晉卦的「六二」到「六五」所構成的「水山蹇」（䷦）。蹇卦是寸步難行的，可見晉卦的修行道路之難，外險內阻皆有，千難萬險讓人難以成行，能夠突破萬難成功走出來的，肯定很了不起，那當然是少數。

第二個是初、二、三、四爻構成的「山地剝」（䷖）。剝卦可謂是千刀萬剮，「不利有攸往」，過程很痛苦。第三是三、四、五、上爻構成的「火水未濟」（䷿）。未濟卦是辛苦到最後一場空，沒有涉大川，沒有渡彼岸。由「剝」到「蹇」四個爻，到最後「未濟」的四個爻，就知道晉卦的路途很容易失敗；即使第五爻暫時成功了，但是把持不穩又會掉到第六爻的魔道，所以還有

「未濟」的象，過不去。

這三個卦中卦我們大概就可以琢磨到晉卦的艱難了，但是更艱險的是另外一個卦中卦。這就是二、三、四、五、上爻構成的「火山旅」（䷷）。旅卦失時、失勢、失位，飄蕩無定，好比晉卦中的「流浪者之歌」，漂泊無依，找不到安心立命的心靈之鄉。五個卦裡面就有四個卦是這麼傷腦筋、這麼辛苦，才成就了外面一個晉卦的象。可見成功之路很艱難，有很多不足為外人道的辛酸。

最後一個卦中卦則是有正面意涵的，是提醒我們在晉卦時，要重視這個卦的運用，那就是初、二、三、四、五爻構成的「水地比」（䷇）。比卦是跟外面的群眾產生良好的互助合作，而不是對抗。也就是說，修行之路有時需要集體修煉，互相切磋琢磨，當然，合作並不是說我能夠代替你、你能夠代替我，而是像良師益友一樣，最主要的還是要靠自己。同參、同學或者一些好的機緣就是「比」的提攜拉拔效應。也就是說，在晉卦中雖然是要靠自己，但是不要忽略我們往上奮鬥的過程中其他人可能對我們的幫助。《易經》第一卦乾卦講一切源於自性開發、自強不息；但是第二卦坤卦就告訴我們要「厚德載物」，不要排除交朋友、結善緣。廣結善緣就是「比」，可以得到助力，互相提攜上進。任何一卦都是如此，像乾卦開始就是「潛龍勿用」，完全靠自己；第二爻則是「見龍在田」，就要注意廣結人脈。晉卦中有比卦的象，就是強調在個人自立自強的基礎上，不要排除群體合作。

另外，在中國過去那麼多朝代中，六十四卦中真正變成朝代名的，只有晉卦，像東晉、西晉，還有春秋時期的中原大國晉國，以及後來的山西省簡稱為晉。所以晉有它的特殊性，就如歷史人物耶律楚材一樣，楚材晉用。

楚材晉用

「楚材晉用」指的是春秋戰國那一段時期，各類人才不受國界限制，要發揮理想抱負，到哪一國都可以，也沒有人認為你不愛國；有時在發揮理想抱負的國家有可能還會與祖國兵戎相見。所以楚國的人才在春秋的時候可以到晉國去用，這就是成語「楚材晉用」的由來；也就是本土的人才到外國去用，好的人才在本國不受重用，反而被外國重用。

這些與《易經》關係密切的成語，如楚材晉用、朝秦暮楚，還有秦國跟晉國的政治聯姻叫「秦晉之好」，都流傳了下來，有的意義已經發生了變化。像「楚材晉用」，《左傳》中記載：

初，楚伍參與蔡太師子朝友，其子伍舉與聲子相善也。伍舉娶於王子牟，王子牟為晉公而亡，楚人曰：「伍舉實送之。」伍舉奔鄭，將遂奔晉。聲子將如晉，遇之於鄭郊，班荊相與食，而言復故。聲子曰：「子行也！吾必復子。」及宋向戌將平晉、楚，聲子通使於晉。還如楚，令尹子木與之語，問晉故焉，且曰：「晉大夫與楚孰賢？」對曰：「晉卿不如楚，其大夫則賢，皆卿材也。如杞、梓、皮革，自楚往也。雖楚有材，晉實用之。」

這段說的就是楚國跟晉國在春秋時期都是參與爭霸的諸侯國，伍舉是楚國大夫，聲子是蔡國大夫，兩人雖然相處異地，但交情極好。聲子深為伍舉的才能所嘆服，後來伍舉的岳父王子牟犯罪逃跑，有人造謠是伍舉通風報信。伍舉無奈，逃奔鄭國。這時聲子因公被派往晉國，途經鄭國，兩人郊外相遇。聲子聽了伍舉的申訴，甚感不平。他讓伍舉先到晉國暫住一段時間。辦完公事，聲子即刻去見楚國令尹子木。當子木問到「晉大夫與楚孰賢」時，聲子先以「晉卿不如楚」取悅子木，接著便道：「雖楚有材，晉實用之。」然後陳述史例，曉明利害，終於說服子木召回伍舉。

這就是楚材也可以晉用的由來，就像秦晉也可以聯姻一樣。楚地多材，「惟楚有材，於斯為盛」，湖南嶽麓書院的門聯就是這兩句話。在歷史上，耶律楚材本是契丹人，但是他後來卻替蒙古人服務，藉蒙古人的力量來報仇，因為遼亡於金，金又亡於元。可以說是蒙古人幫契丹人滅金。耶律楚材投身蒙古人的陣營，滅了金國，等於是報了亡國之恨，後來他替滅金之後的元朝服務，進軍中原，把宋朝給滅了。蒙古入侵中原的時候，剛開始碰到很多統治上的障礙，常常因為怕麻煩就用屠殺來代替，這就是明夷的野蠻、黑暗統治。耶律楚材因為那時受重用，當時就有諫言元朝統治者慎殺，勸諫這些好殺的蒙古帝王不要用殺的方式來統治天下，這一點在歷史上也是可以考據的，確實是活人無數，功德無量。「殺」不能解決問題，就是文明的問題了，耶律楚材剛好是楚材晉用，他是遼人可以幫蒙古人，然後就勸他們不要多殺戮，化弭了不知多少殺孽。

耶律楚材的墓在頤和園的一角，對此我的印象比較深刻，就是說在晚清的時候，當家的老太婆慈禧太后為建頤和園挪用海軍公款，卻把前朝對蒙古人有輔佐功勞的契丹人耶律楚材這個名臣的古蹟保留了下來。那時整個清朝已經國力日衰，但是並沒有毀滅前賢的古蹟。對於有歷史價值意義的古蹟，不管他是哪朝或者政治立場不一樣，或者有恩怨，但他確實是值得尊重的歷史人物，都盡量保留，這種魄力令人佩服。如果老是把前人的古蹟破壞，那麼你現在的東西也不會太長久；因為歷史上沒有不亡的朝代，等到下面有了新政權，你所留下的也會遭此噩運。

晉卦、明夷卦卦序分析

大壯卦（䷡）之後是晉卦，這就告訴我們在大壯卦的時候要稍安毋躁，一動不如一靜，大壯卦實力非常強的前面四陽宜蘊蓄深遠，不要輕易動作，否則動輒得咎。此時宜止，雄厚的資源需要等到最後環境的改變才可以動，形勢當然就是晉卦的蒸蒸日上。換句話說，遯卦的時候宜退，大壯卦的時候宜止，等待時機到來再進，這是最難的關口。因為大壯最不容易憋得住，憋住了，到最後的晉就很可觀。因為蘊蓄已久，沒有虛擲浪費；在「潛龍勿用」積蓄的能量，一旦「見龍在田」，能量的效應就出來了，到晉卦的時候就大放異彩。這就是卦序的原理。

但是到晉卦的時候，我們要小心明夷卦的黑暗世界；光明與黑暗、佛與魔永遠是如影相隨，一步踏錯，就是日出轉日落、光明到黑暗。人性也是如此，有晉的那一面，也有明夷的一面。所以在晉卦的時候，我們對明夷卦那種地獄的意象、可能的沉淪黑暗，一定要有所認識。如果對明夷卦不了解，在晉卦時所有的修行就很危險。因為這個世界的社會人心不是那麼純粹的，晉卦的風險永遠存在。明夷之後如果真產生這麼大的破壞，導致這麼長久的黑暗，後面就是家人卦。家庭是社會最基本的組成單位，只有人生在遭致明夷這麼大的挫敗、痛苦之後，才會被人想起；只有回到家中體會親情的安慰，然後才可能有再出發的動力。

在晉卦的時候可能要離家，希望不要受到家庭的羈絆；一旦從晉卦變明夷卦之後，從人之常情來講，人就會想回家，因為只有家才會接納受傷的人；尤其在遭受大的痛苦、挫折之後，人就有回家的嚮往，那就是「風火家人」（䷤）。蘇秦的故事我們都很清楚，他從鬼谷子處學成之後滿懷信心，成為轟動一時的名士，被周王特賜天子詔車；但是初去秦國，其策略被打入冷宮，其後更是遭受身無分文的大挫折；之後他首先想到的就是回到洛陽的家中。本來是想重新充電，沉潛修行，將來再出山。他以為家人會給他溫暖，給予他動力，結果嫂子冷嘲熱諷，老婆也不理他，這下讓他大受刺激，於是他獨自一人在離家不遠的荒地結廬而居，與黃狗為伴，苦讀三年，其中更經歷頭懸樑、錐刺股的激勵。他原先想「晉」，結果大挫敗，就是「明夷」的下場，沒想到回家再來一次「明夷」，但他還是回家了。在人生挫敗的時候，常常認為到了家就有了休憩的港灣，但是按照《易經》的卦序，我們不要認為回家就可以解決問題，像蘇秦就是一個例子；回家之後不僅沒有得到溫情，反而二度遭到傷害，這就是家人卦的下一卦睽卦（䷥）。因為沒有給家人帶來光彩，反而還欠一屁股債回來，結果家人反目，變成「睽」。換句話說，這種「明夷」就有後遺症，社會經濟不景氣或者各方面的黑暗，很多人失業，把外面的不順統統帶到家裡來；所以經濟問題、社會問題會變成家庭問題，「家人」反而變成「睽」。這就代表明夷卦的後遺症是很嚴重的。睽卦到最後又是蹇卦（䷦）的寸步難行，直到解卦（䷧）才和解。這個痛苦的輪迴不知道要多久，而啟動家人、睽、蹇、解這一分分合合的輪迴，都是因為明夷卦對社會、對人性造成的後遺症，輪迴的痛苦在那裡一直繞不出來，造成很多人際關係的傷害。解卦後面才是損（䷨）、益（䷩）二卦，社會才恢復到比較清明的理性階段，不再感情用事。感情用事最痛苦的就是明夷卦啟動之後的家人、睽、蹇、解四卦；加上前面又有咸、恒、遯、大壯、晉五卦。所以我們說《易經》下經一進入人間世，前十個卦都是強調感情，痛苦不斷的輪迴，不易掙脫；只有掙脫了，理性才開始抬頭。家人、睽、蹇、解四個卦在感情的漩渦中輪迴；就因為人們普遍想「晉」，結果反招致「明夷」之後的一卦影響一卦。

從這裡去理解卦序，就可得知人性人情的自然法則，任何一個卦不管它如何光輝四綻，我們都要留意其後遺症，不要留下後患；那麼在每一步的時候就要步步為營，不要目光短淺。這就是分析卦序的好處，看得遠，對過去發展的因果也會有清晰的掌握。

再講得簡單一點，明夷卦後面是家人卦，尤其在以前的農業社會，日出而作，日落而息；日出而作就是晉卦，太陽出來了，你還能夠睡懶覺嗎，應該下田從事生產了。等到夕陽下山的時候，就得回家，所以明夷卦之後就是家人卦。尤其那時都沒電，太陽下山就得回家吃飯早點上床，長長的夜晚，夫妻之間大多就是製造下一代，擁有更多的家人。

家庭觀念重的民族特別重視家，不管身在何方，尤其身在異地，一旦事業在某個階段的發展遭遇瓶頸時，人就會有回家的念頭，不管是怎麼樣的人，家庭永遠是充滿溫馨的港灣。可見，家人卦在明夷卦之後，從各個角度講就非常合理。

從修行來講，因為人生痛苦到那個地步，面對很多經歷而有所體悟之後，自然就有回家的嚮往，那就是家人。像禪宗就講回歸本來面目，那也是家人卦的擴充意義，在外面繞了一大圈還是要回去，兔子繞山跑，終須回老窩。正如〈序卦傳〉所講的：「物不可以終壯，故受之以晉。晉者，進也。進必有所傷，故受之以明夷。夷者，傷也。傷於外者必反其家，故受之以家人。家道窮必乖，故受之以睽。睽者，乖也……」從日出到日落，由光明到黑暗，「傷於外者必反其家」，一切自然而然。

《明夷待訪錄》

「明夷」從字面來講，也可以說明朝滅亡。確實如此，明末清初的文壇大老黃宗羲就有一本書叫《明夷待訪錄》，這本書就點出與《易經》明夷卦剛好呼應的明朝滅亡，滿人征服漢人的家國之痛。「待訪」是箕子的觀念，商朝滅亡了，箕子撐下來苟延殘喘，其實不是為了自己的榮華富貴，而是希望把過去輝煌的文明保留下來，勉勵新的朝代傳承下去，傳承完了他才遠遯朝鮮半島。為等待新的有實力的領導人平治天下，所以箕子裝瘋賣傻，在最痛苦、最黑暗的紂王暴政「明夷」時代活下來，這些史實在明夷卦裡面的爻辭都有記載。黃宗羲所著的《明夷待訪錄》也是如此，清朝取代明朝，就如同日出到日落，改朝換代就是如此；明朝「夷」了，清朝就「晉」；清朝「夷」了，馬上又有新的「晉」——民國。所以日落的另外一面正是欣欣向榮的興起，這是一體的兩面。對地球來講，永遠都有一面能得到太陽的光明，想要永晝是很困難的。風水輪流轉，大國興起、衰微，新的又取而代之。《明夷待訪錄》所要告訴我們的不僅是文明的傳承，更是這個興衰更替的道理。

這是一體的兩面、同時發生的事情，沒有什麼好奇怪的，大國何以興？大國何以亡？大國的興就是不變的乾卦，自強不息，絕對沒有靠別人的力量而能夠強的。「元亨利貞」，充滿生生不息的動力。所有的強都是自強，這是合乎自然法則的。

〈雜卦傳〉說晉與明夷

〈雜卦傳〉說：「晉，晝也；明夷，誅也。」只用一個字來分別說明這兩個卦的意思。

首先是「明夷，誅也。」嚴格到可以剷除、消滅。明夷卦的錯卦是訟卦，是口誅筆伐的手段；而明夷卦的「誅」不只是口誅，還化成行動上的剷除。像武王伐紂，紂如果是天下禍害的根源，武王的討伐就有神聖的合理性，因為是為民除害，所以孟子說武王伐紂是誅獨夫，不是以下犯上，「聞誅一夫紂也，未聞弒君也。」在儒家來說，以臣弒君畢竟是以下犯上，但是如果君王出問題了，就可以堂而皇之把他拉下來，不再讓大家繼續受禍害。所以孟子就認為商湯、周武的革命是合理的，因為被革的領導人已經變成了亢龍般的獨夫，是一個人，而不再承認他是領袖，當然革命就合理。這個手段用的就是「誅」；消除禍源。就像離卦（䷝）的第六爻，第五爻同情老百姓，「出涕沱若」，第六爻是「王用出征，有嘉，折首」。寧可一家哭，不可一路哭。這種誅伐的行為絕對正確。換句話說，時代如果陷入「明夷」，就要理直氣壯地找出病灶，然後把它切除，而且除惡務盡，「明夷」的問題才能解決。這就是針對所謂的「明夷之心」的手段。我們在復卦講過「天地之心」，那是正面的佛心，而「明夷之心」就是魔心，佛與魔往往繫於一念之間。「明夷」的病灶就像癌症的發源地，必須趕快開刀切除，不能手軟，也不能被所謂的仁義套住。為民除害的誅殺行動必須堅決，要勇敢面對，找出「明夷之心」後將它剷除，讓它變成「天地之心」；讓眾生的悲苦紓解，這就是「明夷，誅」的意思；該出手時就要為天下除害，不要逃避也不要軟弱。

那麼，「晉，晝也」就比較好懂。白晝一般是日光充滿，但是「晝」跟「誅」怎麼搭調呢？這就是〈雜卦傳〉的高明之處。「晉」既然告訴我們是白晝，「明夷」當然是黑夜，不用再講。如果〈雜卦傳〉說：「晉，晝也；明夷，夜也。」那樣就會失去我們對它的重視。「明夷」是「晉」的另外一面，當然是夜，無須贅言的。所以就要把空出的篇幅演繹新的東西，那就是「誅」。如果一個有利的除惡行動成功，那麼馬上就是「晉」的社會；「晉」就不只是「白晝」的意思了。誅就是管理中很嚴格的懲治，是重罰，而且是替天行道，是順天應人的需求，剷除黑暗中心。既然犯錯了，是人類的公敵，除掉也是天經地義的。這是管理上最嚴厲的處罰。在管理上，管理的工具一是處罰，一是賞賜；工具就是兩個，一是胡蘿蔔，一是鞭子。「誅」就是鞭子，胡蘿蔔就是賞，就是「晉」；因為有好的表現、光明的表現，讓整個社會跟著提升成長，上天就要有所嘉勉。所以「明夷」是最嚴重的罰，「晉」當然就是賞，像加官晉爵就是如此。

「晉」是晝，「明夷」是夜；「明夷」是最嚴厲的處罰，「晉」就是最好的封賞。這就是典型的互文見義。所以〈雜卦傳〉不必講兩遍，晉是晝也，明夷就是夜的代表；「明夷，誅也」，「晉」就是賞。罰跟賞都是人代行天意，所謂的天譴就是誅，連上帝都不站在你這一邊，為民除害就有合理性。代天行罰就是「明夷，誅也」；替天行賞就是「晉，晝也」。

有時天賜的東西不一定是外在的，像眾生皆有佛性，與生俱來的佛性就是老天賞賜的最好寶貝，要好好開發，不要辜負上天賜予的東西，要相信人人皆可為堯舜，人人都有良知良能，這就是「晉」，要把先天無限美好的能量開發出來，不斷提升。而「明夷」就是把天賜的東西轉成了黑暗，走火入魔了；走火入魔之後，天賞就變成天罰、天譴，那就叫誅，很多噩運就會降到入魔的「明夷之心」身上。所以宗教觀念多說人類面臨的天災都是源於人心不淨，造成很多的業障，故上天降下處罰，這就跟「明夷」有關。

晉卦與明夷卦卦中卦關係的分析

在講晉卦的卦中卦時，我們都知道它裡面有諸多艱苦、奮鬥的歷程，外面的成功裡面有無限的辛酸，有「蹇」、有「剝」、有「未濟」、有「旅」；然後要注意懂得眾力加持、互助合作的比卦。明夷卦是外面看著非常黑暗痛苦，是《易經》中最痛苦的一個卦，而且痛苦很漫長、很深沉，是很不好救助的，很多人在這個時候就會放棄希望，陷入絕望。明夷卦的卦中卦能不能看出希望呢？有的，而且有無窮的希望。

因為晉卦與明夷卦相綜，那麼晉卦的卦中卦與明夷卦一定是配對相綜的。晉卦中有蹇卦，那明夷卦中就有解卦（䷧），換句話說，明夷這樣的黑暗有一天可以得到解脫，可以期望未來遠離顛倒夢想，把罣礙拋掉，得到解救。明夷卦的二、三、四、五爻就是「雷水解」。為什麼要放棄希望呢？「明夷」中擺明了有解卦的解脫之道。而晉卦看著那麼光明，裡面卻有蹇卦的存在，所以光明不容易。而相互仇殺、相互對抗、相互誅除的時候，裡面也有和解之道。

晉卦中有未濟卦（䷿），明夷卦中就有既濟卦（䷾）；明夷的痛苦中有既濟的成功之道，最後當然能夠渡彼岸，只是辛苦一點。

晉卦中有剝卦（䷖）的象，那明夷卦中就有復卦（䷗），所以一定可以「反清復明」。明夷卦是最黑暗的心，很有可能變成復卦的「天地之心」，又恢復光明，可以絕地大反攻。晉卦中卻有剝卦；而明夷卦這麼痛苦，卻有復卦的象，創造力的核心可以再找回來。

晉卦中有漂流不定、失時失勢的旅卦（䷷），很辛苦；明夷卦中一定就有豐卦（䷶）的豐功偉業、如日中天。要在「明夷」中建立一個「豐」的景象，就要看準豐卦如何「明以動」，必成大功，讓一個已經是夕陽的階段又變成如日中天的豐盛期。

明夷卦的四個卦中卦充滿了無限希望，甚至行動的經驗法則都告訴了我們，所以在明夷卦最黑暗的時候不要放棄，而且明夷卦的六個爻辭都在做這樣的努力。

另外，既然晉卦中有比卦（䷇）的象，那麼明夷卦中一定有師卦（䷆）的象，所以商湯伐夏桀、武王伐紂。師卦是勞師動眾，要調度兵力，難免一戰，這就叫光明與黑暗之戰，掙脫明夷的斬首之戰；「能以眾正，可以王矣」。明夷卦裡面有師卦的象，其實也是兵禍，像武王伐紂再怎麼正義，老百姓也是很苦；但是這一戰好像又不能避免，這就是佛與魔之戰，「明夷」中有「師」，而且得勞師動眾。

晉卦卦辭

䷢

晉。康侯用錫馬蕃庶，晝日三接。

晉卦的卦辭可謂微言大義，有好幾層的象徵意義，初學者很難理解。在六十四卦的卦辭裡頭，晉卦的卦辭是很特殊的，修辭也不一樣，讓人覺得沒頭沒腦。卦辭平常的「元亨利貞」、吉凶悔吝都沒有，這是否意味著晉卦是要不斷地開發、創新、向上，朝著光明走的奮鬥歷程？

這樣的卦還有止欲修行的艮卦（䷳），也沒有「元亨利貞」和「吉凶悔吝」。觀世音法門的觀卦（䷓）也是如此，但是「盥而不薦，有孚顒若」的清淨心無比重要。另外還有井卦（䷯）沒有「元亨利貞」，但是有「凶」，故要開發自性。這些沒有「元亨利貞」、「吉凶悔吝」或者缺其一，並不代表卦不重要，而恰恰是精勤修煉的重要過程，不能用「元亨利貞」或「吉凶悔吝」來權衡。

「康侯用錫馬蕃庶，晝日三接」，這是晉卦的卦辭，唯一讓我們感覺到跟晉卦的象有一點相合的就是「晝日」，其後的「三接」就有點讓人納悶了。「三」有多數的意思，但是在白天的時候要接什麼呢？接待、接引？是否像佛教講一定要有好的大德接引善男信女到西方極樂世界？

「晝日三接」，最主要是白晝的太陽光所象徵的光明去接引後進，就像先知覺後知、先覺覺後覺，別人不接你，你靠自己的力量不一定能夠上去，佛渡菩薩，菩薩渡羅漢，羅漢渡眾生，都是接，正如「三」為多數之義。從卦象上看，「晝日」為上卦離（☲），接什麼呢？接下卦坤（☷），那三個爻就叫「三接」，代表多數的廣土眾民從下卦坤要提升到上卦離光明的境界，這就需要創造機緣，讓這些善男子、善女人開發出自性，接到光明的上卦，這就是「晝日三接」。

下卦坤的初爻、二爻、三爻代表的是不同的階段、不同的時位，這說明坤卦代表一切眾生，每一個眾生的根器不一樣，修學的程度也不一樣。對上卦離來講，要想辦法接引後進者，開發出他們自性中的光明，就要像蒙卦（䷃）的「包蒙」一樣，要包容，而且要了解他們，才知道如何接引他們。很多宗教的儀式上，我們也常常看到那些所謂的修道已成、位列仙班者，對於還在煩惱業障中的眾生，總是透過種種的儀式、膜拜，讓俗人能夠往光明的境界接近。有時候「晝日三接」落實成實際的參拜儀式，就像日課一樣不斷地提醒自己要上去；把自己的習氣、障礙打通，用突破的法門接引往上的光明。從精神的修煉方面來看是如此。那麼，人在社會上，諸如地位、影響力的提升，以及事業的蓬勃發展等，也要有「晝日三接」。

「晝日三接」象徵的就是下卦坤的三個爻「初六」、「六二」、「六三」，最後都希望能夠往「六五」光明大現的晉卦君位提升。換句話說，已經成就的「六五」，它的源頭也是要從下卦「三接」的坤卦眾生而來；接上去了，下卦的眾生就成佛，就成為上卦離的「六五」，之後它再去接引後人。「六五」就是來自下卦坤，這跟坤卦「六五」「黃裳元吉」就有異曲同工之妙了；真的是「首出庶物」，佛從眾生中來，眾生本來是佛，人人皆可為堯舜；經過「三接」的普及教化、方便的法門，形形色色的眾生都給提升上去了。

從相錯的需卦（䷄）來看，其實就有明顯的對比。需卦上卦坎險中的「九五」「需于酒食」，就是我們希望下海撈寶的目標；可是要滿足這一需求，要經過「需于郊、需于沙、需于泥」，最後還要經過「需于血」的危險考驗，才可以「需于酒食，貞吉」。所以到需卦的上爻就做結論了，「有不速之客三人來，敬之終吉」；「不速之客三人」，在晉卦這裡剛好是用「六五」去接引下卦坤卦的三個陰爻；而需卦是用「九五」坎中的陽去接下卦乾過河，這就是不速之客的緣故，也是歷盡千辛萬苦，克服不同階段的難關。「不速之客三人來」與「晝日三接」，都是三個階段，這就形成了錯卦之間的呼應關係。

晉卦卦辭真正難的是前面的「康侯用錫馬蕃庶」。「蕃」是眾多的意思；「庶」也是眾多的意思。「庶」的出現說明晉卦沒有歧視，生佛平等，眾生皆有。「蕃」則是從一個點發展成很多，不斷地繁殖。〈文言傳〉說坤卦第四爻「天地變化，草木蕃」；天地變化的時候，草木就繁殖得很茂盛。如果一個人光明的自性都開發出來，說不定真的就往諸佛前進。這就是「蕃庶」，由一個點帶動很多東西。

最難的就是前面「康侯」這個主詞的動詞「用」；「用」的受詞叫「錫馬」。「錫」即賜，眾生都有的稟賦是天賜的，我們不要辜負，要知道怎麼去運用、開發，然後「晝日三接」；接引眾生不要有分別心，對於形形色色的對象用不同的方便法門提升上來，如普渡眾生一樣，一切眾生都要盡渡。

關於「康侯」，歷史上確有其人，但是在《易經》來說，取的是象徵，不是任何一個人專屬的。任何人只要有類似的情境、修為，他就是文王、康侯或者箕子，人人皆可以為之。歷史上出現的文王、箕子、康侯只是一個借鑑，讓人見賢思齊罷了。康侯，典籍之中稱為「康叔」，是周武王同母少弟姬封，在周公旦平定紂子武庚與管叔、蔡叔叛亂之後，被封為衛國之君，封地在殷都朝歌，即商的中心地區，以統治殷民七族：陶氏、施氏、繁氏、錡氏、樊氏、饑氏、終葵氏。《尚書》中〈康誥〉、〈酒誥〉、〈梓材〉篇所記即是此時周公旦擔心康叔年少誤事而對其進行的告誡。周成王時，康叔擔任周司寇，可見其在周人統治集團中的重要地位。康侯在當時於封地有很好的政治表現，其治下的老百姓富足康樂，需卦的飲食宴樂這一民生的基本需求基本上達到了，這樣一個治理一方的政治領導人讓大家都活得很快樂，代表經濟改革已經成功，下面就要謀求政治上的改變。在這時，「侯」就不一定是指政績好、治國有功的政務官員了，也代表一個時機的成熟。像屯卦的「利建侯」，豫卦的「利建侯行師」，比卦的「建萬國親諸侯」；時機成熟，適合做某種事情，自然而然就會出現。歷史的潮流浩浩蕩蕩，這些自然法則都叫「康侯」，就適合推動「晉」的事情了。

「康」的標準是可以量化的，就是小康社會。小康社會一來，執政黨的領導地位就會受到挑戰，下面就得進一步爭取民心，再發展就不只是溫飽需求的問題，而是要推動晉卦的精神需求問題了。在物質生活改善之後，就要轉到精神方面，何況小康本來就不是圓滿，因為後面有大同的理想社會，尤其在幾千年前，距離理想社會很遠。從小康到大同要怎麼奮鬥、要突破哪一些關口？大有卦（䷍）跟晉卦的差別其實就是大同跟小康的差別；晉卦已經富國強兵，可是還有很多不合理的現象，如權力壟斷、分配不均等，所以就需要再提升，要往大同走。從京房八宮卦來講，晉卦已經發展到乾宮的遊魂，下面要進一步推行政治方面的改革，進入大有卦才會歸魂，在乾宮所代表自然的發展才會落實，抵達究竟。

致良知，生生不息

歷史上一個代表性的政治人物康侯，表現得這麼好，國君當然要嘉勉他。我們可以說晉卦就是賞賜，明夷卦就是誅伐。老百姓歌頌他們的父母官，國君給予其加官晉爵，再勤加慰勉，「晝日三接」的場面就是如此。國君接見表現非常好的康侯，一天之中接見三次，而且每一次接見都是跳升一個境界。可見，人靠著自己的努力震動高層，總會不斷地有新的提升機會。國君嘉勉、賞賜康侯，賞賜他什麼呢？就是「錫馬」，以酬庸他的表現。在古代社會酬庸一般是賞馬、賞車；一方面代表榮寵，天子肯定臣子的努力，另一方面天子所賜的馬絕對不是一匹馬，而是一公一母，品種非常優良，可以配種生出基因優良的小馬，即「蕃庶」。種馬的血統優良，小馬血統自然純正，繁衍後代於無窮。那麼誰做「蕃庶」這個事情呢？就是康侯。他收到了國君賞賜的優良種馬之後，懂得讓馬生生不息。一陰一陽之謂道，公馬母馬交配之後生出優良的小馬，最後繁殖的都是品種優良的馬。所以康侯很懂得用腦筋，利用上面賜來的馬，發揮「一陰一陽之謂道」的作用，如滾雪球般繁殖，最後就有可能規模可觀，如「晝日三接」般，越來越往上。

如果從修行的角度來講，那就更簡單了。乾為馬，馬就是我們的心。屯卦（䷂）裡面就有好多小馬跑出來，小馬要跑向何方？屯卦的「乘馬」就是從乾為心、坤為物結合之後生出來的新生命，要決定人生奮鬥的方向。馬為心，是人心的象徵，人心的發展會面臨很多誘惑、考驗，怎麼控管？我們每個人都要像康侯一樣，運用天賜的良知良能，要「致良知」，推廣開來，由一點變成無限，發揚善性。孟子說，「人之異於禽獸者，幾希」，就像復卦唯一的陽爻——天地之心，善於開發就會生長，進而伸枝展葉開花結果，然後一代接一代，如「晝日三接」般，過去佛接現在佛，現在佛接未來佛。這就是晉卦的修行觀念。原先只有一點點，即「錫馬」，開發之後，就會生生不息，所以我們要懂得善用天賜的良知良能，從一點推廣到充斥整個宇宙，即「蕃庶」，那麼到處都是聖人，滿街都是佛了。

由此可見，「康侯」作為一個象徵，不管是時代還是人物，只要用天賜的有發展能力的種子，然後把善心善行推廣到「蕃庶」，善滿天下，然後「晝日三接」，做到某一個階段自然就有新的機緣，進入一個新境界，然後又登一個境界。表面上雖然是加官晉爵的象，但是內在的意義非常深刻；什麼人都可以靠這樣的努力上升到新境界，只要有那個根基在，就可以開發自性。但是這樣深刻的意義在《易經》經傳創作的時代，不敢講得太明顯，所以才有微言大義。講得太明顯馬上就可能觸動當道，畢竟在夏、商、周的時候，已經是到小康為止，沒有再想進一步，如果說每個人都可以「首出庶物，萬國咸寧」、「群龍無首」，那不是不利於既得利益集團嗎？很可能就會遭致打壓、封殺。從下面的〈彖傳〉看來，我們就知道作者不敢多講。

晉卦〈彖傳〉

〈彖〉曰：晉，進也。明出地上，順而麗乎大明。柔進而上行，是以康侯用錫馬蕃庶，晝日三接也。

「晉，進也」，「晉」就是「進」，這一點不難理解。「明出地上」，正是晉卦的象，如一輪紅日出東方。「順而麗乎大明」。「大明」是指上卦離的一輪紅日，「麗」就是離卦的概念，離者，麗也，兩頭鹿相依相偎靠在一起，好漂亮、好動人。「麗乎大明」，要依附大光明。「順」就是下卦坤的廣土眾民有嚮往，希望止於至善，所有的努力都是要「麗乎大明」。坤順、離麗，象徵眾生內在開發出的大光明蒸蒸日上。

「柔進而上行」，是講成功的離卦中心──「六五」這一陰柔的爻，又是晉卦的主爻。這一爻最初是從下卦坤第一爻開始修行，再躋身於「六五」這一最高峰，開發自性成功，這就是「柔進而上行」；「六五」「柔進」上行到領導的位置。「是以康侯用錫馬蕃庶，晝日三接。」這裡講得就有一點含糊，估計是免得被當道者看破，所以草草結束。本來「康侯用錫馬蕃庶」要花大篇幅來解釋的，就像我在上文用大量的文辭來解釋一樣，但是如果作者不能這樣講，講得太明白麻煩就來了。

不過，我們看作者好像是草草結束，但是如果理解「柔進而上行」的意思，就不難理解作者的苦心了。我們看，「六五」作為九五之尊，是從人民中來的，是不是「首出庶物」？下卦坤是庶物、眾人，出生於民間，了解民間疾苦，所以「六五」懂得體恤民情，希望照顧接引廣土眾民。「柔進而上行」，「而」就是「能夠」，一言以蔽之，就是「民進而上行」。坤為民、為眾、是柔，「六五」正是這個民意代表，所以他要做人民的喉舌，要替人民謀福利，要改善民生。

因此，晉卦在現在的時代來說，就有發展民主、爭取政治參與權等各方面的人權象徵，而且老百姓在一定情況之下是可以進而上行的，不是一天到晚都待在基層。那麼當政者就要有這樣的心量和智慧，尤其到「康」的時候，要允許「柔進而上行」；要改善人民的權益，要尊重、保障、提升、擴大人民正常的權利。「民進而上行」在過去當然是大逆不道的，所以〈易傳〉的作者只能含糊其辭，不特意講明白。可見，晉卦就是「民進」，人民的力量「順之者昌，逆之者亡」，且民是可以晉能上行的，好的社會一定要保留這樣的空間，英雄不問出身。這是〈彖傳〉，寥寥數語，藏有深刻的內涵。

晉卦〈大象傳〉

〈大象〉曰：明出地上，晉。君子以自昭明德。

「明出地上」，說的是「明」從地上出來，從老百姓而來，這就叫「晉」，也就是進。這個時代進步了，還可以有繼續發展的空間。「君子以自昭明德」，說的是既然這個社會提供人人發展的機會均等，不搞特權，也不搞打壓，人民就有辦法靠後天的努力改善自己的一切，爭取到比較好的地位或者比較好的生活狀況，但前提是要自己努力，自強不息。「君子以自昭明德」，就要朝氣蓬勃，如旭日東升這樣去努力。「明德」，就是良知良能，是人人與生俱來的東西。人本身就有光明的德性，如果後天不去昭，是顯現不出來的。誰去昭呢？自己。「昭」也是明，故「昭明德」就是「明明德」，與《大學》中說的「大學之道，在明明德」完全是一回事；其次是「在親民」，要讓老百姓也煥然一新，最後大家一同「止於至善」。這個過程一點都不神秘，重點在於我們自己能夠上進，即「自昭明德」。你的努力決定一輩子的成就，決定你下一輩子的去處。如果你這一輩子「昭明德」的努力不錯，下一次你再輪迴的時候，品位就會增加。如果你不但沒有「晉」，還走向「明夷」，下面就是輪迴到地獄做餓鬼，這就是佛教所謂的「六道輪迴」。就是說你的下一輩子去哪裡由這一輩子你的努力決定；最後的品位決定你是往上還是往下，是離上還是坎下。六道輪迴中的三善道、三惡道，最終還是自己負責。

晉卦也是遊魂卦，人的輪迴往生是事實，這一輩子是造業、是修行，決定你最後去哪裡，而且輪轉不息，這就是遊魂卦的意義。換句話說，中間還有改善的空間。曾有學生占問佛教中的輪迴觀念為何？《易經》的回答乾脆俐落，輪迴就是不變的晉卦，就是乾宮的遊魂卦；就是「自昭明德」，決定你輪迴的去處。一切皆是自取之，自作自受。晉卦就是這樣，只有「自昭明德」才可度過輪迴的劫數。

晉卦六爻詳述

初爻：信道必篤

䷢

初六。晉如，摧如，貞吉。罔孚，裕，无咎。

〈小象〉曰：晉如摧如，獨行正也。裕无咎，未受命也。

下面進入晉卦的六個爻。先看「初六」，爻辭講得很清楚：「晉如，摧如，貞吉。罔孚，裕，无咎。」一個字的廢話都沒有。「如」是語氣助詞。《易經》喜歡用「如」、「或」、「若」等語氣助詞，含有不確定的意思，說明還有改善的空間。「如」即像那個樣子，漢譯的佛典更是把「如」字發揮得淋漓盡致，說最究竟即「如來」，那到底來了沒有？不確定；好像來了，好像沒來。「晉如」，如旭日東升，初生之犢剛開始覺得嚮往人生的光明，想要追求真理，於是努力進取，所以才有衝天的猛志，但是有那麼順利嗎？「摧如」，這個過程中有一個無情的摧毀式的打擊，把想要上進的人「啪」一下就打下去了。如果能力不夠，就完全沒有辦法抵抗這種摧毀式的打擊。社會有競爭，人性也有很多業障，諸如罪孽、欲望、矛盾，所以追求真理的「晉如」的心，常常會被這些給打下來，要經得起「摧如」這樣的考驗，絕對不是一帆風順。一帆風順的象那是升卦，還早得很呢。晉卦一開始是「晉如」，但是常常是無情的現實跟理想的差距很大，沒有辦法實現，這就是人生的奮鬥，絕沒有那麼順利。人生想求晉，沒有不遭受挫敗打擊的；而且打擊很嚴重，幾乎摧毀你的一切。

「摧如」之後怎麼辦？畢竟還是人生奮鬥的起點，一點挫折都受不了，後面的還談什麼呢？「貞吉」，固守正道、堅持既定的志向就吉。這個打擊不算什麼，反而是人生的大補湯，讓我們像習坎一樣，每摧一次更加堅定不退縮、不放棄，變得越強悍。如果不貞，放棄了大原則，一次就足以徹底摧毀，無從東山再起。強者「晉如」時，面對客觀環境各方面的「摧如」，照樣「貞」，堅守原則，認定目標往前進，最後還是會吉的，「摧如」反而成為成功的催化劑。所以〈小象傳〉就說：「晉如摧如，獨行正也。」「正」就是「貞」，固守正道，依據正道而行。那麼什麼在行正呢？是「獨行正」。「獨」是名詞，「慎獨」之「獨」。我在講復卦的時候就講過「中行獨復」，復卦的「六四」就是完全按照「初九」深藏的天地之心「獨復」。跟所有人都不完全一樣的就是「獨」，第一爻就要有獨的堅持，保持我們生命的本色，就像履卦的「素履往，无咎」、「獨行願」這樣一路上去，最後是「大有慶也」。由「獨行」到「大有」，等於由晉卦的種子馬變成天下都「蕃庶」，馬足揚之滿天下。還有在蒙卦的第四爻「困蒙，吝」，人生很難成就，很難啟蒙，看不到事情的真相，位置再高，在第四爻還是無知，因為「獨」沒有開發出來，故〈小象傳〉說「獨遠實也」；生命中可以發展出自己獨有特色的東西被塞住了，沒有遇到良師益友啟蒙，所以會困於蒙昧無知之中。這就是「獨」沒發揮作用，獨一旦發揮作用，自性開發，怎麼還會蒙昧無知呢？當下就花開見佛、成聖成賢了。所以獨就很重要，在己曰獨，在天曰命，在人曰性，在身曰心，我們可以「人同此心，心同此理」，可是不能「人同此獨」，因為你的展現有你的特色，他的展現有他的特色。

我一再強調，儒、釋、道都講「獨」，就像「獨立不懼，遯世无悶」一樣，「獨」要自立，沒有立則一切免談；獨一旦立了，就不怕打擊，不怕人生的諸多不順利。我要「晉如」，但客觀環境或者各方面的誘惑、威脅，結果「摧如」；可是我有這個「獨」，絕對站得住腳跟，能夠「獨行正」，同時也一定會很寂寞，只能特立獨行。有些軟弱的、怕事的人，面對打擊，「獨」就沒有發展空間，出不來了。而堅持者難免寂寞，沒有多少朋友，只能一個人堅持下去，這就是「潛龍勿用」的境界——「遯世无悶，不見是而无悶」，這是生命的根基。

「獨行正」就「貞吉」，這也說明人生的「晉」——「自昭明德」跟「獨」是有關的，就是一個人在為一個目標奮鬥時，信道必篤，要幹到底，敢於面對一切困難；這種人幾乎所有的「摧如」都無法摧毀他。

不過，話又說回來，當你在這一次遭受摧毀式的打擊時，也是付出了很大的代價，雖然要堅持下去、不放棄，但是也要痛定思痛，自我反省，不能怪別人，只能怪自己的「孚」不夠，這就是「罔孚」。「罔」字在大壯卦出現過，「小人用壯，君子用罔」。「罔」就是空，不夠的意思。為什麼會在「晉如」的過程中被人家一棒子打下來？因為你的威望不夠，沒有贏得眾人的信任，所以你被打的時候，旁人也不敢伸援手，對你也未必有信心。這就是你的社會威望和誠信都不足，才會造成「晉如」的過程中招致「摧如」；這樣的局面出現怪不得別人，完全合理。要取信於人，就要把「孚」表現出來，就得強化修為，要建立起信望愛的基礎。「罔孚」才會招致被打擊，這樣一想，我們的心量就寬了，想得開了，就是「裕」，「裕」就是綽綽有餘，心一寬，天地就寬，就「无咎」，立於不敗之地了。這時吃苦就像吃補一樣，越打擊越強，絕不放棄。

〈小象傳〉接著說：「裕无咎，未受命也。」為什麼會无咎呢？因為沒有承受天命。天命之謂性，率性之謂道，修道之謂教；沒有承受天命之前，就不需要證實你是否一心求道。真心修之前，老天爺不會隨便交托責任給你的，所以就要考驗你。通過考驗，才可以受命於上天。前面會遭致這種考驗，就是「未受命」；所以在「晉如」的過程中，會遭受「摧如」，沒有同志，也沒有群眾跟隨；等到受命了，有光環在身，那就不一樣了，就有群眾追隨，然後成為一股擋不住的力量，就上去了。所以從未受命到受命中間要經過「摧如」的考驗。「初六」根本就是基層，啥也不是，突然冒出來就想往上去，哪有一步登天的？「未受命」當然不會得到民眾的擁護、支持。初爻的「潛龍」未受命，就是nobody，經過考驗上去了，證實你有這種能耐了；到第二爻就是「見龍在田」，這就變成了somebody，有名號了。所以我們年輕的時候，修為、能量不足，就會遭致挫敗；只有在挫敗中成長，才是可以承擔大任的人。「摧如」就是對我們的考驗，像大畜卦（䷙）第三爻的千里馬就是經受所謂的魔鬼訓練才被放下山。

那麼，「初六」想往上，它是受誰「摧如」呢？從爻際關係上看，就是跟它相應的執政高層「九四」在打壓；因為它想要上來，就會危害到執政高層。所以在下面的人想「晉如」的時候，尤其在比較封閉的社會，有權力的人就能把你打下去。「九四」陽居陰位，位置不正，上下兩個陰，是坎險之中，竊據高位並不見得有服眾的德行，只是他運氣好，在大家都爭相要上來的時候，他已經佔據高位。下面的人上去，豈不是搶他飯碗？「九四」在高位又是「或躍在淵」，有權的人要打無名小卒還不容易嗎？有權的人才會使用「摧如」的手段，社會的新興勢力一起來，就會拚命打壓，絕不留情。「初六」爻變為噬嗑卦（䷔）正說明了這一點，這是典型的叢林法則、弱肉強食的政治鬥爭。所以「初六」在「晉如」的時候，因為什麼都不是，人家就不怕打他，打他也不會手軟，他所承受的就體現了「噬嗑」的政爭本質，端看誰是老虎、誰是貓，這是很無情的晉卦第一關。

另外，再強調一下「裕」字。「裕」字在蠱卦（䷑）第四爻也出現過。第四爻「裕父之蠱」，「裕」代表資源很豐厚，其來源就是藉著改革而得到的。這樣一來，就可以這樣解釋：晉卦第一爻要求政治改革，就會招致「摧如」，要「獨行正」，要堅持，然後覺得自己「孚」不夠，沒有爭取到很多人的同情、信賴，所以自己不斷改善、奮鬥，可是活動經費一定要足，社會的經濟力能夠支持，有源源不斷的後援力量支持你去爭取。財力雄厚的社會容易發動政治改革，道理就在這裡。什麼時候發動進一步的政治改革要求爭取晉的社會？就是在經濟力充裕的時候來進行，這樣才會无咎。如果經濟實力不夠，面對一次失敗的「摧如」，就沒有再起的機會。從經改到政改，在第一爻就要「裕」，一個是心裡寬，一個是有財力支持。所以對一個社會來講，富裕了，雖然還有很多人反對既得利益，但是可以「晉如」，大方向形成了，在「噬嗑」的過程中，只要底子厚，還是一個富裕的社會，完全不用害怕「摧如」，下面的改革自然能實現，從而達到精神生活的提升、充實。那麼在「晉如」時，「摧如」這種第四爻從上到下的打壓或者是天命的考驗，能不能夠真的擊倒一個有志之士呢？當然不可能，不然就不會有第二爻了。這是大勢所趨，是打不下去的。只是此起彼落，打到最後手軟了，只能承認既成事實。很多社會的發展就是這樣，剛開始取締這、取締那，到最後沒法取締了，只能「摧如」於一時，像強凌弱、眾暴寡的列強打擊落後的國家民族，剛開始還能打幾次，到最後人家清醒了，也慢慢發展起來了，還打得下去嗎？

二爻：軟硬不吃、廣結善緣

䷢

六二。晉如，愁如，貞吉。受茲介福，于其王母。

〈小象〉曰：受茲介福，以中正也。

第二爻不再是「摧如」式的打擊了，看來硬打不行，只好來軟的。既得利益者害怕新興勢力起來，摧毀式的打擊不起效用，只好轉變手段，反正是非打下去不可，這就是「晉如，愁如」。「初六」的時候因為是無名小卒，沒有實力，發展不成氣候，一旦「初六」變成「六二」，已初成氣候，不能硬打，只好換別的方式，採用「愁如」的手段，讓人發愁，讓人憂慮，惶惶不可終日，然後找一些麻煩或者抹黑，製造障礙。這是用軟的方式，陷害對方，讓對方出不了頭，一天到晚都在麻煩中糾纏，不知道要如何解決這些麻煩，而且也不知道敵人在哪裡，不知道又會有什麼事情突然冒出來。這就是在「晉」的過程中沒有「摧如」硬碰硬的打擊，可是有一隻看不見的手在背後製造麻煩，對付已經是社會中流砥柱的新興勢力——行業的意見領袖，這就是「愁如」的方式。這種打擊方法多得很，目的不過是遏制你正當地成長。對「六二」來講，在「晉如」的過程中，會有很多困擾、問題層出不窮，但是只要「貞吉」，堅持大原則、固守正道，最後還是會吉。

軟硬都不吃，「摧如」的關我也能過，「愁如」的關我照樣能過，只要把穩大原則，不退場、不妥協。但是這一爻面對讓人發愁、憂慮的難題，不是單靠自己的堅持和努力就能解決的，還要懂得廣結善緣，善用社會各方面的力量來幫忙度過「愁如」的難關。初爻「潛龍勿用」，二爻「見龍在田，利見大人」，像乾卦第二爻爻變就是天火同人（䷌），要運用群眾的力量。晉卦也是一樣，第二爻時，自己的奮鬥已經到了一定的程度，還要借用同志、同道的力量來共同邁過「愁如」的坎，解開這個套。

「受茲介福，于其王母。」這就是適當的求助，而且求助的對象可能位置比你高，比你了解狀況，是典型的實力派，剛好是解決「愁如」最恰當的人選。有這樣的高人在幕後幫忙、介入，問題可能就會迎刃而解。所以這個時候不要矜持，如果一定要靠自己，可能就一直在那邊愁。只有跟「王母」的關係好，對於不知道問題的來源或者不知是誰下的手、誰佈的局，可能很快就會撥開雲霧見青天。對於這一爻，我們有時戲稱「王母娘娘」會幫「六二」解決問題，幫他造福，讓他有福報度過「愁如」關。那麼「王母」是誰呢？就是相應的「六五」——已經成功的人，他自己也是從下卦飽受打壓而上來的，所以他了解內幕。他在君位的高度，作為「王母」——一個陰性的王，就像蠱卦的「幹母之蠱」也是「六五」一樣。「六五」出身於民間，對「六二」在這個階段遭受「愁如」的難關感同身受；如果「六二」能向「六五」求援、呼籲，「六五」也答應出手幫忙，「九四」發動的整個「摧如、愁如」就不再是問題了。「九四」作為擋住社會進化的階層，專門製造社會發展進步的障礙，只有「六五」指揮得動，只有他才能介入排解「九四」設的局。所以「六二」要是知道誰給你製造問題，就要找能解決問題的人，「找對的人解決」這個智慧很重要。「于其王母」直接指出目標，只有「王母」能夠幫助你不再繼續發愁，還會承受福報——「受茲介福」，「介福」指「九四」在整「六二」；「六五」一介入，就大開方便之門，約束「九四」，「九四」就收斂了，不再為難「六二」；「六二」得到了福報，民間的力量就起來了。「六二」因為爭取到「六五」這個實力者「王母」的介入，問題馬上迎刃而解，就承受福報。王母如果沒介入，問題就解決不了，「六二」就不可能受福，還在發愁。

這就是「受茲介福，于其王母」。換句話說，在「晉如，愁如」的時候，就是告訴你靠自己沒有辦法解決，不像「摧如」的時候自己可以調整，現在是擺明靠自己不能解決，那就以自立的基礎想辦法建立跟王母之間的關係，把問題擺平，這就是朝中有人好享福。那麼，「六五」憑什麼要幫助「六二」呢？一定是「六二」值得幫助、提攜，是一個好的後進，是一顆善良的種子，所以能夠「受茲介福」。正如〈小象傳〉說的：「受茲介福，以中正也。」「六二」中正，品質很好，值得救助，好人受難就一定要幫助他排除那個「愁如」。這就是說，社會新興的力量值得幫助，不要讓其他的腐朽力量去為難他。「六二」因為中正，才能爭取到「王母」垂憐，爭取到上蒼垂憐，「自天佑之，吉无不利」。

這個爻爻變是什麼？火水未濟（䷿）。說明如果堅持不向外面求援，不找人疏通，問題肯定解決不了。那為什麼一定要自己幹呢？爭取能夠幫上你忙的人，說不定問題就迎刃而解，馬上前途大開，可以省下自己發愁的力氣，再往上進到第三爻。完全靠自己的力量是「未濟」的，何必浪費時間呢？唯有尋求奧援，「王母」就是奧援，整個晉卦就是「六五」去接引「初六」、「六二」、「六三」，為什麼不讓它幫呢？所以本身有一定條件之後，就有資格而且應該去爭取各方面的奧援。中正作為「六二」的條件，可以廣結善緣，不像「初六」沒有這個條件，就得自己幹——「獨行正」。「六二」可以得到這樣的福報，讓很多人來插手幫忙。如果我們占到晉卦的第二爻，宜變的爻位也一定落在第二爻，這個爻辭就是答案，要解決問題，只有找「王母娘娘」了。

「介」字的意義

「受茲介福」的「介」字意義很豐富、很深刻。跟「介」字有關的爻辭在《易經》中有不少。我們在現代社會最常見的就是「仲介」，通過中間介面的傳播，讓兩邊不要直接接觸，可能會取得一個比較好的效果，也代表中道客觀、排難解紛的意思。很多人辦事情就會找仲介來介入調停、處理，發揮對雙方面的影響力。像晉卦第二爻「受茲介福」的「介」一發揮作用，就能解決「愁如」的問題。可見，「介」很重要，只有實在沒有「介」時，才會自己出手。

現實生活中，雖然提倡戀愛自由，但是男婚女嫁通常都有介紹人，不管是真的介紹人還是假的介紹人，就是促成這個機緣很重要。萬一沒有介呢？就要看你有沒有那個勇氣，自己介紹自己，身兼「介」的功能。

豫卦（䷏）的第二爻是孔老夫子高度讚美的爻，也是因為「介」，「介于石，不終日，貞吉」。豫卦的第二爻爻變就是解卦（䷧），因為中正、介石，就能解決一切問題。因「豫」而得「解」，跟「介」有關係。還有兌卦（䷹），兌卦是兩情相悅，朋友講習，和「晉」、「豫」一樣，都是人生新境界的快樂，關鍵地方都有「介」。兌卦第四爻說的是高層談判：「商兌未寧，介疾有喜。」從一個身體或精神不寧的狀況變成快樂的狀況，所有的障礙都被壓制住了，排除了談判中所有的絆腳石，就是因為「介」對「疾」發生了作用。這兩個卦的兩個爻都與疾有關，豫卦第二爻預防「介于石」，跟疾病有效隔離，根本就不沾上病，這和第五爻的「貞疾，恒不死」的帶病延年、跟病菌和平共存不一樣，而兌卦也是在保持健康的過程中，懂得用「介」來對付「疾」。晉卦的「愁如」就是有憂鬱症，影響到「晉如」；在愁如的時候往往會年紀輕輕就白頭，這個也愁，那個也愁，要靠一個「介」才能夠往上升——「受茲介福，于其王母」。人生不管是修行還是做事業，在晉卦第二爻已經不錯的基礎上，要懂得怎麼再往上晉，就要找貴人，就要追求大師、找先行者來幫忙。

三爻：民意的力量

六三。眾允，悔亡。

〈小象〉曰：眾允之，志上行也。

「六三」就是通過了考驗，硬的「摧如」挺住了，繼續發展、上進；軟的「愁如」也排除了，這下擋不住你了。所以「六二」就再往上，在下卦的坤卦就達到了一個巔峰——「六三」；再往上就要跟「九四」這個竊據高位、阻礙整個社會往上晉的既得利益集團挑戰，兵臨「九四」的城下。如果「九四」不超越、不突破，就很難到「六五」，永遠在下面被壓制。只要「九四」一天不讓位，上面的體制就無法鬆動，下面永遠會有人招致「摧如、愁如」的打擊和麻煩。所以到了第三爻這個階段時，要直接去翻越、突破「九四」，翻越過去就是「六五」。這個時候有沒有攻關、挑戰的資源跟本事呢？因為已經通過「摧如、愁如」，也得到了大量的民意支持，各種群眾資源越來越豐厚，當然可以挑戰那個竊據高位、德行低下的「九四」。這就是「眾允，悔亡」。

「悔亡」當然是正面的，只是一個結果，也就是說，「六三」不會有太多不順，因為它的實力已經養成了，已經有群眾的信賴、支援，民意的力量就足以挑戰封建的高層「九四」。眾允了，所以有群眾實力，他是一步一步打上來的，大家都支持他，相信他的誠意，相信他的公正（「允」也有公正的意思），就允許他帶著他們爭取自己應有的權利。當然這個群眾的力量就是整個下卦坤往上衝，去撞擊「九四」的城門。「九四」不一定擋得住，這就是潮流，也是「六三」苦盡甘來，熬過了「摧如」，熬過了「愁如」，又結交了「王母」，眾多的資源力量都在支持他去挑戰「九四」，這樣就非常可能突破「九四」的防線。這就是眾人的力量造成「悔亡」。

初爻是單打獨鬥，只有「獨行正」；到二爻，人家換一個方式整你，找到有力人士就把它排除了；到第三爻則力量更強了，大家都來支持。這就是「允」，正如《尚書》所說：「人心惟危，道心惟微，惟精惟一，允執厥中。」「允執厥中」就是抓中道，執「公允、客觀、誠信」自然有人相信、追隨你。可見，單打獨鬥在晉卦行不通，一個人幹就很容易被摧毀，只有匯聚群眾的力量，到第三爻就是金剛不壞，群眾都在你這邊，都支持你，非常有可能「悔亡」，真的就可以再往上了。這就是〈小象傳〉所說的「眾允之，志上行也。」「九四」卡在上邊讓所有的人都上不去，「六三」就可以攜著下卦整個坤的力量，眾志成城，往上挑戰長久盤踞在第四爻高位的惡勢力。「六三」的行動是不是一定成功，也沒有人下保單，但是有機會，可以試試看。由地方到中央所推展的政治改革，都是這個路子，起於民間，然後挾民眾的力量去挑戰「九四」。但是這個爻的爻變是「火山旅」（䷷），畢竟還沒有掌權，失時、失勢、失位的局面是難免的，還在那邊飄，這是一定要注意的。

四爻：老鼠集團

䷢

九四。晉如鼫鼠，貞厲。

〈小象〉曰：鼫鼠貞厲，位不當也。

現在來看第四爻這個陳腐不堪、貪欲無窮的社會舊勢力，也出現了《易經》中十二生肖鼠的象。「晉如鼫鼠，貞厲。」「鼫鼠」即肥肥的大老鼠，一隻大老鼠站在第四爻那個位置。老鼠是貪欲無窮的，繁殖力也是超強，所以一人貪腐，天下都會成為老鼠集團。老鼠的繁殖力絕對超過良馬的繁殖力，象徵人內心中自在佛性良知良能的公馬、母馬的繁殖力絕對比不了老鼠的繁殖力，就像人性的善性想要把它由一點點的善擴張成一堆的善一樣困難；可是惡的傳播是相當迅速的，而且只要有一隻老鼠帶頭，下面馬上就有一窩老鼠，像前些年洞庭湖因乾旱老鼠的繁殖就達幾十億隻，連貓都怕了。

從人性的角度來講，老鼠代表人性墮落的劣根性因素，即鼫鼠是典型的貪婪象徵，而晉卦中的馬是代表追求天理的善心要擴張。善心要擴張很不容易，可是要墮落、貪腐往往一線間；一旦陷入其中，其腐化、傳播程度相當快。古人說「為善如登，為惡如崩」正是如此。要學好就像登山一樣困難，想要做壞事就像山上滾東西下來，一下就全部垮了；尤其是領頭的帶頭作惡，下面的更是一塌糊塗。

老鼠象徵人性「惡」的一面，一旦有惡，老鼠很快就會繁殖一大片，成千上萬，這就是佛跟魔的鬥爭。這一爻的寓意警告相當深刻，竊據高層的沒有正面的表現，反而散播毒素，繁殖出一大批腐臭的老鼠。一旦登到這個高位，扮演的卻是貪腐的角色，而且快速傳播到周遭，結果就是「貞厲」。要守住他的位置，長久下去恐怕就會被下卦坤代表的人民的力量衝垮。所以對第四爻來講，有無上的風險，危險動盪不安的局面是難免的，無論你想怎樣守住自己的高位，結果都是「厲」；因為你是鼫鼠，不能以德服人。故〈小象傳〉說：「鼫鼠貞厲，位不當也。」不當位、不稱職、不合適的第四爻鼫鼠在位太久，還搞得天下都是老鼠，爻變自然是剝（䷖）。

鼫鼠自古以來就是象徵貪婪、播惡，習氣很強，是腐蝕的禍源中心；如果讓它居高位，掌握資源、權位就麻煩了，勢在必除。鼫鼠也叫五技鼠，你別小看這種老鼠，它有五種生存的技巧，正經的本領沒有，給自己創造利益、陷害人家是有一套的。《荀子》中所講的五技鼠「五技而窮」，即「鼫鼠」，就是如此：「五技者，能飛不能上屋，能緣不能窮木，能泅不能渡瀆，能走不能絕人，能藏不能覆身是也。」「鼫鼠」也是碩鼠，《詩經》中所說的「碩鼠碩鼠，勿食我黍」，也可說成是「鼫鼠鼫鼠，勿食我黍」，這是指社會中的「大老鼠」不勞而獲，讓百姓無法生活。

荀子所說的「五技鼠」很有警示意義，說明我們人生在提升自己（晉）的過程中，總要找到一個專注點，不要什麼東西都沾一點、會一點而都不專精，然後又扮演高位的角色，讓其他專業人才上不來，那就是罪莫大焉。因為你沒有一樣專業能夠服眾，搞鬥爭、整人卻很在行。

「晉如鼫鼠，貞厲」這就是第四爻的執政高層。第四爻一變就是「遇晉之剝」，《焦氏易林》對此所下的斷詞曰：「念念多憂失，謀營又害身。持孤一女子，鼠叫厲方貞。」根據這一詩訣，我們就知道這個爻的氣運對當事者是很慘的。天天算計這個、算計那個，最後還是害到自己，活得很苦的同時，又被社會唾棄，陷於孤立。但是這一詩訣最好玩的就是跑出一個女子的象，然後老鼠在那邊吱吱叫。更慘的是下一詩訣：「見才不是才，見喜不是喜。去處在他人，自身不由己。」最後一句話就完全講明了，你不能自己決定去哪裡，未來的走向是別人決定的。可見，人性人情中墮落的可能性、入魔的可能性太高、力量太強，真的是「為善如登，為惡如崩」。要追求善的可能性，就像要生出的良馬少之又少，生出來的惡鼠卻是一下就一窩。為什麼會這樣？正如〈小象傳〉的「位不當也」，「晉如鼫鼠」那一關很難突破，而爻變又是「剝」，「不利有攸往」，根本就很難突破。

五爻：無得失心

六五。悔亡，失得勿恤，往吉，无不利。

〈小象〉曰：失得勿恤，往有慶也。

我們看第五爻。第四爻的「晉如鼫鼠，貞厲」這個關口很凶險，絕不容易突破，是修行的天關。所以要度一切苦厄，最起碼就要「空五蘊」，如果有少數的人可以破「鼫鼠」關，能夠把鼫鼠象徵的種種不利因素突破，他就進入到「六五」，到了晉卦大放光明的君位。

首先是「悔亡」，這一點比三爻更進一步，三爻要依靠「眾允」，才可能「悔亡」；五爻則是一開始就「悔亡」，沒有被「鼫鼠」封鎖住，硬是破障、破執，已經修到晉卦的巔峰。此時的自信光明大現，當然悔就亡。

既然到了金字塔的塔尖了，下一步很重要，在這個好的位置上好好保持外，還要繼續提攜後進，幫助那些「愁如、摧如」的再上來；要扮演王母娘娘的角色，先知覺後知，先覺覺後覺。但是度眾生的時候，要「失得勿恤」，千萬不要有得失心。就像《金剛經》所云：「應無所住而生其心，應無所住而行於布施。」不要為了功利的目的覺得自己在行善、布施。「失得勿恤」就告訴我們，該做的就做，自然而然，不要為了什麼目的而做，不要顧慮得失成敗，盡力而為即可。有時候太計較得失，反而可能得而復失。「六五」這個位置得來不易，要是存了私心，馬上就被剝奪所得。「失得勿恤」這個心態很重要，超越了人生的得失、成敗、輸贏，只講當為而為，只要心安理得就做。所以到了「悔亡」的階段，接引別人、度濟眾生的時候，不要有得失心，拋開這些執著，一進入「六五」就要好好發揮這個位置的精彩燦爛。這就是「失得勿恤」的深刻意義。我們平常最怕的就是久年的媳婦熬成婆，受打壓者變成新的打壓者，抓貪腐的本身就開始貪腐。這就是因為「得」，得來不易，怕再失去，所以沒做一天正事，就希望爭取連任。

如果你心中有罣礙，有顛倒夢想，包袱就重得不得了，得失計較是自然的。一旦得失必恤，後面的「往吉，无不利」就成了空話。可見，到了第五爻這個位置，若得而復失就是因為我們的心又變了，不再是利他心，而是利己心了。

如果真的做到不在意個人得失，「失得勿恤」就是〈小象傳〉最好的結果——「往有慶也」。「慶」是皆大歡喜，根據你既定的主張往前奮鬥，造福人群，造福眾生，完全不在意個人得失。可是這一關是很難過的，晉卦第五爻爻變就是產生體制上的變化，結果是「天地否」（䷋），「否之匪人，不利君子貞，大往小來。」所以是「晉」還是「否」，是成佛、成菩薩或是變成「匪人」，完全是一念之間。一念之間可為佛、可為魔，可以晉、可以否。晉卦第五爻爻變完全是一念之間，而且在這個位置上的都可能重新墮落。

重新墮落有兩個方向，從爻變上看是走向否卦，從爻位上看馬上就進入「上九」，明夷卦的無邊黑暗就在下面等著我們。可見，人生真不容易，沒有得失心是首要的。只有「失得勿恤」，才有可能「往有慶」，然而在現實生活中，有幾個能做到呢？尤其是位高權重者，怎會不擔心，不計較其輸贏、勝負、成敗、得失呢？不計較就「往吉，无不利」，有計較就絕對打折扣，要是完全計較就變成否卦的局面，等著下地獄。

很少有人能做到「失得勿恤」，這就是「六五」必須的修為。「勿恤、有慶」就是《易經》所提倡的觀念，也就是說不要太擔心個人的得失，讓大家都蒙受福報，就可以普渡眾生。私心太重，得失計較心自然也重，有時越想要越沒有，這就陷入佛教所說的「求不得苦」。人生的苦本來就因為有生老病死、愛別離、怨憎會，喜歡的偏偏就跑掉，討厭的一天到晚碰到，卻偏偏還有「求不得」，可謂是苦至極處。

上爻：整頓內部

上九。晉其角，維用伐邑。厲吉，无咎，貞吝。

〈小象〉曰：維用伐邑，道未光也。

如果得失心太重，事業就開始走下坡，逢事就必鑽牛角尖，結果就是上爻的「晉其角」。晉無可晉，沒有再往上、往外發展創造新光明的空間，怎麼頂都頂不出去，就到此為止，一旦上不去就會開始下去。這是物極必反的必然趨勢。為什麼會這樣呢？因為心胸狹隘不夠開闊，老是擔心個人的「恤」，而造成「晉其角」。

這時該怎麼辦呢？對於一直成長的晉在第五爻產生的化學變化，第六爻就產生惡果而上不去，不進則退，下面就是明夷的深淵在等著。往外、往上已經不可能，而且內部也出了很多問題；《易經》也是菩薩心，馬上提出要好好整頓內部、調整內心的辦法，這就是「維用伐邑」。在這種情況下，不能再往前，只有回頭整理自己累積下來的弊端問題，身心各方面都做調整。從政治的角度來講，整頓內部，就要整肅林立的山頭派系，要「伐邑」，至少要維持現有的狀況，不然馬上就崩潰了。

整頓內部，當然會「厲」，充滿了風險動盪不安。沒有辦法在外面擴充，只有整頓內部，尋找問題的根源，這中間是有風險的，但只要方向正確，把所有的資源用在調整內部，還是有機會「吉」，而且無咎。不過這一切還有尾巴留下，雖然作法正確了，但是時不我予，還是「貞吝」，沒有多少發展空間。這裡的「貞吝」和泰卦的「城復于隍」一樣，亡羊補牢的作法雖然正確，但是錯過了最佳時機。換句話說，最佳時機就是第五爻「失得勿恤」的時候，就是剛剛成功那一剎那，不要整個變成得失必恤，到最後發現苟延殘喘才來整頓，「貞」已經是吝，沒有發展空間。

這是為什麼呢？〈小象傳〉一語道破：「維用伐邑，道未光也。」這個時候道已經不光了，陷入了黑暗，局面能撐多久呢？晉卦要求大放光芒，到「上九」卻變成「道未光」，那不是適得其反嗎？

占卦實例1：宿命論與創命論

人到底可不可以靠後天的努力，開創自己的命運？命運是不是由心造抑或有宿命，這是個老問題。面對宿命論跟創命論這兩個極端，《易經》怎麼回答？結果就是晉卦，動第四爻、第五爻。這個回答很到位，不管你怎麼努力可能都是白費，這也確實是有的，很難突破命運的鎖鏈。那麼人可不可以自己創造命運，結果是「晉」，就是說人應該是可以自己開創命運的，因為「自昭明德」，但是有動爻，四爻跟五爻就是動的，這個意義就出來了。雖然從晉卦本身來講是每個人都可以靠著自己的努力來開創命運，可是第四爻為宜變之爻，表示這一關大部分人都過不去，只有少部分人過得去。晉卦這兩爻爻變就是觀卦（䷓），這是修煉的法門，靠「觀」才可能有最高的成就。理論上晉卦「自昭明德」，「康侯用錫馬蕃庶，晝日三接」，肯定人的命運由己不由天，可以靠自己努力奮鬥，但是是有極限的，因為動在上卦，完全靠自己掌握命運的，那是金字塔的塔尖，是少數，而且一定要過四爻那一關，對大多數人來講四爻是一個很難逾越的關口，往往在這時就面臨「剝」的局面。

換句話說，在《易經》來說，我們可以「自昭明德」，自己開創命運，靠著自己「晉如」，並且面對「摧如、愁如」，一直到「眾允，悔亡」，任何人都可以，只要你努力，中間即使有很多困難，但是你可以突破。可是到第四爻那一關，那是「鼫鼠關」，業障深重，欲望強烈，很多人在那裡就敗下陣來。第四爻這一關就是想不通、看不破，結果上不去。所以說「三分天意，七分人事」，裡面還是有一些命定的，大多數人就攻不下這個難關。想要進入五爻，要突破第四爻的關口就要懂得觀卦法門，要「觀我生」，才能夠邁過四爻到五爻。大部分人在四爻都敗下陣來，理論上眾生都可以成佛，但真能成佛的是眾生的幾千億分之一。爻就是實際告訴我們可以到哪裡，哪些東西會越來越難，如果有特殊的機緣，就有可能超越「鼫鼠」關，要不然還在「鼫鼠」的籠罩範圍內。

占卦實例2：廿一世紀前十年臺灣的整體運勢

一九九九年十一月下旬，跨世紀將至，我問台灣未來十年的整體運勢如何？得出晉卦三、四爻動，「九四」值宜變成剝卦，兩爻齊變成艮卦。晉卦如日東升，企盼上進。「六三」爻辭稱：「眾允，悔亡。」然而「九四」爻辭稱：「晉如鼫鼠，貞厲。」高官阻擋，不得如願。剝卦卦辭：「不利有攸往。」資源大量流失，成長近乎停滯。「遇晉之剝之艮」，真是令人扼腕！此占完全應驗，臺灣足足失落了十年。

前八年陳水扁當政，貪腐喪盡民心，二〇〇八年其年運為晉卦「九四」爻動成剝卦，二〇〇九年亦然，充分體現了卸任後貪瀆治罪的情勢，領導人如此，當然拖垮國運。

黑暗之心——明夷卦第三十六（䷣）

最深沉痛苦的卦

日出的晉卦之後是日落、黑暗的明夷卦，這是很自然的由盛轉衰、由光明到黑暗的輪替過程。明夷卦是六十四卦中最痛苦的卦，這種痛苦很深沉，而且近乎絕望的漫長，處在這樣的環境中，需要相當的忍耐力，不是短時間就可以紓解的。明夷卦就是這樣一個把人生種種諸如內心的痛苦或周遭的黑暗描繪得很深刻的卦。我們在晉卦一章中就講過，夷是受傷的意思，而且傷得很重。從卦象上看，光明一旦受傷，光明就無從發出，只能藏在下卦，隱藏在內心。

明夷卦明入地中的象跟晉卦的明出地上剛好是一個對照。從外卦、內卦來看，明夷卦的內心很清楚，光明被收斂起來，但是絕對不會放出來，因為外卦是坤，要忍耐、柔順對待，不會直接跟不利的黑暗環境起衝突。光明整個收斂起來，外面是順從的象，這就是明夷卦的特性；代表在亂世痛苦黑暗的時代採取自保的手段，有點像韜光養晦。在明夷卦的〈大象傳〉、〈彖傳〉還有爻辭裡面，都有「晦」的象，就是黑暗。

另外，「夷」字也代表文化程度不高，夷狄之族就是文化程度不高的民族，在孔子寫的《春秋》中就很強調夷、夏之分。「夏」是華夏，整個中原比較先進的文化象徵，春秋時代的管仲，向齊桓公提出尊王攘夷的主張，就代表王道跟夷道是有差別的。在明夷卦中，夷是文明的墜落，光明被夷平，形勢很嚴峻。這裡的夷就有平的意思。在明末清初的時候，知識分子讀到《易經》明夷卦，就有深深的國破家亡之痛，總覺得一個過去看不起的東北蠻夷——女真人，那麼少的人口居然把這麼大的一個漢民族建立的明朝帝國給滅了，心裡就有百般痛苦，覺得華夏文明沉淪；尤其是清軍入關之後，要平定天下，剛開始也用了一些比較殘酷的手段，如「嘉定三屠」、「揚州十日」等，給老百姓帶來深深的痛苦，造成一種時代的創傷。此時的文明沉淪了，找不到出路，如長夜漫漫。鄭成功就是在明夷的痛苦中據守臺灣一隅，試圖反清復明，恢復大明江山。以當代或者後代的眼光來看，反清復明到最後純屬虛妄，再到後來清朝也結束了，統治時間也沒有超過明朝。恢復明朝的旗幟雖然在清初此起彼伏，但清朝初年的君王勵精圖治，都很英明，漸漸地也挽回了民心。不像明朝從明成祖、明宣宗之後就沒有一個好皇帝，大多昏庸腐朽。

從長遠歷史的合理性來看，明朝的滅亡是天經地義的；但是不管怎麼講，明夷就代表著時代的悲痛，所以那個時候有三個很有名的遺老——顧炎武、黃宗羲、王夫之，也是跟《易經》的淵源很深的。王夫之著有《船山易傳》，這個湖南人堅韌不拔，在反清復明的時代過去之後，回到鄉下，不食清黍，把全部心思完全用在學術上，幾乎將所有的經典都注了一遍。而黃宗羲、顧炎武亦標榜自己是明朝的遺臣，終身抱「明夷之痛」，絕對不跟清朝合作。黃宗羲的《明夷待訪錄》就直接從明夷卦的典故而來，剛好又影射了明朝的滅亡。

箕子與文王

我們在講否卦的時候就提到過，《尚書》「洪範九疇」的作者箕子裝瘋賣傻，熬過了那個痛苦的時代，沒有遭受紂王迫害，最後把「洪範九疇」這一治國平天下的重要思想口授給周武王。箕子的行為完全是為了保存文明，而不是站在改朝換代的觀點，所以他能夠在最痛苦的明夷時代，為了洪範大法的傳承而活下來。政權可以淪亡，但是文明不可以淪亡，他把這一大法傳給武王之後，便隱居到今天的朝鮮一帶，據說今天在朝鮮還有箕子的墓。明夷卦中也有箕子那個時代的故事，周文王姬昌、周武王姬發伐紂的故事就是明夷卦的劇本。

這一劇本具有永恒的意義。任何一個時代在沒落時期往往會出現昏君或暴君，新興勢力勢必要串聯各方面的力量起來革命。這樣的歷史在中國古代社會往往重演，所以這樣的事情可以作為明夷卦的經典素材，來探討這個時代明夷的原因，然後再讓黑暗轉成光明。箕子在當時萬分痛苦的情況下堅持活下來，沒有其他道路可選，只有裝瘋賣傻。在商紂時期，他如果不這樣做，就會像比干一樣剖心而死。或者他可以選擇逃亡，但是他決定留下來，要等待新的朝代到來，把自己保留下來的智慧傳承下去；然後他就出國了，不想留在這個令人傷心的昔日故國，只有乘桴浮於海，遠遁他鄉。這就是明夷卦的故事。這一故事剛好跟《易經》的作者之一周文王因緣很深。《周易》也可以說是革命的學問，一個時代的大行動可以靠《易經》的智慧推翻暴政，建立新朝。

我在坎卦一章中說過，坎卦就是文王的故事，歷盡人生的險關考驗；而箕子經歷的是明夷卦椎心泣血的痛苦。在六十四卦中，明夷卦和坎卦這兩個卦都跟《周易》的重要作者之一周文王那個時代的故事有關。這些故事如果不具有代表性，是不會放在這樣的經典中的，幾千年後這些故事依然有其永恒的教訓。

坎卦第四爻是政治犯很痛苦的象，任何一個政治犯都可以從坎卦第四爻跟第五爻的關係得到一些啟示，所以坎卦雖然跟周文王的關係很深，但它是隱名的，沒有凸顯個人。這可能也是因為經典跟史書不一樣，史書要存真，經書就不需要了，盡可能不提個人，只需把共通的原則講出來。明夷卦則不然，在君位的第五爻直接點出箕子：「箕子之明夷，利貞。」箕子不是紂王，也不是商朝末代的君主，他怎麼能佔據這個君位呢？黃宗羲寫《明夷待訪錄》是在明朝滅亡的時候，他的感覺跟箕子作為一個殷末遺老的痛苦應該是差不多，就只差裝瘋賣傻了。他也想學箕子這個大賢「待訪」，可是沒有辦法，明朝滅亡了，他又不願意仕宦清朝，因為自己一肚子學問，心中卻又覺得應該為文化的長遠發展留下一些東西，於是就有了《明夷待訪錄》這部書。在當時來看，這部書提出反對君主專制、提倡民權是很有震撼力的，對於清末推動辛亥革命也有思想啟迪之功；只是對後來的民主社會來說已經不是什麼新鮮調子了。而且就學術的角度來說，王夫之的作品又比他深厚多了。

在〈彖傳〉中不但點名了箕子，還點名了文王。這兩者雖屬敵對陣營，但是兩人在那個時代都是「難兄難弟」，文王是被政治迫害，就像坎卦，要吃大兒子的肉醬；箕子則被自己的至親、昏暴的君主紂王所迫害。他們分別在最痛苦、最黑暗、近乎絕望的時代中，堅持內心的信念；用各種不同的應對方法，硬是在那種情況下挺了下來，而且都贏得了最後的勝利。文王讓兒子武王完成了除暴安良、改朝換代的大事。箕子所隸屬的殷王朝雖然結束了，但是他為後世留下了「洪範大法」這一偉大的政治遺產，然後自己遠遁他鄉。作為一個活的文化載體，對於後世的朝鮮文化發展來說，他是一個偉大的先驅者。雖然箕子到朝鮮之後，詳細的歷史記載沒有了，但他如今在朝鮮人的心目中，地位無可比擬。

在《易經》中同時出現兩個古代先賢，這是很少見的。晉卦中的康侯雖然確有其人，可是大家對文王、紂王、箕子的熟悉度遠遠超過康侯。所以康侯只是一個象徵，甚至只是代表富強康樂的時代，其分量遠遠不能與明夷卦中直接講箕子、文王可比。經文裡面仍然沒有提到文王，只是爻辭裡面有提到箕子，說明還是很隱諱；可是〈彖傳〉把兩者都提了出來，這一點就很有意思。這樣一來，傳統的講法說伏羲畫八卦之後文王重卦變成六十四卦，完全是白癡的說法。因為夏朝的《易經》——《連山易》、商朝的《易經》——《歸藏易》就已經是六十四卦了。另外，從〈繫辭下傳〉第二章「制器尚象」的十三個文明發展的卦來說，第一卦是離卦，還可以說是八卦，有網罟之象，下面的都是六劃卦；但是有些人依然認為是文王重卦，那麼從伏羲到文王三千年中間的人都是呆子嗎？三千多年的易學史是空白的？所以文王不可能重卦，至於說文王寫卦辭，這倒是不無可能，不過文王也絕對不是第一個，不然怎麼會有夏朝的《易經》和商朝的《易經》呢？但是他可以改寫，依據自己的經驗，加上兒子周公的輔助，到最後寫就《周易》，取代夏、商兩代的《易經》卦爻辭。這一點就像倉頡造字，他只是集大成而已，而不是無中生有一下子造那麼多字出來；前面一定有漫長的過程，源遠流長至最後集大成而進行規範化的處埋。

當然，《易經》的發展到最後離不開孔子的功勞，孔子贊易則是進入了所謂的〈易傳〉時代。如果說文王跟寫卦爻辭多少有一些關聯的話，那這個人真的是很謙虛；明夷卦、坎卦都是他親身經歷的，他沒把自己寫進去，只有在〈易傳〉中被孔子點名之後，我們才知道隱藏的男主角不只有箕子，還有一個文王。文王只提了敵對陣營一個可敬的角色——箕子，連紂王都沒有提。但是大家都知道第六爻就是紂王的角色，是如何地讓人失望，而在箕子的痛苦中，我們也可以找到文王的影子，雖然他完全把自己隱藏起來，直到〈彖傳〉才提出這一對受苦受難的「兄弟」。

這一點跟歷史上的文王形象是很接近的。我們常說人心不古，像周文王怎麼講都是歷史上正面的角色，諸如《詩經》、《尚書》、《中庸》、《大學》都在歌頌他，孔子也很佩服他，而且把文王當成文化的象徵。文王是在坎卦中受過歷練的人，也是在明夷卦中受過最大痛苦的人，但他絕對不是浮躁張揚，喜歡凸顯自己，完全是「遯世无悶，不見是而无悶。樂則行之，憂則違之，確乎其不可拔」。因此，千秋萬世有熬過明夷卦這種痛苦的人物，我們要從明夷卦裡面去琢磨，文王如是，箕子亦如是。

另外，明夷卦和晉卦一樣都是遊魂卦，身心非常不安定，明夷卦是坎宮的遊魂卦，用京房八宮卦來講，周文王大概就在坎宮中打轉了。坎卦是本卦，可見坎的遊魂卦——明夷卦多痛苦，無法安身立命，此生不知魂歸何處。

明夷卦卦辭

䷣

明夷。利艱貞。

明夷卦卦辭就只有三個字：「利艱貞。」大概痛苦的時代中，人講話都沒有力氣，只能講要點，而且充滿了無奈。處在明夷的時代，能怎麼辦呢？況且又是從晉卦變成明夷卦，日出到日落，落差太大，簡直讓人受不了。人到這個時候往往充滿深層的無力感，凡是籠罩在明夷的大環境中，普遍都充滿了無力感，只能互相發發牢騷，誰也沒有辦法。就像紂王那個時候，只有他一個人說了算，連箕子這些至親都沒有用，勸說者反而會給自己招來殺身之禍。

歷史上記載，夏朝末年，夏桀的暴虐使得老百姓民不聊生，那時老百姓只能藉童謠來洩憤：「時日曷喪？吾與汝偕亡。」」老百姓以太陽來比喻桀，就像商紂王認為自己是太陽，一直高高在上控制一切。這個太陽不滅的話，老百姓就永遠沒有翻身的希望，在禱告他死的同時，也會選擇同歸於盡，拚死也要把暴君拉下馬。這就是明夷卦的背景，禍國殃民的君主使得百姓痛苦不堪。在明夷的時代，在最艱難困苦的環境下，唯一的辦法就是咬牙苦撐，不能輕舉妄動。因為那種黑暗的勢力是根深蒂固的，硬碰硬反受其害，所以你一定要忍，還要串聯其他人，盡量整合資源，這些行動有時還得在暗中部署進行，這也是明夷的手段。不顯山露水，藉著黑暗的掩護，做好剷除禍源的斬首佈局，這就需要韜光養晦，暗中秘密進行。所以明夷卦雖然是黑暗的年代，但黑的好處就是作為被壓迫者也可以不聲不響做種種把黑暗變成光明的佈局和努力，也就是我們常說的地下活動。這也是明夷卦告訴我們在黑暗時代的自保存身之道；要利用明夷的特色，淡看諸多不順眼的現象，還要忍受椎心泣血的痛苦，面對重重阻礙要想辦法去化解，要咬牙挺住，這就是卦辭的「艱」。

在「艱」的情況下不能輕舉妄動，還要「貞」；要固守正道，做人做事的大原則不能因為這個黑暗的時代而扭曲，或者與黑暗隨波逐流，甚至助桀為惡、助紂為虐。在黑暗的時代，要堅持行正道，面臨的一定是很淒慘的局面，尤其是明夷的時代，很多小人當道，在一個生存空間非常狹窄的情況下，一定要把持自己內心的信念和原則，不輕舉妄動就可以利於艱難之中。這是唯一的辦法，換句話說，要有超人的忍耐力。

這就是整個明夷卦的總原則，只有短短的「利艱貞」三個字。就像人在最痛苦最絕望的時候，只能少講話，不惹是非，心中知道該怎麼做就好，多言無益。這一點有點像否卦的谷底「六三」，只有「包羞」二字。

「利艱貞」在兩個卦的關鍵爻辭中也出現過。換句話說，在經文的時代，不管是卦辭還是爻辭，「利艱貞」這三個字就代表人生不好混，很辛苦。哪兩個爻呢？一是大畜卦（䷙）的「九三」，「良馬逐，利艱貞，日閑輿衛，利有攸往。」一個人假定有某種才具也受了很多的訓練，對自己就要嚴格，不能放縱、驕傲。大畜卦的第三爻想要承擔那麼大的責任，還得「利艱貞」、「日閑輿衛」，要邁過高的門檻，必須每天練，一點都不能放鬆。二是噬嗑卦（䷔）最辛苦的第四爻「九四」，在叢林法則的弱肉強食鬥爭中最艱苦的爻，也是需要「利艱貞」，不然一點機會都沒有；有時「利艱貞」的都不一定贏，而不「利艱貞」則絕對是死路一條。在那種環境下，權、錢等種種勢力的鬥爭，你必須「利艱貞」，才可能有最後的狹路相逢勇者勝，挺到最後的人才有可能取得勝利；至於如何取得最後的勝利，則是不足為外人道也。這是政治鬥爭，是典型的叢林法則，勝負很重要，有時候必須不擇手段。「利艱貞」之難，在上述兩個卦中無論如何只是其中的一個爻，別的爻則不見得這麼難，可是明夷卦全卦都得利艱貞，這就非同小可了，絕對不輕鬆。

積不善之家，必有餘殃

明夷卦造成的後遺症是無盡的傷痛或者禍國殃民的混亂社會，這種黑暗的社會並不會因為明夷卦的結束而結束，有時黑暗會持續的，有餘殃，就像坤卦中所說的「積不善之家，必有餘殃」。用佛教的講法就是業力流轉，沒有完全消除，會禍延子孫，業力永隨身。也就是說，就算明夷的時代過去了，還是有後遺症，傷痛的積習還會繼續下去。所以明夷卦後面就會造成家人卦變成睽、蹇、解等卦。

明夷卦的後遺症不除，就會造成家人睽違。這三個卦的卦辭很巧合，都只有三個字。明夷卦是「利艱貞」，家人卦（䷤）則是「利女貞」，睽卦（䷥）卻是「小事吉」，看來大事不吉，不然下面也不會蹇。所以連著這三個卦辭都有氣無力，「利艱貞」似乎是男人沒了希望，因為下面就是「利女貞」；其後則是大事不可能辦成，就只能「小事吉」。連著三個卦，卦辭總共才九個字，這是說明要擺脫一些業障沒有那麼容易，造了業要消哪有那麼容易？尤其是「共業」。

「利艱貞」表示明夷卦很傷心，其實從卦象上看，外卦坤是肚子，內卦是離代表心火，像心的跳動。明夷卦六爻全變的錯卦是訟卦（䷅），非常的不祥和，抗爭、紛爭不斷。錯卦一個是相反的意思，一個是觸類旁通的意思。明夷卦裡面有大量訟卦的象，外面容忍不直接跟你抗爭，而是暗地裡就把你弄掉了，一切都在暗中進行。

明夷卦〈彖傳〉

〈彖〉曰：明入地中，明夷。內文明而外柔順，以蒙大難，文王以之。利艱貞，晦其明也。內難而能正其志，箕子以之。

「明入地中，明夷。」這裡說的是卦象，光明藏入地中，也就是太陽下山了。「內文明而外柔順，以蒙大難，文王以之。利艱貞，晦其明也。內難而能正其志，箕子以之。」這裡舉出兩個代表性的人物，一個是殷商陣營，一個是周民族的陣營，他們都處在明夷之中。一個在朝歌，在殷都，靠裝瘋賣傻過活；一個關在朝歌旁邊的羑里城，在監獄裡度日。兩個代表性人物都在痛苦中。

「文王以之」，怎麼度過明夷的大難？「以」就是因、用、及，這個字意義很豐富。因為大難當頭的環境，他不得不面對，運用這一環境求得生機，運用之後產生效果了，還要給它推廣，就像「富以其鄰」一樣。這就是「及」，擴大效益了，兼顧他人，影響周邊很多人，以及影響整個時代。文王和箕子都是大難當頭，承受深重的苦難，既然處在這樣的環境中，逃避、抱怨都沒有用，只有面對並且想辦法化解。所以「以」的因就產生了「用」的智慧、「用」的思考，然後發揮效用，還要把它推廣。自覺覺人，自度度人，這就是「文王以之」、「箕子以之」，他們在明夷的情況下，沒有逃避，最後都得到大成功。

「內文明而外柔順」是韜光養晦的象，其實明夷卦就是韜光養晦的象，但是文王與箕子還是略有不同。內卦是離，離是文明的象，心知肚明，心裡清楚得很，可是外面不能表現，必須柔順，留得青山在，不怕沒柴燒。硬碰硬這種無謂的犧牲毫無意義，留待有用之身，箕子如是，文王亦如是。文王就是「內文明」，君王以莫須有的罪名把他關起來，有什麼辦法呢？兒子被宰了做成肉醬，自己也得吃下去。這就是忍；心裡很清楚，但是不能表現出來，因為形勢比人強，所以內文明而外柔順。從明夷卦的卦象來看就演繹出這樣的對策。「以蒙大難」，這樣子才能承受大難。在明夷的時候是黑暗的，搞不清楚何去何從，「蒙」如同蒙卦（䷃），外面艮阻出不去，內有險陷。到底怎麼辦呢？「蒙」就是不知道怎麼辦，所以文王當年的處境如烏雲蓋頂，但他懂得用「內文明」和「外柔順」來「蒙大難」。

那麼，箕子光用這一招還不行，從某一個角度來講，他的痛苦可能比文王更深一層，因為家門不幸。在內心深處，他當然不希望殷朝滅亡，畢竟他是國君的兄弟，但是紂王暴虐，他沒有辦法，他更痛苦。所以〈彖傳〉的作者就把「利艱貞」安到了箕子身上，箕子裝瘋賣傻苦撐過那個痛苦的時代，這樣他未來可能還有機會實現他心中的想法。「晦其明也」，「晦」是動詞，即裝糊塗，也是韜光養晦，明明是「明」的，偏要裝成「不明白」。在歷史上靠裝瘋賣傻讓人家放下戒心而躲過災難的，這種事情太多了。而這種「偽裝」是很難的，不能說、不能寫、不能講，還要裝得讓人家放鬆戒備，這種「晦其明」的手段完全把自己內心的真實意圖掩藏起來，就像我們今天說的失心瘋、老年癡呆、弱智。

「內難而能正其志」，注意，這就是跟文王不一樣的地方。文王與紂王是老闆跟高幹的關係，只是姻親，就是泰卦「帝乙歸妹」式的政治聯姻，但是在政治災難面前不發揮效力。箕子則不然，他跟紂王是至親，是純粹的家門不幸，是典型的「內難」。立場不一樣，文王說不推翻紂王，但是他可以讓兒子去推翻；但箕子能篡兄弟的位嗎？勸說不聽，逃避責任或勾結外人裡應外合傾覆這個政權，這也是敗德，他最後只有超越政權想到文化；朝代可以滅亡，但文明不能亡，天下不能亡。所以他要活下來，不自殺也不逃遁，這就特別難，也最痛苦。他能怎麼辦呢？只能「正其志」，也就是「貞」，在最艱困的環境下咬牙挺住，為了內心的信念而活下去。「箕子以之」，他就用這一套過了明夷關。

我們可以這麼講，箕子是「公司派」，文王是「市場派」。文王想辦法佈局買委託書或者找白手套，然後發動外界力量接收這家公司。箕子則是大股東，但是他不負直接經營責任，負經營責任的人在敗家，他只能乾看著，也不能借用外力把公司經營權拿到手，就像箕子並沒有跟周文王的陣營通任何信息一樣。這一種痛苦我們要去體會，即不能失去立場，「內難而能正其志」，歷代以來，在權力場很多的裡應外合者不就是沒有演好箕子的角色嗎？最後可能的榮華富貴也不會長久，像吳三桂最後就亡於三藩之亂。所以箕子沒有去敗江山，是紂王自毀長城，箕子難能可貴的就是在這裡。

明夷卦〈大象傳〉

〈大象〉曰：明入地中，明夷。君子以蒞眾，用晦而明。

「明入地中，明夷。」這在〈彖傳〉中同樣出現，不過〈大象傳〉是先寫的，後來者反而居上了。明夷卦的〈大象傳〉的智慧很值得學習，和鄭板橋的「難得糊塗」如出一轍。該裝糊塗的時候不要精明外露，惹人反感又不能把事情做成。有些人喜歡把別人的過錯、缺失、弱點研究得很清楚，就是不研究自己的過錯。用高標準甚至用聖人的標準去要求別人，對自己都有寬容的藉口，這就完蛋了。明夷卦〈大象傳〉針對的就是這種情況。也就是說，人，尤其是領導人，不要精明過人，精明過人會讓所有幫你做事的人很難過，因為人都有弱點，你拚命去誇張他的弱點而刺痛他，他怎麼能做好事呢？況且你自己還有一身的毛病沒有看到呢。

我們都知道，〈大象傳〉是以修德為主要目標，而〈彖傳〉是教我們如何成功；一個立德，一個立功。從立德的角度來講，晉卦與明夷卦，一個日出，一個日落；一個光明，一個黑暗；一個上進，一個墮落，其實講得很清楚。怎麼運用呢？像晉卦的「自昭明德」，對自己的過錯要改，像顏回一樣，「有不善未嘗不知，知之未嘗復行也」。可見，「自昭明德」不容易，完全要靠自己，要律己甚嚴。明夷卦是寬以待人，對自己也是嚴格得不得了。聰明人懂得不斷地改過，提升自己，「終日乾乾，夕惕若，厲无咎」；可是對於別人就不要用那麼高的標準去要求了，尤其在社會上形形色色的人都有，否則會讓人離心離德。懂得寬容別人性格上的弱點或者無心之過，才不會導致難以預測的後果。

其實，乾卦的「自強不息」很像晉卦的「自昭明德」，對自己嚴格得不得了，對別人則是坤卦的「厚德載物」。明夷卦也是如此，明明知道人家的過錯，好像假裝沒看到。這是待人處事很重要的方法，最怕一天到晚批評別人。作為老闆、主管或領導，這一點很重要，天天像閉路電視一樣在那裡監控別人，誰受得了？沒有人會心服的。要像明夷卦〈大象傳〉所說的「君子以蒞眾，用晦而明」，也就是寬以待人。

「蒞眾」即面對群眾，每個人都有弱點，教育程度也不一樣，不要老挑他們的毛病；而領導群眾要「用晦而明」；「而」是能夠的意思，想要有光明的結果，就得裝糊塗、韜光養晦。做人有時候渾一點好，明明知道對方的缺失，但是寬厚一點，有些小毛病又有什麼關係呢？這就是面對部屬的缺點、過失，心知肚明也不拿來做文章，不拿來作為控制部屬的把柄，這樣的體諒、寬容反而效果更好。

這就是明夷卦修德的運用，裝瘋賣傻、裝糊塗不也是如此嗎？何必瞪大眼睛老看人家的毛病呢？所以領導人在「自昭明德」的同時，對待群眾要寬容，要「用晦而明」，不必那麼苛刻。水清無大魚，你可以要求自己清，可是太清了，有才華的大魚是不會來的。一汪池水那麼清，不能渾水摸魚，誰要來？進來一些小蝦、小魚不能成大事，有才華的「大魚」通常都有一些毛病，貪財的、好色的、好名的，有些人還很難相處，但領導者要包羅萬有，用其長，忍其短，「用晦而明」，這樣人家才肯為你所用，幫你治國平天下，幫你做超高的業績。如果你拿一個聖人的標準去要求他，哪有這種人？

這就是晉卦與明夷卦一體的兩面，嚴以律己，寬以待人。這是很高的領導統馭技術，以前的皇帝也是如此。尤其是皇帝的冕旒，前面垂下來的一些珠子就是「用晦而明」，這就要求他看下面臣子的毛病模模糊糊，看得不太清楚。在朝廷議事的時候，在公領域中，大家共同合作，不要貪污瀆職就好。至於下班之後幹什麼，每個人都有休閒生活、私領域，那就不需要研究那麼透徹。看人不要看得太清楚，差不多就好了。如果用顯微鏡看美女，人都會嚇死的，何必呢？慈禧太后的垂簾聽政也有一個好處，就是神秘感，她看人不清楚，臣子看她也不太清楚；大家就這麼朦朦朧朧，不會像刺蝟一樣抵撞。董仲舒的《春秋繁露》這一書名就是帝王學的典故，在帝王的冕旒前掛上很多珠子，「大德不逾閑，小德出入可也」，大家湊合湊合，相安無事，皆大歡喜。像六祖惠能就說「常自見己過」，真正修道的人根本看不到別人的錯，一天到晚就研究自己的問題。有些人自己毛病一堆，卻一天到晚研究別人的小道消息、緋聞，張家長李家短，搬弄是非。這就是人性的弱點，就像孔子說的「群居終日，言不及義，好行小慧，難矣哉」。「常自見己過」就是晉卦與明夷卦的〈大象傳〉真義，這才叫真正的領導統馭，這樣的老闆大家都願意替他做事。

明夷之心與天地之心

在講明夷卦具體的爻之前，我們要注意「明夷之心」的概念。像我們以前講復卦時就說過，一念之間可能走火入魔，也可能立地成佛。復卦是「見天地之心」，回歸真理，但是它的第三爻「頻復」，走偏的頻率高了就有可能粉身碎骨。而復卦（䷗）第三爻的爻變恰恰就是明夷卦。換句話說，一念之差佛變魔，天地之心的復卦變成黑暗之心的明夷卦。而明夷卦的第三爻爻變就是立地成佛、棄暗投明、剷除暴政的復卦，武王伐紂就是這個爻。不但自己打透黑暗走向光明，也讓眾生離開黑暗的折磨進入光明的世界，這就是明夷卦「九三」的爻變。第三爻一旦發揮效力，就有可能撂下屠刀立地成佛。一念之間可以為佛、可以為魔，可見，表現在復卦的人位三爻跟明夷卦的人位三爻非常重要，不管是個人修行、集體修行還是處於社會的領導人，這個爻是關鍵。

在復卦的時候能不能保持得住，不讓光明的「天地之心」變成黑暗的「明夷之心」；在明夷的時候如何善用「九三」出手的時機，由「明夷之心」變成「天地之心」，這些都是考驗。「明夷之心」這個詞雖然並不是出現在第三爻，而是出現在第四爻，但是不管第三爻想要剷除的黑暗禍源病灶之所在，還是「六四」要離棄的、拒絕與它合作的「明夷之心」，其實都是明夷卦的「上六」。「九三」跟「上六」相應與，針鋒相對，「九三」就是要除掉「上六」。「上六」就是「明夷之心」，它高高在上籠罩全局，所有的光明全部被他罩住了，不除掉「上六」這個黑暗的禍源，下面的五個爻都沒有機會。「明夷之心」雖然寫在第四爻，第四爻針對的也是第六爻，但主要的發動點還是「九三」。

復卦講「見天地之心」，主要就是講初爻的元陽，那麼「天地之心」跟「明夷之心」的關係是怎樣的呢？「天地之心」猶如金剛心、如來心、在明明德、良知良能。「明夷之心」是什麼「心」？古今中外的人都出現過這種狀況，人怎麼會明夷、糊塗以致殘暴、昏昧呢？一定是某些地方出了狀況，使個人或組織陷入蒙昧而帶來無邊的黑暗。那麼這個惡的根源是什麼？那就要對「明夷之心」做研究了。

英國作家約瑟夫・康拉德（Joseph Conrad, 1857-1924）曾寫過一本名為《黑暗之心》的小說，充滿了象徵性，就是探討人性是如何變壞的。但是要探討人內心的黑暗並不容易，所以他就用一條充滿了象徵神秘、風險的非洲的船逆流而上去探溯河流的源頭。表面上看主人公是在探險，其實他真正的目的是在探討人心的黑暗面，探尋人性惡的源頭。那一本小說因為寫得很不錯，引起許多人的共鳴，後來就改編成以越戰為背景的電影，即《現代啟示錄》。影片中，美軍的英雄上校後來完全變成了一個殺人魔王，就是復卦變成了明夷卦。因為充滿殺戮的戰場讓一個人由戰功彪炳的英雄，變成一個據山為王的殺人魔王。這部電影的劇情也是逆流而上去完成任務，但是整個思考的歷程就像我們人心的探險一樣，魔性的根源也就是「明夷之心」。

當我們看到明夷的現象時，不要大驚小怪，要知道這種現象絕對不好去除。首先要知己知彼，要深入了解，你才有可能根除。人的身體也是一樣，要治癒一些複雜的疾病，就要找到病源或病灶所在。如果病灶或病源沒有解決，只做一些枝節的處理，疾病還是會復發甚至變本加厲。

明夷卦的六個爻，可謂是受苦受難的六個爻，受苦難的人最後徹底覺醒，然後串聯整合、群策群力，最後集結起一股力量，把「明夷之心」推翻，重獲光明。所以人生碰到任何形式的明夷時，這六個爻的承乘應與或者種種資源串聯，所用的智慧是很值得學習的。前面我們強調了「明夷之心」和「天地之心」的戲劇性轉換，這也和《尚書》上的話有很大的相似之處，那就是「惟聖罔念作狂，惟狂克念作聖」，成聖成賢或喪心病狂，完全在於你的一念之間是正念還是妄念。

斬首的概念與天災人禍的根源

對於明夷卦，我們一定要找到什麼是關鍵因素，什麼是最佳的出手時機，也就是斬首的概念。在明夷卦中要剷除「上六」的明夷之心，最後出手主要靠「九三」。「九三」爻變是復卦，卦中卦三、四、五、六爻也是復卦；「九三」正是復卦的天地之心，用「天地之心」去剷除「明夷之心」的「上六」正合適。

如果「九三」是復的希望、唯一力量，它要斬妖除魔的對手就是「上六」的「明夷之心」。「上六」在卦中卦復卦中，也正是復卦的上爻。上爻「迷復，凶」，走迷路了，「有災眚」，引動天災人禍，然後還不好對付，「用行師，終有大敗，以其國君凶，至于十年不克征」。

佛降魔在這裡就統統表現出來了，地獄中的希望就是「九三」，「上六」是最關鍵的因素。擒賊要擒王，只要對「上六」進行斬首，主要矛盾就解決了。像大畜卦的君位，領導人如果能夠自己處理最好，不然就是別人來處理。面對一頭野豬，野性難馴，牠的獠牙不知傷害多少人；與其去處理它的獠牙，還不如把野豬的陽根斷掉，讓野公豬變成溫柔的「太監豬」。假定第五爻不剪斷那個塵根，遲早還會出事，因為它是領導的位置。這也是斬首的觀念，所以一定要抓到主要的矛盾所在。但是難就難在這裡，什麼是最主要的，當事人並不清楚。如果只盯著處理一些枝節問題，禍害或病根永遠不會消除。所以明夷卦的第三爻、大畜卦的第五爻，還有離卦上爻的「有嘉折首」，都是如此。這三個爻雖然是在不同卦的情境中，但都要有這種認識，才能選擇最恰當的時機剷除禍害。做事情是不是高手就在於他懂不懂得抓最重要的問題來處理；有些人很忙很累，終日乾乾，但是盡處理一些細微末節，往往忽視關鍵性的因素，導致災禍頻仍。占卦也是一樣，「大衍之術」的「天地之數五十有五」就是要找主要的變爻，因為那個宜變的爻位是最關鍵的爻，發揮的能量也最大。一個有智慧的決策者就會抓住關鍵點，關鍵部分一處理完，十之八九就可搞定大局，其他的末節慢慢收拾，甚至不處理都可以。

保護文明的智慧

前文一直強調明夷卦中人的心智一點都不糊塗，只是因為外面的形勢太險惡，所以大家都學會了外卦坤的順勢用柔保住內心隱藏的光明，就像火種保留在地底下一樣。這就是明夷的象，也是保護文明的智慧。

可見，在黑暗的時代，外卦坤的順勢用柔很有用處。在逆境時對我們有用的東西要保留好，暗藏妥當。內卦如果是震，是生命的主宰，在逆境時就要把它深藏在地底下，讓它不受到外面的干擾。所以復卦要「至日閉關」，震卦所象徵的東西深藏在地底下躲過剝卦的浩劫，等待時機再復。

那下卦是離呢？就是人類的文明。要保存文明，像箕子要保存古代傳承下來的政治大智慧——《洪範九疇》，他寧願在紂王時代裝瘋賣傻，等到改朝換代時，再把深藏的離卦所象徵的文明獻給周武王。不管是代表文明的離卦還是代表生命的震卦，從這個角度講，明夷卦跟復卦都責任重大。一個是不讓生命物種斷掉，一個是不讓文明的種子斷掉。而外卦坤肚大能容，順勢用柔、厚德載物、含弘光大。正如〈文言傳〉所說的「天地變化草木蕃，天地閉，賢人隱。」在「賢人隱」的時候，一定要有歸藏的技術。所以殷商的《易經》是以坤卦掛帥，不能拿出來用，要找一個地方藏起來，即坤卦的智慧。用坤的媽媽來保護震的長男就是復卦；保護離的中女就是明夷卦。他們苦心孤詣就是為了要保存生命的種子與文明的智慧，即使自己在外面受一些委屈也沒有關係。「內難而能正其志」、「內文明而外柔順」都是如此，不管別人能否理解，只要盡到了保護香火、保存物種的責任，歷史永遠都不會忘記他們。正如《大戴禮記》中記載，孔子見老子時，老子對孔子說：「良賈深藏若虛，君子盛德若愚。」一個會做生意的富商大賈，懂得深藏不露，好像沒有一樣。

這樣的保存責任，一些不明就裡的人看不懂或者誤解，都沒有關係。老子說：「古之善為道者，微妙玄通，深不可識。」善於追求真理的人，本來就有很深層的考量，外面覺得看不懂很正常，這都是有責任、有智慧的人做的事情。

明夷卦六爻詳述

上爻：政治獨夫

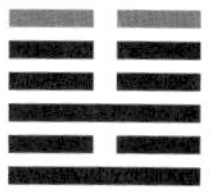

上六。不明，晦。初登于天，後入于地。

〈小象〉曰：初登于天，照四國也；後入于地，失則也。

明夷卦的六個爻，我們先講上爻，因為這是禍首、禍源所在，也是禍國殃民的中心、時代黑暗的中心，先把它找出來再說。「不明，晦。」「上六」本身就是一切黑暗的中心，所以「不明」，太不明智了，看什麼事情都看不清楚。「晦」就是黑暗，而且是黑暗的深淵中心。人在那個時候往往失去判斷力，可是又偏偏掌大權，使得整個社會陷入一片黑暗，那就要命了。

「上六」怎麼會變得如此可怕、如此黑暗呢？我們研究它的過去就更感慨了，它的過去曾經很光明，只是現在墮落於黑暗：「初登于天，後入于地。」日出之後日落，是由晉卦到明夷卦；從一片清新、一個社會都冀望的明星「初登于天」，達到了晉卦的巔峰，如日中天，所以大家把他捧得好高。可是一旦到達金字塔的頂端，也沒躲過人性的弱點，就在權勢中墮落了，結果變得越來越昏聵，甚至變成被大家改革的對象。由原來的革命者，有理想的革命者，變成現在的反革命，大家都要推倒他。這就是「後入于地」。我們觀察時代的盛衰、觀察人性善惡的變遷，這是常有的事。先登到天堂，後則快速墜落到地獄。他的聲望「初登于天」，大家都仰望，最後民意支持大量流失，像歐巴馬就是如此。很多國家不論大國、小國，新選上來的總統剛開始都是「初登于天」，民意支持把他們捧上來了；後來發現他達不到民眾所希望的目標，沒能力，執行力差，後來都「後入于地」；而且淘汰的週期率，由晉卦到明夷卦都是快得不得了。而明夷時代的麻煩深且重，不是吹牛就可以解決的。

〈小象傳〉說：「初登于天，照四國也。」「四國」，是天下的共主，「大人以繼明照于四方」就是「照四國」。也就是說，崛起之初大家對他的期望很高，剛開始就是「照四國」的氣勢，可是「後入于地」，表現的落差太大，實在兜不住了，結果整個掉下來，這是因為「失則也」造成的。「則」是大原則，「則」的失去，就是因為沒有遵守自然的法則。整部《易經》最後就是在探討「則」，外面是千變萬化的現象，但是後面有永恒不變的法則，作為領導人一定要體會、掌握運用，才能夠撥亂反正，把事情處理好，贏得廣土眾民的支持。要是失去了「則」，像紂王一樣「亢龍有悔」，失去了民心支持，就會變成獨夫、壟斷的寡頭；變成一個權慾薰心的食利者，其結果當然就是「明夷，誅也」。孟子說：「聞誅一夫紂也，未聞弒君也。」一旦變成了全民公敵，勢必要剷除。「上六」的失敗、由盛轉衰，就是因為「失則也」。明夷卦第二爻就是「順以則也」，順著規律辦事情，馬上從痛苦的狀況中安頓下來。這裡就有一個強烈的對照，二爻因為「順則」，所以目前無論他怎麼痛苦，都會好轉；上爻就是因為「失則」，不管他得意多久，最終一定身敗名裂；就像「初登于天，後入于地」一樣，因果就這麼簡單。

在《孟子》一書中就提出，大禹在「失則」這一點上「罪孽」深重，雖然大禹治水有大功，但是私心要老命；孟子說「至於禹而德衰，不傳於賢而傳於子」。華夏文明從禹王開始整個德就衰了，因為「家天下」的緣故。像之前的堯沒有把大位傳給兒子，而是傳給了舜，還把兩個寶貝女兒嫁給了他；舜也是如此，傳位於跟他沒有任何關係的禹，但是舜就找錯接班人了。如果假定「至於禹而德衰」，責任是誰的？舜難辭其咎，說明他的眼光有問題，幫未來的天下挑了這樣一個繼任者，而且影響那麼深遠。從這一點上看，舜有沒有責任？有責任。所以人談何容易，很容易犯錯，有心之過、無心之過都難免。換句話說，堯、舜都有一點半吊子，一個是一半的公一半的私（堯把大位傳給女婿），一個本身是孝順的標準，但識人不明。至於堯、舜後來的帝王就更不用講了，像夏桀、商紂就成了罪惡的元首，初登天，後入地。

「上六」爻變是山火賁（䷕），這樣的一個禍害外面還看不出來，金玉其外，敗絮其中。山火賁者，官樣文章也，色相俱全，一旦剝開，則不是那麼回事。況且賁卦也不能夠挽救淪亡，其後面就是剝卦（䷖），馬上還原真相，所有化妝的脂粉都會往下掉。可是一般人沒有洞察的智慧，只看到外表就覺得了不得，其實已經「後入于地」，很多人還覺得是「初登于天」，就是不能夠識破魔的真相，被魔的假象給騙住，愚夫愚婦們於是跟著搖旗吶喊，被魔所奴役，助紂為虐。

另外，「上六」這個爻按理說應該是「明夷」的爻，但沒有在文字上點出來，這又是不言之象了。明夷卦是大家都痛苦的，就這個爻不痛苦。「上六」的爻辭中沒有「明夷」這兩個字，其實是其他五個爻都深受他的痛苦，其他五個爻的爻辭中都有「明夷」。「初九」「明夷于飛」，一開始就痛苦，二爻掉到了痛苦的深淵，三爻「明夷」於南狩，下卦簡直是民不聊生。民間的三個爻當頭都是「明夷」，都是「上六」給的痛苦；「上六」卻一點都不痛苦，它把它的快樂建立在別人的痛苦身上。第四爻呢？「獲明夷之心」。第五爻呢？「箕子之明夷」，那是特殊的痛苦，家門不幸。

明夷卦下面五個爻全部痛苦不堪，誰帶來的？「上六」。這就不公平了，是剷除這個禍害，還是拘泥於不可以誅——「聞誅一夫紂也，未聞弒君也」？從這個角度講，伯夷、叔齊不食周黍，純粹是腦筋不開通，壞的時代為什麼要延續，不讓新的時代取代它呢？豈有此理！

「上六」本身不痛苦，是散播痛苦的，爻辭中沒有明夷之象，這就給我們很大的啟示。「上六」看起來很難對付，可是他沒有一個真正的朋友，稍微去用心串聯，他就是眾叛親離，連身邊的箕子這一類的皇親國戚都反對他，但敢怒不敢言，只能裝瘋賣傻。下卦是飽受「上六」欺壓的老百姓，他們把這五個爻統統串聯起來，還對付不了「上六」嗎？這就是明夷卦背後的真相。有時候一個很強的黑暗勢力，好像千年不倒，一旦仔細分析，我們會發現其實不然，受痛苦的人是大多數，而製造痛苦的人是孤立的，這就是關鍵。把這個關鍵抓到，盡量爭取「同人」共同反抗，共同剷除這個上爻。這就是下面五個爻整合的力量。

初爻：民間苦楚

初九。明夷于飛，垂其翼。君子于行，三日不食。有攸往，主人有言。

〈小象〉曰：君子于行，義不食也。

明夷之初的第一爻，正值民不聊生，而且爻辭超長，痛苦真是訴說不盡。這種老百姓的痛苦，尤其是古代君主專制時代改朝換代的時候更甚。元曲〈山坡羊．潼關懷古〉就道盡其中的苦楚：「峰巒如聚，波濤如怒，山河表裡潼關路。望西都，意踟躕，傷心秦漢經行處，宮闕萬間都作了土。興，百姓苦；亡，百姓苦。」歷代的興亡，不管是這一家天下結束，還是那一家天下起來，都是老百姓倒楣；舊的王朝已經把百姓壓榨得一塌糊塗，而新的王朝讓百姓剛過幾天好日子，卻又換了新的剝削層。所以一家起來、一家下去於老百姓何干呢？老百姓真正的好日子依然很短，難怪百姓對於統治集團的興亡輪替很少感興趣；因為「興，百姓苦；亡，百姓苦」。老百姓被拿來當興亡的炮灰，到頭來還是苦。這就是明夷卦初爻的象，民間累積的痛苦訴說不完。

正因為覺得這種痛苦講清楚很不容易，於是作者用《詩經》的筆調寫爻辭傳達基層的痛苦民怨。首先是「明夷于飛」，當頭這個「明夷」來得真不是時候，在晉卦的最後一爻「晉其角」，人們正在積極擴張、大步前進的時候，突然環境產生了劇烈的變化，遭受重挫，整個摔下來。這就是正想高飛的時候突遇雷電、暴風雨，不可能再維持原來的航向往高處飛了；因為環境變了，變成了明夷卦，而且越來越黑暗。

初爻在正是要往上的時候，改成了往下。在振翅高飛的時候明夷了，壯志未酬，馬上就得修整，要存活就得轉趨低調，絕對不能按照晉卦的既定步驟繼續下去。沒辦法，只有「垂其翼」，看有什麼安全的地方可以降落。這種鳥類的生活習性在明夷卦還不是很明顯，到小過卦（䷽）就淋漓盡致了。「可小事，不可大事……不宜上，宜下」，絕對不能往上飛，再委屈都得迫降，求得安全之後，再療傷止痛，收斂那沒有完成的夢想。最好改弦更張，轉入地下。就像青春小鳥正想飛，天氣突變了，或者太陽要下山了，只好垂其翼，找一個安全的地方，哪還敢趁夜飛啊！

「于飛」一詞在《詩經》中就出現過，像「鳳凰于飛」，這是很美的境界。「于飛」本來就是雌雄結伴飛，古代對於男女歡愛也說「共效于飛之樂」。但是這裡是「明夷于飛」，你倒楣，我也倒楣，倒楣成一團了；正如俗話說的「貧賤夫妻百事哀」，都是一頭的灰。怎麼辦呢？誰也沒有辦法幫誰了，統統「垂其翼」。這就是用鳥在天空中垂翼的象，描述地上奔波忙碌的人為了解決生存問題，求助無門，經常遭白眼被拒絕的辛酸。

「君子于行」，一個有智慧、德行的人，碰到這麼壞的環境，不能束手待斃，要想辦法在明夷中解決他的生存問題，所以一定要出門跑一跑生計之道，必須天天忙碌奔波在道路上。「三日不食」，三天都滴米未進，真是好可憐。這就代表資源已經匱乏，民不聊生到饑餓難耐，假定你是老闆，員工已經三個月發不出薪水，那你要想辦法解決問題，就得向銀行求援，銀行要是不肯借錢，可能要找黑道借高利貸。「三日不食」的局面是很嚴重的，三天不吃要死人的。所以不得不出來到處求借，打躬作揖，這就是君子為什麼到處跑的原因。大家一起挨餓的日子苦不可言，一定要面對現實解決問題，而且要確定目標，這就是「有攸往」。確定了目標，就根據既定的目標去求援。這種情況下，也是考驗人情冷暖的時候。

「主人有言」，他是「主」，你是「客」，你有求於主，他可能還有一些實力，也許可以幫你忙，但是他願不願意幫就難說了。不願意幫的，一種是直接拒絕或者閃開；一種是好像幫你忙，但是態度不大好，有批評、有嘲諷，讓人很難接受，聽在心中就像刀割一樣。但是關係生存問題的「三日不食」太嚴重了，初爻為了生存，受不了也得受，誰叫他是主人，你不是主人呢？你命中注定是要到處跑。所以我們面對這個爻要深思，人生很多大小事情，逆境中要維持自尊心是很不容易的。

〈小象傳〉說：「君子于行，義不食也。」別人沒得吃，你要幫他去找吃的，這是天經地義的。在這麼痛苦的時代，三天吃不到一頓好飯，是常有的事情，所以我們就要面對現實，要有現實感。這個爻爻變為謙卦（䷎），要想有好的結果，這個時候一定要謙恭、柔順，自己已經問題那麼大了，還擺得出那副氣焰很盛的樣子嗎？在人屋簷下不能不低頭，為了生存只能這樣。古代的勾踐臥薪嘗膽、韓信受胯下之辱、張良三撿草鞋，還有日本的德川家康負重致遠，都是很懂得什麼時候要忍，用謙而又謙的方式，心平氣和，受盡磨難才有成功的一天。所以要有謙的心態才能度過這個爻，要是沒有心平氣和的謙虛，這一關你怎麼過呢？

三日不食——明夷卦君位無君

「三日不食」也是一個典故，在周朝以前就有的。明夷卦初爻代表所有的老百姓，老百姓不要說三日不食，一日都得三食，怎麼會這麼反常呢？三天好像都不能正式吃一頓飯，什麼樣的事情會使他們這樣？國君薨逝、天子駕崩。有些人如果家有親人過世，有時真的是哀痛逾恒，三日不食，吃不下飯，那是發自自然的情感。而君王死是國喪，全國要服喪。這就是以前的一種習氣，從老百姓到民間每個地方，有的是真的悲傷，如喪考妣；有的沒有悲傷，也得三天不能吃正式的飯，用以表示他守著哀痛的禮。

在《禮記》中明文規定，「三日不食」是國君喪亡，貫徹到民間都得三日不食。其實這就是在罵人，是象徵的筆法，什麼意思呢？為什麼「初九」民間會出現「三日不食」的象？因為國君沒死跟死了一樣，他沒有盡到國君的責任，反而禍國殃民，民眾只有詛咒他快快死亡。所以「初九」就像辦喪事一樣，國君使得老百姓哀莫大於心死，國君在老百姓眼裡就算活著也是行屍走肉，如此一來，明夷卦就有特色了，它不承認明夷的時代有夠資格的領導人，所以明夷卦無君，君位是講箕子，皇親國戚也受痛苦。真正的領袖已經失心瘋，《易經》把他打到了「亢龍有悔」的位置，是獨夫，天下人人得而誅之。這就叫「春秋筆法」，也是《易經》的微言大義。

五爻：星星之火

六五。箕子之明夷，利貞。

〈小象〉曰：箕子之貞，明不可息也。

第五爻比較簡單了，上面講過，第五爻就是一個假的君位，不是真的君位。因為君位已經往上挪了一格，「六五」也是身受「上六」之害的。箕子這個角色出來了，〈彖傳〉說其「內難而能正其志，箕子以之。」「箕子之明夷，利貞。」很簡單，「利貞」就是呼應明夷卦的卦辭，這是箕子的痛苦，跟一般的明夷還不一樣，箕子不願跟紂王同歸於盡，住這麼高的位置，面對特殊的家門不幸，「內難而能正其志」。人如果處於箕子的那種痛苦環境中，位高且精神痛苦不堪，必須貞才有利。

〈小象傳〉解釋這個爻就很清楚了：「箕子之貞，明不可息也。」這個爻也是啟發人很深刻的，無邊的黑暗中好像只有一支蠟燭的光，幾乎是絕望的黑暗世界。一根蠟燭有什麼用？有時不知道有多少萬支蠟燭的光亮都是黑的，所以人一旦遇到實力懸殊的時候，稍微軟弱一點，面對漫長的黑暗，一般人可能就會放棄。心火由此熄滅，全部黑暗了，沒機會光明。也就是說，圍繞紂王的核心可能全黑了，只有箕子心裡還明白，那他還有燈塔的效應，要護住光明，就得留著最後的香火。

這個爻爻變為水火既濟（䷾），最後利涉大川，渡彼岸成功。從「明夷」到「既濟」，就是因為對星星之火的堅持，沒有讓它熄滅，盡到它的責任，最後居然可以燎原，「既濟」彼岸。箕子是不是真的「既濟」了？真的「既濟」了，他最後成功了，紂王失敗了。最後的成功者度過了難關，學佛的都很熟悉這一點，《六祖壇經》上就說過：「一燈能除千年暗，一智能破萬年愚。」不要覺得個人力量很微薄，其實只要堅持下去，黑暗遲早會過去的，整個光明來臨時，你就可以功成身退了。

明夷的「六二」、「九三」、「六四」之間的關係說明

明夷卦還剩三個爻，第二、三、四爻的爻辭長度差不多，都是受苦受難的命。那麼面對共同的命運，他們應該怎麼辦呢？「六二」跟「九三」是可以合作的，它們都是下卦民間被壓抑的離卦光明主流；「六二」中正，剛好是下卦離的中心，如果整體環境好，它可以說是如日中天。可是現在是明夷卦，有志難伸，再大的才華都得受壓抑。

「九三」是拚命三郎，要除暴安良，化暗為明，去掉「上六」這個本是相應與卻針鋒相對的位置。一般的相應與是可以合作的，但在明夷卦中是勢不兩立的，「九三」就是「上六」唯一可能的剋星，是結束「上六」黑暗唯一的希望。如武王伐紂，「上六」是紂王，「九三」就是武王。如果照傳統的講法，「六二」就是文王，利用在監獄中參透《易經》的智慧，作為革命的指導理念，然後陰承陽、柔承剛，為下一代「九三」出手剷除「上六」打好基礎。「九三」是行動派，行動的思

想理論指導就是「六二」；因為「六二」就是智慧中心，好的智慧跟強力的行動結合，才可能把「上六」解決掉。那麼，「初六」的處境就大大的不好，它是主要的受苦對象，要到處去求援，在饑餓邊緣掙扎。「六二」利用自己天然的優勢，就可以為「九三」出點子、立謀劃，使得「九三」可以選擇最恰當的時機出手，才有可能終結「上六」。

這就是「六二」和「九三」的關係，大致是如此。那「六四」呢？「六四」是屬於上卦，不屬於下卦揭竿起義的團隊，不過，「六四」雖然不是「六五」那般皇親國戚尊貴的身份，但也是執政的官僚集團，更清楚「上六」是怎麼回事，當然不願意助紂為虐，所以「上六」和「六四」一樣也是離心離德。「六四」的離心離德是背叛領導，「上六」則是眾叛親離。所以對下卦來說，想要以革命取而代之「上六」，「六四」這一陣營是絕對值得爭取的，尤其作為皇親國戚的「六五」箕子也在受苦，爭取過來，大家就可以合力讓「上六」孤立。

「九三」出手，「六二」提供智慧，「六四」是爭取的陣營，「六五」則被「上六」拋棄，保持中立。「上六」眾叛親離，變成全民公敵，使得「國人皆曰可殺，而後殺之」。可見，「九三」主打、「六二」輔助的這麼一個革命團體，一定要懂得運用分化、爭取敵對陣營的「六四」、「六五」，至少像箕子那樣保持中立，這樣打擊「上六」才有絕大的民意支持。武王伐紂的時候，紂王的實力其實是相當大的，史書記載周武王的軍隊大概四萬五千人，紂王的軍隊人數遠遠超過，有絕對的數量優勢，可是紂王離心離德，陣前倒戈的更不在少數，而武王是集結天下不滿的諸侯，萬眾一心就可以擊潰他。可見，惡勢力很強、資源眾多，可能是一個假象，其內部的很多人都不是那個想法，可以爭取他們倒戈，倒戈一擊，就可以不戰而潰。

因為「上六」不得人心，所以面對這種政治集團，我們要學會整合運用其內部的矛盾，以小博大、以弱擊強、以寡擊眾都是要選擇時機、運用謀略，盡量爭取敵對陣營倒戈，尤其是「六四」這種掌握執政資源的官僚集團。第一是爭取這些人主動倒戈，就像施琅被康熙運用，吳三桂被多爾袞運用，對於局勢的扭轉相當重要。第二是利用這些人做間諜，及時通報內部情況，在第一時間就可以掌握「上六」的動態。可見，二、三、四爻好比一個裡應外合的團隊，當然，「六五」並沒有加入，但是他也不會去幫助「上六」，而是潔身自好。「初九」依然在受苦，無力出頭，正是因為初爻受苦，所以二、三、四這種精英才要結合去推翻「上六」，既有軍事戰，又有謀略戰、間諜戰，最後才可以把「上六」推翻。

三爻：救民於水火

九三。明夷于南狩，得其大首，不可疾，貞。

〈小象〉曰：南狩之志，乃大得也。

三個爻的關係已說明，我們心裡也有了底，對於進一步了解具體的爻就不再困難了。我們先看「九三」。「九三」是下卦離的巔峰——光明之至。「明夷于南狩」，「狩」是狩獵，南是南方，南面為王；在舊社會的時代，南面一直很重要，從天子的行在一直到縣衙，都希望是坐北朝南，因為北方陰寒，所以最好是背對著它，然後面向光明、溫暖的南方。這既有文化的意思，也有氣候的影響，坐北朝南利於採光，也避開了寒風。而離卦屬南方，這是根據後天八卦而來。先天八卦中，乾卦為南方，代表天道，坤卦為北方，代表地道，由先天八卦的「體」啟後天八卦的「用」；運用到人世，則是離卦南面為王，坎卦北面稱臣。我們追求的是乾卦代表的天道和離卦代表的文明、光明。中國的八卦方位跟西方的地圖正好是相反的，這裡面是有文化內涵的，南方在上，乾卦代表的天理、離卦代表的文明在上面，我們要去追求，當然要往上。

現在是明夷的時代，南方是光明方，舊的領導人完全沒有給我們溫暖光明，「九三」就是捨我其誰的革命者，要還給老百姓光明，救民於水火，撥亂反正。所以要去狩獵，也就是革命。革命的目的就是要換人稱王，把「上六」拉下來，然後找一個能夠提供民眾光明的新領導人上來，那中間一定要經過一個獵殺的過程，所以革命也稱狩獵。滅獨夫、誅獨夫的過程有如狩獵，南面為王才可以取代。這就是「南狩」。

另外，離卦本身是網罟之象，打獵也是用獵網，「九三」就是運用民間織出來的憤懣之氣的天羅地網去網住「上六」，讓他無處可逃。「狩獵」的對象是「上六」，目的當然是「得其大首」。為什麼要講狩獵呢？除了南方的意思，也是一個偽裝。因為打獵可以掩蓋軍事突襲行動的事實，對外宣稱是去打獵，就像軍事演習可隨時轉成實際的作戰一樣。在明夷卦這麼黑暗的時代，要掩護自己真正的戰略企圖，欺敵是很有必要的。為什麼不乾脆就揭竿起義呢？因為那樣沒有成功的把握，就會失去革命的效果，況且是在明夷的時代，「九三」也是高壓力下的一員，他必須小心，必須偽裝，秘密行動的勝算更大。可見，「明夷于南狩」也是偽裝，是「用晦而明」的象，敵方很難偵測。

狩獵在古代具有重大意義，不僅僅是軍事意圖，有時還是很重要的權謀運用手段。明夷卦第三爻「南狩」就是如此。孔老夫子寫的《春秋》最後以「西狩獲麟」絕筆，打獵捕獲麒麟，充滿了象徵的張力跟意涵。「西狩獲麟」什麼意思?在古代,麟是一個祥瑞的象徵,是仁獸,不殺生的,好時代才會出現麟,《春秋》最後以「獲麟」絕筆,就是革命大義,意味著要剷除世襲專制,因為那是時代的病源。「西狩」與「南狩」的行動者截然不同,捕獲麒麟的不是任何貴族,而是一個身份低賤的貧民,為貴族趕車的車夫,意思就是說一般平民老百姓都可以打到像麒麟這樣的仁義之獸,那不是「群龍無首」,人人皆有士君子之行?這正是「首出庶物,萬國咸寧」的時代。誰說只有貴族,只有既得利益者才可以去得大位?「西狩獲麟」,一個車夫逮到麒麟,孔子認為這個意義太大了,《春秋》到此就絕筆。

中國儒釋道的思想,很多東西在最高的地方是相通的,像「群龍無首」就如同「三世諸佛」,佛不是一個,眾生都可以成佛,人人都可以為堯舜,佛是複數,不是單數。而西方的上帝絕對是單數,眾生再怎麼樣也不可能變成上帝;但是眾生可以成佛、成聖賢,這就是很大的差異。諸佛說明不是只有釋迦牟尼佛,還有異軍突起的阿彌陀佛等。佛與佛之間也不嫉妒,還互相推薦,據說觀音菩薩是古佛,為了救苦救難,寧願降格變成菩薩,所以說他是古佛乘願再來,變成觀音菩薩來協助阿彌陀佛,然後他跟釋迦牟尼佛還有緣分,因為釋迦牟尼這一世成佛,前世不知道修了多久,還曾是忍辱仙人等才成佛。在他前世還未成佛的時候,觀音古佛就做過釋迦牟尼前世的老師。可見,佛不止一個,是不是群龍?

我們回到第三爻,還有下一段。「得其大首」,就是斬首的概念。「大首」就是「上六」,就像專諸刺僚、荊軻刺秦王,還有武王伐紂,一定要「得其大首」,得到了,就是掩護成功,在該出手的最佳時機出手。也就是整合「六四」,借助「六二」,了解「初九」的「民困」,知道

「六五」的實際政治懷抱，「九三」在這種情況下出手，就可以「得其大首」，但是「不可疾」。這就告訴我們這種事情絕對不可以操之過急，操之過急會功虧一簣、前功盡棄，時機不對或者錯失了就會遺恨千古。荊軻刺秦王沒成功，這大概也是天意，屬於「不可疾」。想把一件事情辦妥，不知道要繞多少圈，像復卦的螺旋形一樣。「明夷」就是要「復」，哪裡有直線能夠成功的？「疾」就是像箭一樣直，使事情一步到位；這就難免操之過急或者沒有拿捏好時機，不懂得迂迴，不懂得該忍的時候忍，有絕對把握再出手。如果疾了，那就是一個毛病，有可能功虧一簣，沒有第二次機會出手。因為「九三」是要「復」的，第三爻爻變就是復卦（䷗）。復卦卦辭稱：「出入无疾，朋來无咎。反復其道，七日來復，利有攸往。」這個道理完全是貫通的，既然要「復」，就不能犯「疾」的毛病；出也好、入也好，都得「无疾」。就像身體沒有了病才能復原一樣，求快求速、輕舉妄動都會敗事。這就是「九三」的處境，不能夠急著出手，要「貞」，要固守等待時機。

〈小象傳〉說：「南狩之志，乃大得也。」「乃」是艱難轉折之象，不是走直線，是迂迴再迂迴，等到最恰當的時機再出手，最後「大得」。爻一變就是地雷復，見「天地之心」。荊軻刺秦王失敗，後面還有張良找大力士拿了個大鐵錐殺秦皇，卻誤中副車。因此，沒有絕對把握的時候不要出手，在明夷卦的時代，大多數的行動是地下的，機會往往只有一次，乾坤一擊須選最恰當時機，該出手時再出手。「九三」也是卦中卦復卦的初爻，爻變也是復，而且還是二、三、四、五、上爻構成的卦中卦師卦（䷆）第二爻。師卦中的大將，是伐紂戰爭的第二爻、復卦的第一爻，可見其角色之重要，更加不能輕舉妄動。所以占到這個卦象先別做定論，一定要按照爻辭的說法做，才有機會「復見天地之心」。

二爻：強強結合

䷣

六二。明夷，夷于左股，用拯馬壯，吉。

〈小象〉曰：六二之吉，順以則也。

我們看明夷卦的第二爻怎樣支持「九三」。在明夷卦中，「六二」同是天涯淪落人，而且他中正，再有智慧也是痛苦，因為這是全民的痛苦。「夷于左股」，左邊的大腿受了重傷，要逃難都是跑在後頭。所以這個人就懂得用智慧，既然自己的行動力受限，大難當頭時一定要找好代步工具，這就是「用拯馬壯」。找一匹很壯的馬來拯救我，跳到那匹壯馬上，我用智慧指揮它行走。那匹壯馬是誰？就是行動派「九三」。「六二」是金頭腦，要自救一定要找能拯救你的對象，像初爻去找主人，主人就不見得願意拯救他，而且「主人有言」。「六二」跟「九三」就沒有問題，「九三」需要他提供智慧，「六二」因為本身是陰爻，需要一個陽爻結合，藉著「九三」來行動，他們的結合就是思想跟實踐的結合，就變成一個可以推翻「上六」的堅強團隊。「六二」本身行動力受限，找「九三」這匹壯馬，就可以完全從左腿受傷導致的行動力受限得到拯救，結果當然「吉」。

〈小象傳〉說：「六二之吉，順以則也。」「上六」失敗，是因為「失則也」。「六二」就懂得順應自然規律，順勢用柔，尋找行動強的勢力。像孫臏最後贏了龐涓，他是坐輪椅的，實際掛帥的田忌都得聽他的，這就是人懂得彌補自己的缺憾。在患難的時代一定要懂得合作，懂得資源互補的規律。「失則」的「上六」就完全是孤家寡人一個，「六二」就懂得團隊的合作，受傷也可以轉危為安。所以「六二」爻一變就是「地天泰」（䷊），在明夷卦那麼痛苦、絕望的情況下，因為他做對了，找到了一匹壯馬，一點事情都沒有。但是泰卦的「九二」想要有好結果，就有很多條件；否則就很有可能變成明夷卦，真的是「初登于天，後入于地」。所以《易經》的教訓真的是太深刻了，就像三歲看老一樣，可以看到「初登于天，後入于地」的結果。一個「失則」，一個「順以則」，只有順應天道辦事，才有可能成功；失去了這個「則」，僥倖猖獗於一時，非失敗不可，最後等著下地獄吧。

另外還有一個問題，這匹壯馬從哪裡來？就是從晉卦的小馬來的，「康侯用錫馬蕃庶，晝日三接。」找了一匹種子馬，基因血統都很優良，結果康侯還讓它交配，生成小馬，小馬在一個比較好的時代，好好地呵護它，給它最好的教養，到明夷卦時小馬已經變成壯馬，壯馬就可以發揮救苦救難的功能。馬又代表人的心，在明夷卦這麼傷心、痛苦的環境中，什麼最重要？堅強的心最重要，心強壯的人才會如如不動，通過考驗。這都是長期培養的結果，要是沒有長期訓練，到明夷卦的時候非垮不可，嚇都嚇死了。渙卦（䷺）初爻也叫「用拯馬壯」，在精神渙散、信仰迷失的時候，就要加強信心，希望壯馬來救你。一旦聽到你的求援，他就來了，那是誰？觀世音。觀世音是聞聲救苦，而且來得很快，「渙奔其机，悔亡」。

四爻：打入核心，出入自如

䷣

六四。入于左腹，獲明夷之心，于出門庭。

〈小象〉曰：入于左腹，獲心意也。

第四爻是「入于左腹」，古代以右為上，可是明夷卦都用「左」，這也代表時代的黑暗，很多事情都是「左」的；屬於旁門左道，莫名其妙一場混亂，連怎麼受傷的都不知道。所以第二爻說「夷于左股」，沒有說「夷于右股」；還有第四爻「入于左腹」，不說「入于右腹」。「六四」要進入執政高層，在黑暗的集團中，可能是裙帶關係，可能是私人關係；也可能是心有叵測派進來臥底，是帶槍投靠的；反正都不是光明磊落的，都不見得合乎資格。可是偏偏要打入心腹階層，才能參贊機要，就和我們剛才講的用間也是一樣。這就叫「入于左腹」，為什麼是肚子的象呢？上卦是坤，坤就是肚子，而且心腹跟股肱不同，股肱是手腳在外面幫著做事的，心腹是中樞的決策機構。所以二爻是「夷于左股」，是輔助「九三」的；四爻「入于左腹」，打入到核心的決策集團。

「獲明夷之心」，打入集團後被視為心腹。有很多事業垮掉，就是因為心腹是間諜。像戰爭時期，有時軍事會議剛開完，戰略決策第一時間對手就知道了，這就是間諜起的作用。「六四」的運用就是間諜戰，因為光靠下卦推翻上卦並不容易，一定要獲取更多的情報，提前佈局，讓對方防不勝防。另外還要爭取失意政客，獲得心腹陣營的暗中支持。這就是「入于左腹，獲明夷之心」，打入心腹地帶，才能完全掌握實情，利用這一核心的情報，就可以充分行動，直搗「明夷之心」——「上六」。如果不「入于左腹」，怎麼能「獲明夷之心」呢？

《孫子兵法》對於用間很重視，用間有五——有五種間諜，即鄉間、內間、反間、生間、死間。前三種可能本來是敵方的人，轉化為我方所用。可是有兩種不是，都是我方派去的。一種是生間，最後大搖大擺地「于出門庭」，從對方的門庭之中脫身，還得到「明夷之心」的核心情報，這就是三爻、四爻的合作。《孫子兵法》說：「生間者，反報也。」就是「六四」的「于出門庭」。

生間是要活著回來的，價值無窮，訓練起來也不容易。另外一種是「死間」，時刻準備犧牲的，犧牲小我，成全組織的大我，讓他提供假情報給對方，人家把他給幹掉，其實他就是去送死的；苦肉計也好，幹什麼也好，最後達到目的就行。那麼生間、死間是貼標籤的嗎？不一定，看任務而定。說不定上一次你光榮凱旋，下一次馬上變死間。得到最重要的東西還「于出門庭」，一定要有一套出入自如的方法，如入無人之境。得到我要的東西之後，要出來，沒有人能留住我，這就是本事，是真正的大間諜。

〈小象傳〉說：「入于左腹，獲心意也。」「心意」二字，「心」雖在前，但要先有意，下面才是心。這裡說的是只要對方有初步的徵兆，都能夠掌握，完全了解，所以「獲心意」；一個念頭剛剛萌芽就知道了，這就是「六四」的神通。但是前提是「入于左腹」，進入心腹地帶，才有辦法了解得這麼清楚。可見，「六四」的功勞是不可取代的，而且隨時有可能會犧牲。但是「不入虎穴，焉得虎子」，如果把明夷卦當成佛去降魔，那他一定要了解魔的心，就得去地獄，怎麼去？「入于左腹」，到魔的身邊了解魔的心而「獲心意」，最後「于出門庭」，他就知道怎麼對付了。這正是地藏菩薩「我不入地獄，誰入地獄」的意思。

「六四」爻變為豐卦（䷶），「六四」帶來的情報資料既豐富又精準，而且豐卦的外卦是震，內卦是離，代表光明；「明以動」，因為有了準確的情報資訊，所有的行動都有指導方向，才可創造「豐」的結果。如此看來，「六四」的角色有多重要，「六四」跟「九三」裡應外合，才得以有效快速打擊「上六」。我們都知道，所有的間諜工作就是兩種，一種爭取過來的，一種是自己培養塞進去的，一個叫拉出，一個叫打入；打入就是生間、死間；爭取過來的就是《孫子兵法》所說的前三種間諜，叫「拉出」。四爻兼備好幾種間諜的用途，「入于左腹」，打到核心；「獲明夷之心，于出門庭」，「獲心意也」，事事都搶佔先機。「九三」就知道要往哪裡打，斬首大獲成功。

占卦實例1：二〇〇〇年臺灣經濟形勢

二〇〇〇年臺灣的經濟形勢就是明夷卦變剝卦，卦象是明夷卦初爻、三爻、上爻動。明夷卦本身是痛苦無比的卦，「初九」民不聊生，「九三」代表的民間有「復」的機會，但是宜變的爻位落在明夷卦的「上六」，完蛋了，落在「明夷之心，不明晦」。所以雖然有「九三」，但是不足以抗衡得到能量加持的宜變爻位「上六」那個敗壞根源，於是「初九」就得受苦。那一年是跨世紀的選舉，也是臺灣地區政黨輪替的一次，這個卦象是一九九九年年底出來的，就已經是定數了。「上六」「不明晦」，因為那時處在跨世紀之交，不管新、舊都有這個因素在，這就要命了。臺灣經濟在二〇〇〇年的表現就是「初登于天，後入于地」，先盛後衰，而且很痛苦；那個痛苦的後遺症一直延續到後面，然後三爻齊變為剝卦（䷖）。其中還有代表行政的官樣文章在操作，因為「上六」單爻變是賁卦（䷕）的象，為了選舉、爭取選票，選前國民黨各種基金護盤就是一個假象，選後的民進黨變本加厲，大家的錢都丟進去創造一個榮景，其實那時全世界的經濟也不好。所以二〇〇一年臺灣出現第一次經濟負增長，這就是賁卦所代表的行政官僚有很多不當的干預，干預到自由市場經濟的規律，「失則也」。所以有很多投資者看不清楚，覺得前面是「初登于天」，沒想到「後入于地」，然後三爻齊變是剝卦。

之所以「剝」就是因為「明夷」，尤其是因為「明夷之心」而來，那一年臺灣經濟從剝卦代表的陰曆九月開始快速下滑，一直滑到第二年的谷底。明夷卦變剝卦，剝卦就是陰曆九月，連時間都有，「初登于天」跟「後入于地」的轉捩點都告訴你了。換句話說，如果當時的個人理財或者是宏觀經濟有很長的時間做準備，不被「初登于天」的榮景所騙，不就能避免被剝掉了嗎？

但是這個卦象可怕的地方在於，因為三個爻齊變，面臨的是「貞悔相爭」，可能明夷，可能剝，然而不管明夷還是剝，結果都不好。然後什麼時候剝，什麼時候由盛轉衰，時間就在陰曆九月。如果是明夷卦，從卦氣圖來看，還是陰曆九月，結果都很慘。

占卦實例2：生間李登輝

一九九四年八月初，我應邀入總統府與李登輝面晤兩小時，兩天後即在官邸授易。會面前我占測他往後的氣運，為明夷卦「六四」爻動，爻變為豐卦之象。「六四」爻辭稱：「入于左腹，獲明夷之心，于出門庭。」他的前途與他內心中真正的想法有關。明夷卦辭：「利艱貞。」〈大象傳〉稱：「君子以涖眾，用晦而明。」他一直反統偏獨的心意韜晦深藏，瞞過了大多數人，而獲致高位。掌權以後志得意滿，漸漸於言行間不大掩飾，而現出端倪，這就決定了他往後日趨黯淡的前程，退位後被逐出國民黨。近年來唱獨媚日之態更甚，以兵法而論，真是所謂「生間」，打入國民黨心腹要害，再從容逸出，百年老店莫奈他何！

占卦實例3：二〇一二年的世局

二〇一二年元旦，我作一年之計，問全球世局，為不變的明夷卦。日落昏黃，艱辛困苦，確實天災人禍不斷，民生凋蔽。明夷卦之後為家人卦，社會失業率高到前所未有的程度，年輕人找不到工作，只能回家靠父母。接著再問馬英九的年運，亦為不變的明夷卦。他自年初勝選連任後，幾乎無一順遂之事，臺灣經濟日暮途窮，政策推行不合時宜，又加之用人不當，黨職高幹被揭發貪汙受賄，凡此種種，都被罵到臭頭，民意支持掉到最低點。遙想二〇〇五當年，他的運勢為不變的晉卦，輕取國民黨黨主席，三年後當選總統。前後七年，由日出到日落，何以故？

占卦實例4：人生真有輪迴嗎？

二〇〇六年中，我的一位老學生占問人生有輪迴嗎？為明夷卦初、四爻動，「六四」值宜變為豐卦，兩爻齊變則有小過卦之象。明夷為坎宮遊魂卦，小過為兌宮遊魂卦，〈大象傳〉稱：「喪過乎哀。」豐卦〈彖傳〉稱：「天地盈虛，與時消息，而況于人乎？況于鬼神乎？」輪迴也者，正是魂出魂入。明夷「初九」爻辭：「明夷于飛，垂其翼。君子于行，三日不食，主人有言。」由晉入明夷，幽暗黃泉路上尋覓收容所，單爻變謙卦，也是道通天地人鬼神之象。「六四」與之相應，爻辭稱：「入于左腹，獲明夷之心，于出門庭。」一頭鑽入母腹投胎，前世種種業障隨身，十月結胎成熟後降生。明夷之後為家人卦，真應了佛教的說法，一世為親人者，都是前世的冤親債主啊！報恩的報恩，還債的還債，不好好相處不行。

「遇明夷之小過」，小過之前為中孚卦，正是孵育之象，幼雛破殼而出，成長後練習飛翔。眾生輪迴亦復如是，又開始新的生命，跌跌撞撞往前摸索。

齊家治國——家人卦第三十七（䷤）

《易經》的小周天——家人、睽、蹇、解

家人、睽、蹇、解這四個卦，在六十四卦中非常特殊，可謂是自成體系。我們可以說六十四卦是一個大周天，這四個卦就是個小周天，非常值得分析，對於徹底了解人情是怎麼回事相當有幫助。這四個卦對於回味過去的人生經驗講得很透，諸如內心的矛盾衝突交戰、人際相處時一些不和諧的場景；或者時間長久之後，我們又對親人、朋友有了更深刻的認識。

從表面上看，光看這四個卦的卦名，就大有感喟了。不管是血緣上的一家人，還是法統上有共同志向的同道，跟著來的就是睽違、反目成仇，這就可能因愛生恨、恩變成怨。恩恩怨怨，愛恨情仇，分分合合，就是家人（䷤）、睽（䷥）二卦的關係。「家人」後面是「睽」，而不是「睽」後面是「家人」，這就是很自然的規律，把古今中外所有人際相處的規律捉摸得很透，而且毫不迴避地告訴我們：人情不容易久長。親如一家人的關係累積到一段時間之後，很難不走到反目成仇，甚至終生不見面。這就是由「家人」入「睽」的必然性。

「睽」字從字面上來看就是反目的意思。小畜卦的「夫妻反目」，就是由「家人」入「睽」。那是一個很悶的環境，陰陽極不平衡，大家在夾縫中擠兌著過日子。「睽」是反目，它前面就是家人卦，很明顯就是家人反目。所以不要小看這兩個卦，它本身就一直在輪迴，人情的痛苦、恩怨的糾結，就像一個個漩渦，不容易跳脫。而且家人卦跟睽卦還不只是意味著從家人到睽的機率極高，他們根本就是一體相綜的卦，從家人變成睽，說明家人本身就充滿了未來睽的因子；累積到一定程度之後，大家警覺不夠，就會爆發。中國人很早就有這樣的感慨：「人無千日好，花無百日鮮。」你們再怎麼好，蜜月期超過三年就很困難，還會出問題，好不過一千天。換句話說，人要好好地交三年以上的朋友，要相處沒有任何問題，未來也還看好，還能穩定發展，這已經是造化了。那種在一起共事或者共同生活十年、二十年、三十年的照樣會睽。可是換另外一個角度來看，不管怎麼睽，還是一家人，所以說，「夫妻沒有隔夜仇，床頭吵架床尾和」。

睽當然是一種非常不和諧的人際關係，令人痛苦，覺得孤獨，但是他不是獨立的，是相對於家人才有的；大概是太接近了，後來就產生了家變、內鬥，以致離家出走或者離婚，關係變化形同陌路。我們要注意的是，如果一開始啥關係也沒有，大家見面就很客氣點點頭，那不叫睽；只有你曾經把對方的底都摸得很透了，熟悉得就像是一家人，有朝一日形同陌路，那才叫做睽。真正的「陌路人」那不叫睽，而是由最親近、最密切的關係變質了才叫「睽」。所以它們根本就分不開，而且有因果關係。

我們說睽是反目，從睽字的造型就可以看出來，《說文解字》稱：「睽，目不相聽也。」人與人之間感情的變化，心事全在眼裡，而眼睛是最不能說謊的；眼光會閃避，害怕自己感情受傷。反目也是這個意思。看了就難過，那就不要看。孟子講的「觀其眸子」都是經驗之談，只有小孩因為未曾涉世，跟什麼人都沒有什麼分別心，所以他敢直接看你，他的眼光就是「元亨利貞」的眼光；等到越長越大，就變成蒙卦的眼光，然後又有了心思，就開始閃避，開始鬥心機。

孟子講春秋戰國時期，善養浩然之氣的人就是「不目逃」。意思是有很多東西我們的眼睛是不敢直視的；甚至你也得看人，有些人你就敢直視；有些人你就不敢直視；尤其像睽的時候，你不敢面對這種因愛生恨的關係。「睽」字右邊為「癸」字，是十天干的最後一個，也代表你們之間的關係發展到了最後，通常已不可挽救。從含情脈脈的互相凝視，到不把對方看在眼裡，這種隔閡、尷尬，從他們的目光沒有交集，就流露出他們之間緣分將盡。但是睽卦通常還沒有徹底翻臉，只是同床異夢罷了。在眼光透露出彼此的關係呈現「癸」的末運，那就很難再挽回，大概要到法院攤牌解決了。

實質的關係已經沒有了，從眼光就可以觀察出來，彼此不再像家人了。我曾說過，家人卦是永恒的，它強調婦女角色的重要，所以卦辭講「利女貞」。只要家庭主婦正了，那是家庭中的靈魂，世界再怎麼變，家恐怕是很難變的，因為無女不成家，「家」字上面的寶蓋頭就是女性的象徵——女陰。在古代農業社會時期，「家」裡面一定要有一隻豬，豬就代表生活沒有問題，豬是以前的重要家產。家就像一個共同的屋頂，大家同在一個屋頂下生活，在以前農業社會豬所代表的那種溫暖、溫馨，永遠是家以外的人難以理解的。

但是家人後面就是睽，這是無可奈何的事情。睽了之後呢？就是蹇卦（䷦），這一鬧家變，變成怨偶之後，誰也佔不到便宜，每個人都動不了，都喪失了競爭力，寸步難行。我們看「蹇」字，上面就是寒冷的「寒」，下面是「足」，一股陰寒之氣直侵腳底，誰都走不動了。原先合作時一致對外，兄弟雖然有時鬩牆，平常會鬧點意見，但是一旦要共禦外侮，凝聚起來的力量就很強。一旦變成睽，力量就分散了，分散了就可能鷸蚌相爭，老漁翁得利。換句話說，睽之後對每個人都是兩敗俱傷，長久培養起來的默契，最後一分裂，彼此就變成了敵人。要說有多不利就有多不利。長期經營的關係一旦變成負面的盜寇，朋友變成敵人，那是非常可怕的。這和那種陌生的敵人還不一樣，陌生的敵人先要把你摸清楚，知己知彼要花好長的時間，還得實際交手才知強弱。要是不長期交往，知人知面不知心，有時候幾十年你也搞不清楚。換句話說，經營這麼久的同志關係、家人關係一旦破裂，因為系出同門，彼此的狀況都很清楚，要是變成冤家就很麻煩，如果他再跟外敵結合，那你就疲於應付了。為什麼很多公司會怕那種資深員工跳槽呢？因為公司裡面有形的、無形的，他都非常熟悉，如果他拉了隊伍反出去，幫助競爭者，你當然就非常慘，這也是一種形式的裡應外合。家人變睽對於人情關係來講，傷害是無以復加的，而且是正面的變成負面，過去在家人上所有的投資，現在就給你製造一個可怕的敵人。所以是一家人的時候，你就要想得比較遠，不能說我們是一家人，沒有問題，到時候都成問題了。那麼，是要有戒心，還是相處要有分寸呢？或者建立一定的家法呢？既然不能擔保永遠的花好月圓，有朝一日可能生變故，就要早做預防。

睽了之後是蹇，蹇卦外卦是坎險，有大河大江，過不去，內卦是艮卦，裡面還有很多的派系山頭，內部充滿了阻礙。所以「蹇」了一段時間誰都沒有出路，到後來大徹大悟，經過一段時間之後，形勢比人強，逼著他們又要和解，那就是解卦（䷧），要尋求和解，因為冤家宜解不宜結。但這需要很長一段時間才能平復下來，把「蹇」的問題徹底解決。

家人、睽、蹇、解——人情輪迴的遞變

家人、睽、蹇、解為什麼說是一個輪迴呢？因為在六十四卦中，這四個卦太特殊，睽卦（䷥）和蹇卦（䷦）是錯卦的變化，前面任何一組卦沒有這樣變的，但凡相綜或相錯的卦一定是單數接著雙數，絕對沒有前面一組跟後面一組相錯，只有睽卦到蹇卦是瞬間的人情劇變。從內到外一下子整個都變了。變了之後就動彈不得。家人變睽馬上就喪失行動力，統統不能動；而睽卦到蹇卦是瞬間劇變，第三十八卦睽卦跟第三十九卦蹇卦是瞬間劇變的錯卦關係，前面相綜相錯的卦中，哪有這種連接的？前面相綜、相錯的卦一定是單數連著雙數的卦，現在是前面雙數的卦跟後面單數的卦接在一起，這種人情關係的劇變真是高深莫測，整個局面也變得很艱難。

蹇卦是因為睽卦處置不當，大家意氣用事，以致覆水難收，破鏡難圓，局面進一步惡化而形成的。睽卦與蹇卦是六爻全變的錯卦關係，那麼解卦（䷧）跟家人卦（䷤）也是六爻全變的錯卦關係，這是一定的。因為蹇、解相綜，家人、睽相綜，睽、蹇相錯，家人卦跟解卦不相錯都不行。相錯的卦性質完全相反，不過還有相成，不然為什麼能夠和解呢？因為本來是一家人，家人卦跟解卦相錯，就因為有家人的基礎。一夜夫妻百日恩，難得的這種機緣，這一輩子居然會成為一家人長期相處，到時候就變成了跟解卦非常重要的關聯，這就是所謂的旁通關係（錯卦也叫旁通卦）。所以它們雖然是六爻全變，但是關聯度非常高，本就是一家人，床頭吵架床尾和，沒有隔夜仇。只要家人不是完全的歸零，那就還有和解的基礎，有朝一日會因為遇到「蹇」而回歸「家人」，慢慢和解。解卦就是建立在家人卦六爻全變互動、互通的基礎上。

就像兩岸關係，為什麼會慢慢往和解方面走呢？因為根本就是一家人，血緣、語言、風俗習慣都是同根同源。這就是家人、睽、蹇、解四卦本身相綜又夾雜相錯，自成一個體系，也就是人情的輪迴。如果當時是一家人，中間可能經過百年的睽、蹇，最後和解。為什麼當時要睽？睽了之後嘗盡蹇的挫折、痛苦、傷害呢？搞了半天又回到原點，大家都沒有發展。但是這一幕幕人情的演繹很難突破，一直在輪迴中。人就是七情六欲纏身，走得近了，時日久了，之後就會疏遠；疏遠之後就會「蹇」，「蹇」了分道揚鑣，然後又不知道會不會和解？有的和解了，卻是花了好大的力氣。說起來很簡單，但是大家都擺脫不了這個輪迴。

對於這四個卦的錯綜關係，而且是短時間內發生這麼多變故，很值得我們重視。下經從咸卦（䷞）開始，人皆有情，這就麻煩了，處理得不錯就想恒久，但沒有想到平常談戀愛的時候在一起約會吃飯很過癮，一旦天天在家吃飯就難過了。一到恒卦（䷟）的時候就出很多問題，後面就不敢面對，想逃避，然後就遯（䷠），接下來就是大壯（䷡）、晉（䷢）、明夷（䷣）的歡喜、痛苦，然後又是家人、睽、蹇、解的輪迴。下經這前十個卦，把人情剖析得非常深透。人情與生俱來，但是有時候造成的傷害、痛苦以及消耗，又是那麼嚴重，所以一定要有一些理性的節制，以及必要的冷靜斟酌。人生不能只有感性，一定要有理性、冷靜的計算，有些事情不能感情用事。損（䷨）、益（䷩）二卦就是從前面十個感情主導一切的卦中跳脫出來，更是從家人、睽、蹇、解這個要命的人情輪迴的漩渦中跳出來之後的境界。換句話說，下經三十四個卦，前十個卦告訴我們人情是什麼，眾生的諸相百態，體驗之後，會發現人生都有情，但不能過度仰仗和發揮，要感性、理性並重；下面就進入損、益、夬、姤等卦的境界。損、益二卦跟上經的泰極否來一樣是關鍵的天旋地轉之處。也就是從感性到理性，所追求的就是時中之道，再怎麼動盪變化的環境中，永遠追求一陰一陽的平衡，追求理性跟感性的平衡，追求開放、創意、自由跟專業紀律之間的平衡，免得追求過頭而付出很大的代價。

解不開的交情，斷不了的恩怨

家人、睽、蹇、解這四個卦，以人情來說，我們會發現它完全按照這個規律走。按照佛家的講法，一家人前世不是有恩就是有仇，但一定是有緣，於是子女投胎來報恩或者討債。如果是這樣，真的是人情的輪迴，而且不是這一輩子輪迴，是永世輪迴，生生世世，有仇報仇，有恩報恩，冤親債主源源不斷。如果把佛家這個講法擴大，這種輪迴可就慘了，上一輩子的瓜葛，一些未了的事情，這一輩子再來，甚至不管時空，不知什麼時候能跳脫。這就是家人、睽、蹇、解，不知道什麼情況下才可以從這種業障之中跳脫，轉到一個比較新的境界。

佛家有其講法，《易經》也分析得很透，《易經》基本上就是「Q（question）and A（answer）」，就是問題跟解答，不同的問題尋求不同的解答。理論上，只要構成一個問題，一定有答案，但是有些問題的答案不容易找到。這基本上就是蹇卦跟解卦的輪迴；解卦就是找解法、找答案；蹇卦就是難題。像感情的糾結，怎麼把這個連環套解開？換句話說，「蹇」就是難度夠高的「Q」；「解」就是要有耐心找到「A」。這一問一答就是《易經》的基本精神，也就是人生所謂的學問。面對人生這麼多難題，我們就要想辦法尋求解決的智慧，才可以遠離顛倒夢想。這些問題——「蹇」從哪裡來的呢？就是從家人、睽二卦而來，按照卦序，家人、睽二卦就是一天到晚在製造這些麻煩。一段時間關係像「家人」般如膠似漆，過一段時間卻是反目成仇，變成「睽」，製造了很多問題——「蹇」；很難解，大家都被絆住了腳，那就逼在「蹇」中思考「解」的智慧，以求解脫。

值得注意的是，〈雜卦傳〉的卦序，是不同於〈序卦傳〉的，而是重新分解、組合；可是家人、睽、蹇、解這四個卦在〈雜卦傳〉中硬是解不開，還是相依相伴。真可謂是解不開的交情、斷不了的恩怨。〈雜卦傳〉基本上是以人世為主，注重人的智慧，從人情、人性的角度去理解自然、理解社會、理解人群、理解自己，然後再做一個最好的安排。〈序卦傳〉是自然而然的順序，不管是上經講天道還是下經偏重人世，都是自然而然的，家人、睽、蹇、解四卦的順序就是如此。家人、睽、蹇、解也是在〈雜卦傳〉的下經，四個卦還是在一起，但是因果關係變了。

特重人世的〈雜卦傳〉，人情顯得特別難，上經是乾、坤二卦開始，下經還是從咸、恒二卦開始。「乾剛、坤柔」，次序不能變。「咸速、恒久」也沒有顛倒，一定是先有「咸速」，才有「恒久」。然後是「渙，離也，節，止也」，〈雜卦傳〉的第三十三、三十四卦，邏輯上和〈序卦傳〉還是一樣的，按照自然卦序恒久的會遯，會消退；恒久之後，就是「渙，離也」，心思不集中了，要離開。這和〈序卦傳〉的原理是一樣的，關係久了也可能會散，一拍兩瞪眼，人情終有一天會離，就像小孩子長大後也會離開家。

但是離開得再遠，到一個地方總會適可而止，說不定將來還有可能回來，這就是向心力跟離心力的關係。風一吹過，水散開了，但是會回歸，下面就接到家人、睽、蹇、解四個卦，但是次序顛倒了：「解，緩也；蹇，難也。睽，外也；家人，內也。」「解，緩也」，事緩則圓，時間久了，很在意的一些東西也會變得淡然，這是用時間療傷，癒合傷口。「蹇，難也」，還是一樣，是難題。「睽，外也」，變成外人了，「家人，內也」，家門裡面是一家人。我們看因果關係和〈序卦傳〉一比較，就完全變了。在正常人情的變化中，是家人、睽、蹇、解的順序，最後才回來變成一家人。但是不管怎麼講，這四個卦永遠在一起，掰不開，所以我們假定佛教的說法成立，生生世世你們總是在一起糾纏不清。

再者，從結構面的角度來看，這四個卦也可以幫我們印證人生的終極解脫。如果你始終在這四個人情中不斷地輪迴，隨波逐流被擺佈。佛家所謂的「八苦」之一「愛別離」就是家人、睽二卦，而且睽卦的時候也會遇到「怨憎會」的問題，然後「求不得」，真正是苦不堪言。那麼，《易經》的終極解脫是兩個卦——既濟、未濟，「既濟」是渡彼岸，就是「般若波羅蜜」，「未濟」就是未渡彼岸。這四個卦和既濟、未濟二卦相比較只差一個爻的爻變，一念之轉就變了，不是當下解脫，就是當下掉到地獄。既濟卦（䷾）是唯一的六爻都正的卦，陽爻居陽位，陰爻居陰位，充滿了秩序感，什麼東西都歸位了，自然成功；而未濟卦（䷿）是六個爻統統不當位、統統不正。家人（䷤）、睽（䷥）、蹇（䷦）、解（䷧）這四個卦，和既濟卦、未濟卦都差一個爻的爻變，那個爻搖身一變，這四個卦不是變既濟就是變未濟。換句話說，家人、睽、蹇、解這四個卦的輪迴跟終極解脫，關鍵就是一爻之變，要麼六爻皆正，要麼六爻皆不正。為什麼會是這個情狀？下文再詳細闡述。

家人、睽、蹇、解的終極解脫

家人、睽、蹇、解四個卦在古今著作中關於人生這方面發揮得比較少，就是發揮也是點到為止。用這幾個卦去看人生的種種浮沉，不管是一世還是累世，我們會發現，英雄豪傑、王侯將相、凡夫俗子都很難從裡面脫身；這是人情的洪流，弱點、業障、情障在不斷輪迴，簡直是苦不堪言。可是它們離既濟、未濟這一人生此岸、彼岸的終極解脫很近，一爻變後這四個卦或變既濟卦、或變未濟卦。

不但一爻變是這樣的情況，還有互卦（卦中卦）也是如此，而且還不止一個；可能在這四個卦中本身就有從既濟卦到未濟卦，或者從未濟卦到既濟卦的變化。爻變加上互卦，這四個卦的人情輪迴跟終極解脫的既濟、未濟二卦是密切相關的；終極解脫的既濟、未濟二卦就藏在這四個卦中；這四個卦的本卦一旦心念一轉，撂下屠刀，立地成佛，當下就從感情的漩渦中解脫；不過一念之差可能就「未濟」。

我們看家人卦，它距離既濟卦只差一個爻，即上爻，家人卦的「上九」爻一變就是水火既濟。過去為什麼說「齊家、治國、平天下」，而且很重視「家」？因為家庭或者準家庭這樣親密、溫馨的關係，不管社會怎麼變，小孩生得再少，甚至夫妻都不正常結婚，它總是社會最基本的組成部分。從家道就可以修成「既濟」，我們知道光是家事就有很多學問，能夠齊好家，後面就是治國、平天下。家人卦上下交易的卦就是火風鼎（䷱），「鼎」是政權的象徵，與治國有關。家人卦跟鼎卦的關係很神奇，欲治其國者先齊其家，齊家就能治國，然後「上九」爻變就是代表成功或者渡彼岸的既濟卦。家人卦修到最後一爻，剛好是家人卦跟既濟卦不同的地方。因為家人卦從初爻到五爻不是陽居陽位就是陰居陰位，都很正，君君、臣臣、父父、子子，每個人的分工都盡其力、都擺正，所以家道才興旺。這種歡喜相聚的關係，到最後一個爻卻出問題了，陽居陰位，不正，可見家人卦有可能會變成睽卦。家人卦想維持前五個爻的平安無事，大家都沒有怨言，都願意為之奮鬥，都不成問題；可是到第六爻就開始要吵嘴了，從五個正變成不正，換句話說，你要讓「家人」不變成「睽」，上爻就得小心。因為「家人」有朝一日會變成「睽」，由正變不正，關係生變。如果我們能透過爻變讓它「既濟」，就有可能躲過這一劫，做對了就「終吉」。

睽卦與未濟卦則是第一個爻不同，未濟卦為什麼水火不容，不能夠「般若波羅蜜」、渡彼岸呢？就是因為睽，人與人之間充滿了仇恨對立，怎麼解脫、超度呢？冤仇這麼深，六個爻都不正，沒有一個爻安其位，真是造化弄人，只能是「未濟」。睽卦二爻到上爻跟未濟卦是完全一樣的，都是陰居陽、陽居陰，沒有一個正的，關係完全亂了。但是「睽」還有挽救的機會，那就是初爻；初爻正可能是家人卦變成睽卦之初，開始還有舊情，過去有一些感情基礎，還有恩義在，所以它還是正的，這就是搶救睽卦重要的機會，再拖下去可能就挽救不回來，越走越遠，因為後面五個爻都不正了。所以在睽卦的第一爻千萬不要火上加油，要冷靜，不要指摘別人的種種不是，要開始檢討自己的不是，自檢的態度很重要。睽卦初爻爻辭也告訴我們在這時候不要失分寸，否則就無法挽回「家人」的關係。這個處在黃金時間唯一還正的爻，就是家人卦留下來的基礎；雖然是怨偶，但是要有風度，要留一點餘地，未來怎樣還很難講，如果這個時候就水火不容、針鋒相對，結果絕對是「未濟」。

這就是睽卦跟未濟卦的關係。家人卦累計了五個爻的正，到最後一個爻有不正的趨勢；而睽卦剛開始吵的時候，雙方面還有一些不習慣，那個時候還是唯一正的時候，錯過了，第二爻以下全部都不正，越來越疑神疑鬼，漸行漸遠，關係就完蛋了。那麼蹇卦呢？蹇卦卦象是外險內阻，真麻煩，可是我們細看每一個爻就會犯疑惑。蹇卦居然跟既濟卦只差初爻不同，一個成功的卦跟一個寸步難行的卦只差一個爻的變化，蹇卦初爻變就變既濟卦。而且蹇卦二爻到上爻全部都正，沒有人做錯事情，每一個位置都擺對了，都在各自的崗位上盡心盡力奮鬥，可就是因為這一步之差這個卦就是「蹇」，而不是「既濟」，初爻不正就是蹇卦的致命傷，是這一切的根由。為了第一步的不正而付出的代價直到蹇卦後面的五個爻，拚老命去修、去正，都回不來，這錯誤的第一步真是造了很大的孽，後面怎麼贖罪也贖不回來，難得不得了。也可以這麼說，錯誤可能是上一代犯了，種下這個因，下一代就寸步難行，這也是屬於時代的大問題，受苦難的人難免大呼冤枉，始作俑者不是你，卻要承受這個痛苦，而且後面怎麼正也很難扳回來。就像離卦的第一步一樣，「履錯然，敬之，无咎」，第一步要是踏錯了，大概一半機會已經沒有了，後面特別吃力。

解卦作為和解、解脫的卦，跟未濟卦卻關係密切，差在上爻不同。未濟卦前五個爻都不正，沒有真正解開；到了「上六」，陰居陰位，不正變成了正，不就解脫了嗎？把那個結解開了，冤仇化解，解卦上爻就是這個意思。可見，蹇卦第一爻的不正，要徹底解決，需要經過十一個爻才真正再回復到解卦。

家人、睽、蹇、解的卦中卦

上文我們提到部分卦中卦，下面大致提一下這四個卦的卦中卦。首先看家人卦。家人卦二、三、四、五爻構成的是未濟卦（䷿），家人卦中有未濟卦藏在其中，有朝一日「未濟」勢大，家人卦變成睽卦就沒有什麼好奇怪的了。家人長期親密的關係，表面上看沒有任何問題，其中卻藏了一個未濟卦，說明這一切最後可能成空。

但是家人卦中也有既濟卦，初、二、三、四爻構成的就是既濟卦（䷾），一家人長期相處，父慈子愛，兄友弟恭，裡面絕對有「既濟」的象。可是「既濟」慢慢會往「未濟」轉，因為初、二、三、四爻的既濟卦，到二、三、四、五爻就變成了未濟卦；關係產生了變化，由成功轉成失敗了，由一切井然有序到開始彷徨失措。家人卦表面親密無比，但是底層的流向，五個卦中卦，就好像地下的暗流湧動。首先是初、二、三、四爻構成「既濟」的興旺，然後慢慢到二、三、四、五爻就變成了「未濟」；更妙的是家人卦中還有家人卦，三、四、五、上爻構成的就是家人卦，大家裡面有小家，大的團體裡面又分很多派系，像一個蜂窩組織一樣；尤其古代社會大戶人家有大房、二房、三房、四房不等，這些女人以前沒有多少事情做，其智慧精力統統都發揮在這種家庭的鬥爭中，大紅燈籠高高掛，那個鬥爭真的很恐怖。

還有含五個爻的卦中卦。初、二、三、四、五爻構成的是離卦（䷝），光輝燦爛永續經營，「大人以繼明照于四方」；家人親情的溫暖由卦中卦離卦就能感覺出來。第六爻就在離卦以外，開始出現不正了，人情生變。因此，二、三、四、五、上爻構成的就是渙卦（䷺），好比緣到了就聚，緣盡了就散，「離」這種光明亨通的溫暖最後渙散，天各一方。由「離」變「渙」，由「既濟」往「未濟」走，「家人」中有「家人」，派系林立，家人卦真的是很複雜。

那麼睽卦呢？睽中也有睽，實在是很累，其初爻到四爻構成的卦中卦就是火澤睽，睽中有睽，吵架都不簡單。家人中有家人，睽中有睽，為了爭權奪利，合縱連橫，勾心鬥角，派系之間拉攏次要敵人打擊主要敵人。可是睽卦的二、三、四、五爻構成的是既濟卦，有沒有復合機會？還是有的，因為睽卦中有既濟卦的資源，主要看個人的努力，畢竟「睽」是從「家人」來的，能反目就能夠復合。「家人」到「睽」是斬不斷理還亂，很痛苦；而「睽」中的「既濟」說明永遠不要放棄希望，要努力，不然就不會有後面的蹇、解二卦出來。但是睽卦二、三、四、五爻構成的既濟卦，有可能慢慢變成三、四、五、上爻構成的未濟卦，有那麼一點「既濟」的機會；在睽卦的環境中，這一邊暫時冷靜下來了，那一邊又不樂意了，一言不合又打起來了。家人卦是從既濟往未濟走，睽卦也是從既濟往未濟走，真的難料理，所以「家人」往「睽」走，「睽」往「蹇」走，特別不穩定。

睽中有睽，又從「既濟」到「未濟」，然後還有兩個由五個爻構成的卦中卦。一個是初、二、三、四、五爻構成的節卦（䷻）；這就是對處在「睽」中的人的暗示，吵架要有節制，不能過火，最好有仲裁機構調解，不然紛爭難免造成一輩子的死結。節卦就是相對家人卦中的渙卦提出警告，不要散到最後沒辦法收拾。另一個五爻就是二、三、四、五、上爻構成的離卦，可見睽卦也有光明的可能，重建溫暖的家人網絡還是有希望的。

那麼蹇、解二卦的卦中卦可依此類推，第一個是蹇中有蹇，第二是解中有解，這是一定的。我們看，蹇卦初、二、三、四爻構成的就是蹇卦，解卦三、四、五、上爻構成的就是解卦。所以要解開蹇中有蹇的連環套，一定要有耐心。既然是蹇中有蹇，難題中有難題，要解決問題就必須看解卦；而解中有解，不是一次就解得開的，所以就要有耐心。家人中有家人，睽中有睽，蹇中有蹇，解中有解，都是階段性的，必須一步一步來，一個一個解，大致是如此。

蹇、解二卦其他的卦中卦我們就不詳細分析了，只談既濟、未濟二卦。像蹇卦的二、三、四、五爻構成的就是未濟卦，可是蹇卦中的「未濟」有可能往「既濟」走，因為蹇卦的三、四、五、上爻是既濟卦，是不是解決有望？再怎樣的深仇大恨，總會有化解的可能。解卦也是如此。解卦二、三、四、五爻構成的是既濟卦；解卦中當然有「既濟」的可能，因為初爻到四爻構成的就是未濟卦；剛開始還沒解，但是到了二、三、四、五爻就慢慢由「未濟」往「既濟」走了。

〈序卦傳〉說家人、睽、蹇、解

〈序卦傳〉說：「傷於外者必反其家，故受之以家人。家道窮必乖，故受之以睽。睽者，乖也。乖必有難，故受之以蹇。蹇者，難也。物不可以終難，故受之以解。解者，緩也。」「傷於外者必反其家」。這是因為前面受明夷卦的傷害，此時就要找一個避風港，家是最好的避風港、療傷地，「故受之以家人」。明夷卦變家人卦，其實在以前的農業社會形態最明顯，晉卦日出，明夷卦日落，日出而作，日落而息，日落之後不回家去哪裡？已經累了一天了，該回到溫馨的家，和家人分享平靜的夜晚。

明夷卦也可比作社會不景氣，失業率高漲，社會經濟各方面受重創的時候，很多人失業當然只能回家賦閑、待業；要是社會福利不好，沒有失業救濟，社會問題就會變成家庭問題，每個人把外面受到的怨氣回來發作，家庭就有可能變成睽。這就是明夷卦的後遺症，會讓家庭妻離子散，所以「家道窮必乖」；社會解構，家庭破產，走不通了，人的性情就很乖僻；「故受之以睽」。如果家道興旺，可能彼此關係都還融洽，一旦大家都失意，又要朝夕相處，要維持好心情可不容易。很多實際的問題要解決，這些、那些問題會讓家庭矛盾頻現，人情的種種乖僻、乖張現象就出現了。「睽者，乖也。乖必有難」，這一「乖」災難馬上就來了，「故受之以蹇」，蹇當然更困難。我在講明夷卦的時候說過，《易經》中有很多困難的卦，屯卦（䷂）一生下來就難，是生之難。坎卦、明夷卦是險難，明夷卦還細分，有的是內難，有的是大難。蹇卦也是很典型的難卦，還有將來的困卦（䷮）也難。這些卦所象徵的難都不一樣，因果也不一樣，能解蹇卦的難就不見得能解困卦的難。

由「睽」變「蹇」，光是看這兩個字就可以得到很多啟示。《說文解字》曰：「睽，目不相聽也。」睽是眼光有問題，因為情緒用事、感情生變，看事情看不準，眼睛所看到的蒙蔽了你的理智，會看到幻象、會有幻聽，對於人際關係的信心不夠，疑神疑鬼，很多莫須有的東西跑出來，或者聽別人挑撥離間的話，無法看到事情的真相，無法正常面對人際的親密關係。換句話說，一言以蔽之，睽卦就是「有眼無珠」，看到的不是真相，被仇恨迷了心，讓憤怒失去了理智。一旦眼光有問題，作法絕對有問題，行動就變成「蹇」。《說文解字》曰：「蹇，跛也。」寒氣侵足，變跛腳了。眼光看錯，行動也會錯，當然行不通。主觀看到的都是仇恨，就很難認同別人。看的東西是「睽」，要推動就「蹇」。人生其實就是因為這兩者常出問題，一個是看法有問題叫「睽」，一個是作法有問題叫「蹇」。換句話說，人生就是有眼界，認知錯誤的問題，造成了行動的困擾。而且睽卦和蹇卦是六爻全變的錯卦關係，看法影響作法，造成行不通的困難。「物不可以終難，故受之以解」，蹇卦造成的困難，就需要「解」，解卦出現，就能緩解困難。

家人卦卦辭

䷤ 家人。利女貞。

明夷卦之後緊接著家人卦、睽卦，這三個卦都比較特殊，明夷卦的痛苦指數超高，傷得非常深，卦辭只有簡練的「利艱貞」，過不了這一關，就得熬到家人卦。家人卦卦辭也是三個字：「利女貞。」女性的角色特別重要，而且忍耐也特別重要，家道是否興旺就要看這個女人貞不貞，如果是「女貞」就有「利」，家和萬事興，不會一天到晚衝突。到睽卦的時候，一切又生變，什麼東西都不可靠，卦辭又是三個字：「小事吉。」小事吉，大事一定不吉，因為已經貌合神離、同床異夢，只差沒翻臉；大事當然不可能合作，有些小事情無傷大雅，大家還可以維持表面的和諧。

這三個卦的情景轉換都只有簡簡單單的三個字，而且各有特色。明夷卦特別強調「艱」，要在明夷中求利，就要懂得艱。在家人卦所有跟家人有關的東西，要注意女人的角色，男人在那個時候派不上用場，影響有限。睽的時候千萬要避開大事，要小心翼翼，其實「小事吉」也是用柔的手段。

家人卦是「利女貞」，利於女人固守，卦辭很容易理解，不用多說。我曾經講過，二十一世紀婦女的影響力絕對是抬頭的，當然本質上有些東西要變恐怕不容易，再怎麼變也輪不到男人生孩子；不過做「家庭主夫」、「父親帶小孩」之類恐怕與日漸多。

「利女貞」是家人卦的中心思想，卦是一個整體的情境，爻是一個比較小的情境，在《易經》六十四卦中，哪一個卦的爻也是「利女貞」？觀卦第二爻。觀卦「六二」貌似中正，但那個爻不好，「闚觀，利女貞」，「亦可醜也」。

家人卦〈彖傳〉

〈彖〉曰：家人，女正位乎內，男正位乎外。男女正，天地之大義也。家人有嚴君焉，父母之謂也。父父，子子，兄兄，弟弟，夫夫，婦婦而家道正，正家而天下定矣。

〈彖傳〉讀起來一點都不難，看起來很簡單。「家人，女正位乎內」，注意，女性掛帥，這個最重要，家庭就安定了。家有賢內助，溫飽問題後顧無憂；「男正位乎外」，男人就可以專心經營事業。這是典型的「男主外，女主內」，充滿了秩序感，也是古代的家庭生活模式。家人卦除了最後一個爻之外，家庭的主要構成分子，從初爻到五爻，全部都止，配合得非常好。男為什麼會「正位乎外」呢？主要因為「女正位乎內」。男人能夠在事業上「止位乎外」，其實講的是「九五」；「女正位乎內」，講的就是「六二」。「九五」、「六二」中正相應與。這裡面主要是從爻來講，因果關係就是「六二」的正，願意為這個家庭、團體默默奉獻。「九五」「正位乎外」，就有了不起的表現。家人卦的「九五」爻變是賁卦（䷕）。在以前來說，賁卦主要是講官場的飛黃騰達，男人事業有成，就是因為家庭安定。舊社會有一句話，說「家有賢妻，夫無橫禍」，這就是「女正位乎內，男正位乎外」，重點因素是「女正位乎內」。

「男女正，天地之大義也。」這是天經地義的事情。在歸妹卦中，少女到了適婚年齡，就應該審慎選擇對象，不要感情用事。終身大事不是兒戲，它也說「天地之大義也」。如果你不認為是天地之大義，就沒有男婚女嫁組成家庭的可能。結成家庭之後，如果沒有互相尊重，沒做到「女正位乎外，男正位乎內」，這個家庭一定會出問題。只有男女正，這才是「天地之大義也」。

下面就講到家長了，就是父母。「家人有嚴君焉，父母之謂也。」然後是「父父，子子，兄兄，弟弟，夫夫，婦婦而家道正，正家而天下定矣。」意思很白話，一點都不難理解，家裡每個人的角色定位，其作法要合乎其角色。正如《論語》所述，齊景公問政於孔子，孔子對曰：「君君，臣臣，父父，子子。」公曰：「善哉！信如君不君，臣不臣，父不父，子不子，雖有粟，吾得而食諸？」如果說「君不君、臣不臣、父不父、子不子」，不但是家庭出問題，社會出問題，政治也出問題。家人卦第一爻到第五爻全部是正的，這就是「家道正」，每個人扮演好自己的角色，也服從有威望、有誠信、有愛心的家長，家道就正了。而整個天下就是由家構成的，家道正，基本的家庭柱石沒有動搖，整體就正，往外推就是「正家而天下定矣」。「定」的觀念就是既濟卦的觀念，〈雜卦傳〉說：「既濟，定也。」孟子說「老吾老以及人之老，幼吾幼以及人之幼」，這是最務實的，裡面做好了慢慢往外推；裡面沒做好，外面再怎麼唱高調也沒用。要講大愛，先從家人愛起，一才能愛世人，由近及遠，非常穩妥實在，就像「大學之道，在明明德，在親民，在止於至善」，一切都要按順序來。

家有嚴君

「家人有嚴君焉」，「君」就是家長或領導人，像「九五」。「嚴」不是嚴厲的意思，說的是在家人卦中作為一個管理者，尤其像家人的氛圍內，最重要的是以身作則。這個「嚴」其實就是克己復禮，自己立身嚴格把持，也就是敬慎的意思。就像師嚴然後道尊，因為老師言行一致，去要求學生就有了規範；言教不如身教，就這麼簡單。可見，「嚴」是整飭自己，嚴以律己，是敬慎、自重的意思。如果在家人的氛圍中，作為一家之長的自己完全無修養，然後是兇狠的管理，那是不可能維持一個家庭的，家人也不會服氣。

因此，「嚴」就是律己甚嚴，父母親統統都得在內，只要是家長，不管誰扮演這個角色，自己必須嚴格管好自己。從這裡我們就順便糾正一個長期的謬誤，過去總認為嚴父慈母，稱自己的父親為「家嚴」，稱自己的母親就稱「家慈」。古時禮俗，家中父親過世，則稱「嚴制」；家中母親過世，則稱「慈制」，並以白紙書寫貼於大門，這些都變成了固定的用語。可是《易經》一讀，我們就知道錯了，因為「嚴君」不分父母，都得嚴，而且「嚴」不是說父母好兇，父親一兇就打兒子，兒子就跑到母親面前去哭訴，如果是這樣怎麼會有父慈子孝這樣的話呢？尤其像清朝皇室，父不親子，不能抱兒子，只能抱孫子，這於《易經》來說恐怕不合理，而且是錯的。「家人有嚴君焉」，父也嚴，母也嚴，且不是嚴格管教，而是嚴以律己。這裡面最重要的就是乾、坤分工、配合無間的意思；兩性平權，針對自己的社會角色做最好的配合。所以「嚴」不限於父母，嚴父慈母根本就不符合實際的狀況。「慈」就是愛心，也要嚴格管理好自己，念茲在茲的心就是「慈心」；彼此有吸引力，像磁鐵一樣，而不是見面打哈哈。

家人卦〈大象傳〉

〈大象〉曰：風自火出，家人。君子以言有物而行有恒。

「風自火出，家人。」這是家人卦的卦象，是什麼意思呢？強調家教的重要，家教影響一個人一輩子的教養。而且社會的教化跟家教有很大的關係。社會的風範就是上卦巽，巽為風，一個在上卦的領導人，一言一行一定要有風範，才能夠教化人家；君子之德風，小人之德草。觀卦上卦就是巽，下卦是坤卦的廣土眾民，才能觀世音。家人卦上卦巽可以作為社會表率，領導階層的角色有沒有風範很重要。而風範是從哪裡來的呢？是從下卦離而來，從離卦的溫暖中薰陶出來的。這就是「風自火出」。家庭教育很好，上卦的風是從下卦的火的光明溫暖中訓練出來的。巽為風，也為木，也有煽風點火的象，家庭教養就好比木柴下面的火，火好木柴才會燒得旺，表現出來的風範自然而然不一樣。

有這麼好的家庭教養背景，人馬上就不一樣，「君子以言有物而行有恒」。一日心為恒，有恒為成功之本，行事有恒，合乎常道，講話是言之有物、有內容的，不會胡扯。言行相顧，所以「風自火出」的人，在社會中不會有問題。「言有物、行有恒」，這是好的家教形成的品格，好的家庭教育會影響到社會，而且也是人生人格定型的階段，民間所說的「三歲看老」就是如此。巽卦的風常常與內卦離的教化明不明有關。「君子以言有物而行有恒」，這是「風自火出」的長期薰陶。所以「利女貞」，「女正位乎內」的重要性就在這裡，因為它是下一代人格成長最重要的階段。

齊乎巽，相見乎離

家人卦〈彖傳〉講「正家而天下定」，這實際上就是齊家治國；「家齊然後國治」，「欲治其國者先齊其家」。「國」用治來講，沒有講治家，因為「家」跟「國」不同，家人有親情，有血緣關係，是與生俱來的，不能完全用治國的方法去對待。家人這種團體的特殊性，既不能溺愛，又不能不管，且不能管得過火，傷到了家人的天倫，所以要講「齊家」，齊的方法跟治的方法就不同。

「家人有嚴君焉，父母之謂也」，就有齊家的意思。因為父母平等、齊平，如果父母都在，兩個都是家長，就看他們怎麼分工，然後都要以身作則、律己以嚴。家人卦前面的晉卦跟明夷卦的〈大象傳〉說穿了都是嚴以律己（自昭明德）、寬以待人（用晦而明）；晉卦的「嚴以律己」跟明夷卦的「寬以待人」其實是做人一體的兩面。從修德的觀點看，一定是這樣。可是要是倒過來就完蛋了，「寬以待己，嚴以律人」，這樣的領導人不會有任何人心服。家人卦也是如此，一旦關鍵的部分正位了，下面就統統都正。「家人有嚴君焉，父母之謂也」，沒有說「父之謂也」，也沒有說「母之謂也」，就有齊的意思。「齊」的方法與「治」就不大一樣，因為裡面有愛，有親情，有教化，用國法是行不通的。

「齊」的重要性，從家人卦的卦象中可以看出。八卦卦中哪一個卦講「齊」？巽卦，「齊乎巽」，巽是很溫和的，風慢慢吹，無形無象，潛移默化；它不是嚴刑峻法，全靠德性感育，自然而然，風範就形成了。「齊」，就是上下是一樣的，永遠是相對的倫理觀。像君君就臣臣，父父就子子，君如果像一個君，那臣就像一個臣，是相對的。而君待臣以禮，臣事君以忠，這不是平行的，是因果；君要不待臣以禮，那臣事君就不一定要忠。孟子的觀點則更激烈了，他認為君如果視臣如土芥，臣就視君如寇讎。君臣的關係是相對的，不能夠片面要求，這一邊要絕對大，那邊一定要無條件效忠，這叫做愚忠愚孝。這種不平衡的人際關係就不是「齊」。巽卦的基本觀點是「齊乎巽」，一切眾生出來之後都得接受這種平等觀；在家庭、在社會、在組織中扮演什麼高低的角色是一回事，但人性上還是齊平，是平等的。

〈說卦傳〉云：「帝出乎震，齊乎巽，相見乎離，致役乎坤，說言乎兌，戰乎乾，勞乎坎，成言乎艮。」因為「帝出乎震」，所有眾生從震卦中出來，第二步就得接受「齊乎巽」，接著就是「相見乎離」，就是離卦的境界，然後「致役乎坤」。家人卦的上卦是巽卦，就是「齊乎巽」，這是經典的理想，但是實際歷史的發展跟現實社會的發展或者很多制度的衍生常常不如是；掌握優勢的群體常常有了既得利益就不肯放手，像以前的大男人主義，男人佔盡優勢，女人是附屬，她們心中恐怕不會齊平。中文很多的重要觀念，如「妻者，齊也；夫者，扶也」，講的就是平等的觀念，但是後來的發展並非如此。後來「夫」又變成了「丈夫」，大概是一丈以外妻子就管不到了；一丈多一寸就會有外遇，在一丈內還是控管自如，超過了就沒把握。

暌卦的肇因

從基本的卦象來看，我們可以加深理解《易經》的奇妙之處。「家人」為什麼會「暌」？從卦象上看，你就知道非「暌」不可。家人卦是風火家人，上卦是巽，下卦是離，井然有序；是按照年齡、資歷、位階、出場排序。巽卦是長女，離卦是中女，在同一個父母下，是老大和老二。在古代社會的家庭中，也可稱做是大房、二房，正妻是上卦巽，地位比較高，是大房；妾則是下卦離，是二房。所以晚進門的，就得服侍早進來的大姐，姐妹相安無事則好。舜帝就享受這個特權，娥皇、女英本是姐妹，二女共侍一夫，然後姐妹有默契，不會吵架，也不會爭風吃醋。娥皇、女英姐妹都是堯帝的女兒，其實是派來做間諜的，反正二十四小時都在監控舜的作為，看舜的品性好不好，經過最嚴格的考核，堯才放心把大位傳給他。二女共侍一夫，當然還是有大有小，大者為尊，妻在上，妾在下，大家很遵守這個秩序。離卦比較小，就待在內，藏在幕後；上卦巽是正妻，是拋頭露面的。這也是陰爻「六四」跟「六二」的分工，即大房跟二房的分工。「六四」跟「九五」是陰承陽、柔承剛，是最貼身的關係；「六二」跟「九五」是相應與的，但不見得一天到晚在一起，這就是有大房、二房的分工。這個秩序如果能夠建立、擺平，就是很和睦的家人卦卦象。

可是暌卦呢？發生了什麼事情？暌卦也是兩個女人，變成了兩個女人的戰爭。暌卦上卦是離，離卦是二房，二房做主了，二房「中女」本來在家人卦中屈居下位，現在到暌卦的時候她掌權了，在上卦，被扶正了或者是補缺了。下卦則是兌，是「少女」，第三房來了，男人的貪心真是沒有止境的，越娶越年輕。按照規矩，既然二房上去管家，三房新進來的就比較小，自然得聽話。原來是大房領導二房，現在是二房繼位，三房填房，但這裡就出現問題了，敏感的就會想：大房到哪兒去了？從「家人」到「睽」，巽卦不見了，才有二房補位、三房填房。大房去哪裡了？一定是到廟裡面去了，因為男人一直在找三房、四房，結果大房氣得把頭一剃，敲木魚去了，男人一看正好，就把二房提上來。這其實也代表二房跟大房的戰爭中，二房終於把大房扳倒，爭寵勝利。這一點從帝王後宮到一般略有家產的老百姓家庭常常發生；只有一個「男老闆」，幾個「女老闆」之間的鬥爭就很可怕。在家人卦的時候還可以相安無事，後來為什麼睽？睽了之後，你會發現不言自明，因為大房被鬥垮了，可能死了，可能看破紅塵，二房就上去了；二房上去還來不及高興呢，老公又娶了三房，以她的經驗，她對三房要不要防？三房不是也會有樣學樣嗎？所以二跟三之間的關係就叫睽，這也是輪迴，這麼簡單的戲碼，歷史上比比皆是。

這就叫「家人睽」。換句話說，有長女、有中女、有少女，從家人到睽，下面又展開新一輪的鬥爭，你可以那樣對付她，我也可以這樣對付你。卦象就告訴你家人為什麼會睽，他一個字也沒講。去讀《易經》註解，哪一本書講到這個？沒有。但這是很基本的意思，點明就沒有意義了。上下的關係就是這樣，不斷的輪迴，不斷的權利鬥爭，血淋淋的現實就是如此。人生的成敗得失都繫於這個，所以我們一直強調「家人有嚴君」的「嚴」。

和大怨，必有餘怨

家人卦變睽卦，緣於家裡面奪權，它跟鼎卦（䷱）也有密不可分的關係。鼎卦是三角派系的平衡遊戲，講究鬥爭的火候，調和鼎鼐，注重彼此之間的分寸。家和萬事興，這是家人卦跟鼎卦的關係。但是家人一旦睽了要復合很不容易，要完全和好如初則如天方夜譚；就算是最後和解，也不可能完全跟以前一樣。這一點老子說得特別有道理。

《老子》第七十九章云：「和大怨，必有餘怨，安可以為善？」家人卦變睽卦，即使最後和解，但已經有了傷口，傷口是不可能完全復合的，常常會隱隱作痛，甚至會暗恨一輩子。有時候家人變睽了之後，是因為遇到了蹇，為了擺脫蹇的困境，突破難局，只好再跟過去的冤家合作，再合作時原先的感覺還會有嗎？很難。俗話說，「好的刀口藥不如不拉口」，一旦劃傷了口，就是永恒的傷痛，再怎麼敷藥，也還會留下隱約的疤痕。還是成語「破鏡重圓」、「覆水難收」說得有道理，家人卦變睽卦，再因遇蹇卦而不得不進入解卦最後和解，這個「解」並不等同於「家人」；原來的關係大概只有八成存在，彼此內心還是小心謹慎在防備著，不可能完全恢復如初。「大怨」一詞說明家人變睽的怨恨絕不在小，而是深仇大恨，想要去和這種人際中的大怨，「必有餘怨」，「餘怨」就是傷口難以癒合的部分。就像坤卦〈文言傳〉說的「積不善之家，必有餘殃；積善之家，必有餘慶」一樣，恩恩怨怨積久了，還真能合在一起完全和好如初嗎？總會覺得有些地方少了一些什麼，無法像原先那樣。所以道家主張《易經》「履霜堅冰至」的作法，在碰到怨的時候，家人不要變成睽，因為後面即使亡羊補牢，必有餘怨。

關於「積不善之家，必有餘殃」，我曾經研究過歷史上很多例子，真可謂是業障輪迴。不善之家想榮華富貴，必會斷子絕孫；往往是自己享受完再斷子絕孫，而且世世代代都還要去演這個角色，這就是「餘殃」不絕。所以不要在志得意滿時忘記古訓，要知道有餘殃的多，有「餘慶」的人真的很少。

「餘怨」就如星星之火，可以燎原，這一輩子完了，下一輩子還會找你，沒法銷帳。因此，要跟最親近的人決裂時，一定要多多思考，與其後來繞一圈回來設法尋求和解，為什麼當時不冷靜一下呢？「和大怨」是很不容易的，血海深仇誰能泯滅？只要有一點餘怨，就會見風勢漲，永遠沒有辦法撲滅。真可謂是冤冤相報何時了，永遠回不了頭。

家人卦六爻詳述

初爻：門禁森嚴

初九。閑有家，悔亡。

〈小象〉曰：閑有家，志未變也。

家人卦第一爻是門檻的觀念，也是資格的認定；畢竟你不能隨便到街上拉幾個人就說是一家人，也不能說撿到籃裡的都是菜，一定要鑑定血統關係，才能享受內外不同的待遇。家人畢竟不是天下，離天下一家的時候還很遙遠，所以這一家、那一家壁壘分明，一定有一個門檻，不能出入自如。我們進入任何一個團體、組織，沒有相關的身份標誌，是不會讓你進去的；要是離開那個團體，身份標誌一除，再要進去也很困難。「初九」就是門檻的觀念，一定要設限，因為內外不同，也怕外人心懷叵測混進來，所以一定要有認證的程式，那就是門檻，也就是「初九」的爻辭：「閑有家，悔亡。」

因為把關嚴謹，有門檻限制，有出入境管理，悔恨自然得以消亡。像現在很多場所的進出都是見證不見人，有時還有時限，時限一過，即使你有證件，也不會讓你進來。這就是為了使家不至於被破壞，把關必須嚴。

「閑」字從字面上看就是門中有木門檻，這也是第三次遇到了。一個是大畜卦的第三爻「日閑輿衛」。說的是想下山，但畢業證書沒有領到，還要接受最後的考核，免得下山丟醜；所以還要有一個「閑」去考驗、了解社會的攻防，才能夠放你走；即使是千里馬，也得接受這個規矩。這叫做內規。大畜卦是講「不家食吉」，前門後門都有門檻，不能隨便出入，每一個地方都有不同的風土人情，都要尊重。所以一定有把關的，門禁森嚴；「閑」才能有家，才不至於遺下將來之悔。還有乾卦〈文言傳〉中的「閑邪存其誠」，因為把關防範得當，所以那些邪惡的東西統統被擋在外頭，留在裡面的東西都是真的，沒有一點假的，真的是一家人了。大畜卦千辛萬苦的磨練，最後出去都不能隨意，必須要考核。那家人卦呢？你想進家門，要看看你是不是適合，家人接不接納你。只有把關嚴格，將來就不會製造悔恨。

這就是醜話說在前頭，大家一樣照規矩來，就像〈小象傳〉說的：「閑有家，志未變也。」為什麼要嚴格認證的入門程序？就是要保證進來的都是「同志」，如果沒有經過該有的考核，萬一搗亂分子進來了，要搗什麼鬼，那就是請神容易送神難了。所以必須設立門檻，以防可能的病灶、禍源。家有家法、門有門規，「閑有家，悔亡」，就會少了很多麻煩。邁過這個門檻被接納的人，就可以在裡面慢慢發展。故家人卦第一爻爻變為漸卦（䷴），就是雁行團隊循序漸進，一代接一代地要進這個門，然後慢慢去發展。

如果家人卦的初爻是前門，那麼上爻就是後門。前門、後門都有把關的，「初九」跟「上九」兩個都是陽爻，中間圈起來的兩陰、兩陽是彼此之間對待分工的關係，但整個家是封閉的。睽卦也一樣，「初九」、「上九」也是陽爻，只是中間的兩陽、兩陰是另外一種配置，裡面就算是「睽」，但還沒翻臉，只是同床異夢或者分居了，家人的那種緊密的互動關係實際上已經沒有了，只剩下一個空殼；前門後門都有門，但裡面已經一塌糊塗。家人卦中間四個爻都正，睽卦四個爻統統不正，只是前門後門都一樣。

家人卦初爻強調門禁，保護家裡的東西不受外面東西的侵害，所以要設置關卡。家人卦強調「有家」，尤其家人卦的第五爻──家長，我們下文還會詳細談到。第五爻君位，如〈彖傳〉「家人有嚴君」，它講「王假有家」，「有家」是共識，領導人一定要代表這個家的權益，要捍衛這個家，對外要有風範，用盡一切努力維繫這個家，為家提供安全保障，使之相親相愛，這是君位的責任。那麼初爻呢？初爻是最基層的家庭成員，如果是國家，就是一般老百姓，位置最低，所以最高層的「九五」與最基層的「初九」都有一個共識，即要「有家」。最基層的就要負責把門禁看好，最高層的就要利用其威望，恩威並施，保護這個家。「有」這個字就很重要了，也是確定家的存在，家沒有倒、沒有滅亡。如何有這個家，而且長期持有，欣欣向榮？初爻就是「閑」字把關，強調「有家」，「九五」也強調「有家」。

那麼「有」從哪裡來呢？「有」字可能受《易經》的影響，因為「有」跟「沒有」真的是不一樣，不管怎麼樣，它還存在，還是大家共同的信念或者感情的紐帶，所以要想辦法維持這個家，第一爻的把關關係基層民生的安定，最要緊的是要讓大家以作為這個家裡的一分子為榮，領導人也要一心一意有這個家。像萃卦（䷬）還有「有廟」的說法，即宗廟、信念。因為這個影響，以前的朝代特別重視這一點，像清朝，史書上記載就是用「有清一代」，明朝還存在的時候也叫「有明一代」，等到明朝滅亡了，變成了「有清一代」，明朝很多東西可能就失效了，因為它不是一個有效的實際存續的個體。換句話說，明朝從「有」變成「無」，清朝從「無」變成「有」。所以「有」字關聯的是現在存在的，「有清」、「有明」、「有宋」這種史書的講法跟「有廟」、「有家」是有關聯的。再如大有卦（䷍）是大家都有，人人都有，進入世界大同，所以「火在天上」，太陽是大家共享的。

二爻：偉大的後盾

六二。无攸遂，在中饋。貞吉。

〈小象〉曰：六二之吉，順以巽也。

第一爻講「有」，第二爻第一個字則是「无」。老子說：「天下萬物生於有，有生於無。」第一爻的全部基層希望維護這個家的存在，那麼是誰付出犧牲讓他們擁有這個家？第二爻的女主人，利用「无」生「有」，這些人無私無欲，自己既不出頭，也不亮相，但是默默地在內卦的光明之中，提供溫暖的中心，為家人做出很多犧牲。而那些「有」，都是因為「六二」無私無我的貢獻而存在。這就是第二爻的「无攸遂」，〈象傳〉的「女正位乎內」主要也是歌頌這個爻，「利女貞」也是講這個爻。

「六二」「无攸遂」，「遂」字在大壯卦（䷡）出現過，講的是發情的公羊心中有所圖，想達到某種目的，就會「羝羊觸藩」，意圖衝破障礙或者最後卡在籬笆中出不來，「不能退，不能遂」。「遂」就是心想事成，發情的公羊心想很多，結果不能成，進退兩難。「遂」字跟「成」還是有細微的差別，《論語》中有一句話：「成事不說，遂事不諫，既往不咎。」這裡的「成」跟「遂」就是明顯的不同，哪裡不同呢？舉一個簡單的講法，像「元亨利貞」是一個圓滿的創造，「貞」就是成功的成，成功了才要固守正道；也就是說前面開創的都能守得住，這一回合的創造確實奠定了成功的過程。然後在成功的基礎上，再開啟第二回合，這就是「元亨利貞」的循環。蠱卦為什麼敗壞？就是沒成，功虧一簣，因為「元亨利」沒有「貞」，所有開創的東西都守不住。「閑有家」也是希望守住，不然開創的東西只是暫時保管又會流失，不能算成就。也就是說「元亨利貞」的「貞」叫成，真正成功；而「元亨利貞」的「利」叫遂，還不是最後的成就。因為「利」要是沒有「貞」就守不住，那個利也不是你的。可見，「遂」跟「成」的差別就在於「利」跟「貞」的差別。所以這兩個字要嚴格區分，畢竟古人還是有很清楚的界定。

再繼續看「六二」。「六二」在少女時代可能有很多的想法，現在是中女——離卦，可能有很多專業方面的興趣，如果讓她自由自在地發展，沒有必創佳績的負擔，她可能也會發展得不錯；但她為了家庭必須犧牲自己的發展，需要養兒育女、燒飯做菜，這個爻真的就是燒飯的爻。「无攸遂」的「攸」就是「所」，因為不可能兼顧，「六二」完全放棄了心目中曾經夢想的所有，一定要犧牲小我，成全大我，為家庭、為了在外面打拚的「九五」而犧牲。也就是說她不能圓自己的夢，有什麼想法也是「无攸遂」，不能成就了；甚至到最後根本就不敢想了，只有天天做家事，負責教養下一代。換言之，沒有「六二」這種「无攸遂」，犧牲個人成就，哪裡來五爻的「王假有家」和初爻的「閑有家」？如果每個人都有想要完成的目標，而且付諸行動，那這個家誰來操持？所以二爻跟初爻或五爻有因果關係，總要有人「無」，如果每個人都「有」，有想完成的事情，那這個家怎麼維持？「六二」有這個美德，所以在家人卦裡面被列為主爻，只能「利女貞」，男人沒份兒。她是主爻，而且是無怨無悔地犧牲個人的爻。家人卦「九五」再怎麼偉大，其豐功偉業的背後，要感謝的人就是「六二」。我們常講一個偉大的男人後頭都有一個大家不認識的偉大女人，可能是他媽，可能是他太太，就是「六二」這個角色。

這樣一來，大概沒有多少人想做「六二」了，因為它「无攸遂」，完全得放棄，然後「在中饋」，就是在廚房裡燒飯，為家人提供溫飽。古話說，「教父食母」，這也是《老子》書中自然而然湧現出來的。「无攸遂」就像「見龍在田」的「在」，崗位就是在廚房，「在中饋」，尤其是下卦離是溫暖、是太陽、是火，「在中饋」就是居正位的「六二」的職責，而且是全職。「貞吉」，固守「利女貞」就吉，這是一劑定心針。

〈小象傳〉說：「六二之吉，順以巽也。」「順以巽」在蒙卦第五爻就出現過，「童蒙吉，順以巽」。「順」是坤卦的概念，「巽」是長女的概念，你看，溫柔體貼包容到什麼程度？「巽」是深入的象，也是自己立一個風範、潛移默化的象；完全是用坤卦順的心態在進行，所以才能夠深入了解家裡的問題；並且大大小小都要照顧，想要解決問題，就得低調深入。小小一個家庭，如果真的要做到完美，要深入可不容易，所以要「順以巽」。這個爻爻變為小畜卦（䷈），「密雲不雨」，這就是禍根。你要她煮一輩子飯，滿臉都是油煙，而日密雲不雨，跟老公又見不到幾次。而老公看到她滿臉油煙，大概也沒什麼興趣。「密雲不雨」就可能「夫妻反目」。所以「六二」心裡真的服氣、甘願嗎？尤其是看到「六四」花枝招展，一天到晚跟著「九五」在外面應酬，自己則好像守活寡一樣。所以家人會變睽不要看一時，是點點滴滴累積而種下小畜卦的根基。在這裡面，「齊家」的齊平之道就明顯有問題，出風頭的事情都是「六四」，家裡的「六二」默默地操持家務；你以為她真的就永遠這麼默默幹下去？她也是人，心中別有想法就是未來的引爆點。可見，「六二」再往深裡看是有禍根的，長期不重視就會出岔子。

四爻：理財高手

六四。富家，大吉。

〈小象〉曰：富家大吉，順在位也。

我們先看「六四」：「富家，大吉。」「六四」跟「九五」是陰承陽、柔承剛的關係，「九五」是家長，但是他是「齊人有一妻一妾而處室者」，享盡齊人之福，卻也是紛爭不斷。從卦序來看，家人卦到睽卦是大房、二房之間的鬥爭，變成二房、三房之間的鬥爭；此一時也，彼一時也。家人卦光從爻來看也有這個問題，因為四爻享盡福利，如影隨形地跟著「九五」，像風（上卦巽為風）一樣到處走。「六二」是中正，與「九五」相應；「六四」是正，但是不中，而她是巽卦的風根，服侍「九五」很到位。「九五」只要出外，在枱面上都得帶著「六四」，「六四」就是正牌（正妻）的代表；「六二」不能出去拋頭露面，只能藏在家裡頭，做「家庭煮婦」。所以「六二」爻變是小畜卦，當然就「密雲不雨」。「六四」則是完全跟著「九五」，為什麼「九五」

到哪裡都得帶著「六四」呢？因為「六四」善於理財，把錢管得好好的，家道越來越興旺，能夠「富家」。「六二」有什麼本事呢？只能在家裡照顧小孩，操持家務，做黃臉婆，自然不必帶出去。而善於精打細算的「六四」，是最佳的秘書人才，「富家」自然「大吉」，所以男主人出外都帶著她，打扮得很光鮮，出入各種公開的場合。而「六二」一天到晚在家邊煮飯邊看報、看電視，看到丈夫帶著「六四」在報紙上、電視上光彩照人，她怎能不妒忌？由此埋下家變的禍根。

當然，我們看爻辭就知道，「六四」的手腕很厲害，上卦巽代表的是超靈活的應變能力，而「六四」特別善於理財，能「富家」，使整個家的財力越來越雄厚。「大吉」是全盤皆吉，跟「元吉」不同，「元吉」強調的是「元亨利貞」的「元」的創造力；「大吉」是因為一個點對了，就像家人卦因為「六四」這麼一個角色，由小影響到大，局部影響到整體；「富家」這個角色就使得整個家道越來越興旺。「六四」是巽的風之根，〈說卦傳〉就說巽卦「利市三倍」，有獲利的本事，至少獲利三倍。所以「六四」這個角色用對了，就會造成全盤都吉——「富家，大吉」。

「六四」會讓老公出去都帶著她，有一定的道理，就是〈小象傳〉所說：「順在位也。」不像「六二」在家裡煮飯悶得很，是「順以巽也」。「六四」是陰居陰位，而且重點是在外，其爻變是同人卦（䷌），可以到處跑。

《易經》中的大吉——一個點影響全局

《易經》中三百八十四爻只有四個爻是講「大吉」的，還有一個卦也是講「大吉」。數量之少是因為「大吉」有其特殊意義，有擴散性的效應，一個點的力量會造成全盤的好局面。

首先看小過卦（䷽）。小過卦的卦辭比較長，最後兩個字是「大吉」：「亨，利貞。可小事，不可大事。飛鳥遺之音。不宜上，宜下。大吉。」如果前面的都做到了，最後就是「大吉」。

此外，除了家人卦第四爻之外，還有三個爻也是爻辭中有「大吉」，即萃卦的「九四」、升卦的「初六」、鼎卦的「上九」。萃卦的第四爻是「大吉，无咎」，第四爻不是君位，「大吉」在前，「无咎」在後。可是〈小象傳〉偏偏還說「位不當也」。「位不當」為什麼會「大吉，无咎」呢？「大吉」跟「无咎」有沒有關聯？升卦是第一爻「允升，大吉」，「允升」在前，「大吉」在後。萃卦跟升卦相綜，是一體的兩面，都有大吉的概念。我們這就明白了，萃卦四爻和升卦初爻的關鍵性地位，一個子足以影響全局；這個子擺好了，整個大局就吉。還有鼎卦的最後一爻，「鼎玉鉉，大吉，无不利」，「大吉」後面還接一個「无不利」。

關於「大吉」我只是簡單示範一下，目的在於告訴大家，《易經》是怎麼一步一步琢磨通的，這種串的功夫不可或缺，不然永遠在一個平面上上不去，立體的架構體系建不起來。只有串起來，才能夠掌握更大的棋盤，在更大的平台上，面對縱橫交織的複雜關係仍能操控自如。

家人卦「六四」為何可以稱「富」稱「大」

按照慣例，我們也一再強調，陽大陰小、陽實陰虛，陽富陰不富。但是家人卦「六四」這個爻既富又大，它明明是陰爻，怎麼可以稱「富」稱「大」呢？萃卦「九四」是陽爻，「大吉，无咎」尚稱允當，升卦是「初六」，陰爻為什麼可以稱大吉呢？這就值得我們琢磨了。

「富」這個字，一般是陽爻在講，一個陰爻怎麼又富又大呢？像泰卦的「六四」有一個美麗的假象，是「翩翩，不富以其鄰」，它沒有稱富。无妄卦第二爻〈小象傳〉也強調說「未富也」，所以「六二」急功近利沒有用，該花的功夫就得花，不要輕舉妄動、癡心妄想。「未富」何必要打腫臉充胖子，還是腳踏實地好好幹。還有謙卦第五爻，那是很多人讀《易經》讀了很久還讀不懂的爻，「不富以其鄰，利用侵伐，无不利」。謙卦中出現大戰的象，而且還是「无不利」那是因為合情合理，是謙卦的君位，是不富的陰爻。上面這三個都是陰爻，都是「不富」。

小畜卦第五爻是「有孚攣如，富以其鄰」，是陽爻，所以「不獨富也」。「九五」的富會照顧相鄰「六四」的不富，結果雙方富利共用，兩爻齊變就是火天大有（䷍），你富我也富，大家都富。從爻的角度來講，出現「富」一定是陽爻，出現「不富」一定是陰爻，這是合理的現象，那麼家人卦的「六四」為什麼特殊，陰爻稱富，又稱大吉呢？這就是對於爻辭不能執著，因為爻跟爻之間是有關聯的，「六四」因為善於理財，是「九五」重要的秘書；「九五」是陽爻，很富有，而它與「六四」完全是綁在一起的關係；「六四」就能「富家，大吉」，這就點出「六四」這個角色能夠由點及面，帶動整體的富足繁榮。而這一切，基於「六四」、「九五」的密切關係，結果整個家都富了。故「六四」憑此可稱「富」稱「大」。

五爻：不計得失

九五。王假有家，勿恤，吉。

〈小象〉曰：王假有家，交相愛也。

還有三個爻，我們先講「九五」。作為領導人，又是整個家的品牌、對外的大家長，怎麼齊家呢？「王假有家，勿恤，吉。」如果你做對了就是吉。「勿恤」，是完全不用擔心，處理得很好。我們常常說費盡心血，心血就是「恤」字，心都滴血了，晉卦「六五」也講「失得勿恤」。人生為什麼那麼苦？就是因為「求不得」，擔心輸贏成敗得失。晉卦「六五」結果「悔亡」，「失得勿恤」就特別重要，這是心理建設的好處。到了晉卦的領導人位置，要為民服務，就不要考慮自己下一任是否還在位，不然境界就有限了，還要去迎合，為爭權奪利搞鬥爭。一旦沒有得失心，超脫個人得失的境界，就是「往有慶也」，給眾人帶來喜慶福報，皆大歡喜。

尤其到了領袖的位置，懂得「勿恤」，就一定吉。一定對群眾有貢獻，對家也絕對有貢獻。〈小象傳〉說：「王假有家，交相愛也。」你看，「六四」拚命理財，結果「富家，大吉」，家道興旺；「六二」放棄個人事業，「在中饋，順以巽，貞吉」，把家事料理得妥妥當當；「九五」他做什麼呢？啥也不做，「交相愛」就好了，就像皇帝一樣，既要皇后與嬪妃不要吵，親如姐妹，分工搭配，還有雨露均霑，這才叫本事，只有齊家才能夠治國平天下。舜帝能把娥皇、女英擺平，相親相愛，堯帝才放心把最高的位置交給他。擺得平，而且付出真摯的愛心，這才是「交相愛」。大有卦也是講公平的概念，第一個爻就是「无交害」，大有卦跟家人卦有很多觀念是共通的。

「恤」字在升卦的卦辭中也特別強調，想要高成長、提升境界，就要「勿恤」。「勿恤」就「有慶」，會帶動很多人成長。民族英雄林則徐也是「勿恤」，他曾經有一句名言：「苟利國家生死以，豈容禍福避趨之。」個人的趨吉避凶就是「恤」，在君位者就不要有這個想法。不要老是擔心個人的得失，才能維持一個家，而重點是「交相愛」。

另外，就是「假」字，在萃卦、渙卦的卦辭都講到「王假有廟」，指得是宗廟江山；豐卦的卦辭也講「王假之，勿憂」，「假」讀作「ㄍㄜˊ」，就是格物致知的「格」，以前是一個假借字，意思即感，它跟咸卦有關，是自然而然的感，無心之感。〈繫辭傳〉說：「《易》无思也，无為也，寂然不動，感而遂通天下之故。」感的力量足以通天下，所以一個領導人一定要有感召的能力，用人格或理念讓所有人受到感召，就像臨卦的「咸臨」一樣。一個領導人沒有這種感動人家的力量或者理念，怎麼會有領導魅力呢？所以王者一定要有「假」的能力，能夠讓所有人，甚至上蒼也會受感動，「假」的力量一旦散發出來，就可以讓所有東西動起來。

「假」字也是「至」的意思，即說到做到，不只是靠理念的感通號召人的能力，還要有說到做到的強大執行力；那就是「至哉坤元」，再怎麼天高的理念，要是沒有坤卦的務實功夫，都是空談。就像現代企業不能只有企劃、創意而沒有實踐能力。所以一個領導人的「假」，既要有咸卦理念的感動能力、乾卦「萬國咸寧」的力量，然後還要有坤卦的務實能力，這才是一個完美的領袖，才能維持這個家（包括國），才能維持祖宗宗廟香火不斷。

宋代朱熹的《周易本義》雖然不怎麼好，但是其對於占卦的一套還是有很大貢獻的。他對於占卦很慎重，不僅齋戒沐浴，還有筮儀，儀式中就需要念念有詞，其中一段就是：「假爾泰筮有常，某（自己名字）今以某事（想要占問之事），未知可否。爰質所疑於神之靈，吉凶、得失、悔吝、憂虞，惟爾有神，尚明告知。」「假」字就是「格」，就是心念發出來感動到天，天就回應，好像有一個神一樣，我要啟動這個感應，神才會回應。

三爻：家法如山

䷤

九三。家人嗃嗃，悔厲，吉；婦子嘻嘻，終吝。

〈小象〉曰：家人嗃嗃，未失也；婦子嘻嘻，失家節也。

第三爻是執行家法，這個爻也很重要。「初九」、「九五」分別代表著群眾跟領導，都希望「有家」，一個要「閑」，一個要「王假」，後面還有「勿恤」。「九三」則是執行家法，捍衛內規，不能隨便通融、放縱。高高舉起，輕輕放下，什麼都可以原諒，這種態度會敗壞家的根基，久了之後家就沒有了。第三爻就要捍衛家規，它是陽居陽位，是離卦的巔峰，又是很剛烈的，最適合執法。一家人平常是很契合的團體，如果有人犯規，處理起來很傷感情，很多人在這一關常把持不住。家人第一爻是第一關，進來之後要維持家規，就是第三爻，它在二、三、四爻構成的互卦坎（☵）之中，風險也比較大，但是它要鐵面無私，堅持原則。像很多政黨都要設紀律委員會，都要有內規，一旦有人觸犯，就得處置。但是人常常硬不起來，有點鄉愿，會和稀泥，這也是很多組織、團體不能夠長期堅持的原因。而家人卦的「九三」就是堅持原則，這樣對長期維持家庭秩序是很重要的；雖然一時傷感情，但也不會破壞整體的關係，會讓家人健康地發展。

爻辭「家人嗃嗃，悔厲，吉；婦子嘻嘻，終吝」，講得很白話。「終吝」，最後是吝，因為文過飾非，不敢承擔錯誤，以致陰柔過度，陰柔過度曰「吝」，吝的局面當然不好。「婦子嘻嘻」就是嬉皮笑臉，什麼事情打個哈哈就過去了，沒有任何人有責任感，犯錯也不在乎，這樣就糟了，「終吝」。是什麼原因造成的呢？〈小象傳〉說：「婦子嘻嘻，失家節也。」是因為失去了家裡應有的制度規範。孫武當初去吳國，吳王讓他訓練妃子，為了樹立軍威，把其最寵愛的不聽訓令的兩個妃子給斬了，吳王求情都不能阻止，這就是大將風範、軍令如山，也是家人卦第三爻的體現。如果孫武聽從吳王指令，把兩個妃子放了，大家都樂呵一團，哪來的軍法？結果就會「婦子嘻嘻，終吝」。軍令嚴格下去，孫武訓練的脂粉團也變得非常有戰力，上陣殺敵，絲毫不遜鬚眉。

「家人嗃嗃，悔厲，吉。」陽剛過度叫「悔」，這就有一點傷感情了；而且「厲」，充滿了危險，動盪不安，每個人都很難過；但是「吉」，長久看起來有必要這樣。「悔」也是有過會改，「吝」則有過不改，因為掩飾過去了，不肯承擔錯誤。「嗃嗃」是什麼意思呢？〈小象傳〉說：「家人嗃嗃，未失也。」就是沒有失去家節，沒有失去大原則。「悔厲」是要付出感情上的代價，但是「吉」。如果照顧了感情，那就「終吝」，這就是人的選擇。「嗃嗃」也是一個象聲詞，因為它是離卦，離為火，第三爻在火的上端，燒得最猛烈。火燒得最烈的時候就是「嗃嗃」這個聲音，是無情的。就算平常親如一家人，一旦有犯過錯的，感情再好，也得按規矩辦事，不能放過，就得處理；這種處理突破了面子、人情或者鄉愿，長期下去絕對是好的，所以爻一變就是益卦（䷩），對整體絕對是有益的。而且犯錯的知道犯錯就得承擔，也是有益的。所以第三爻這麼咬牙一挺，家人裡面就產生益了。益卦〈大象傳〉說：「君子見善則遷，有過則改。」其「遷善改過」就是從家人卦的「家人嗃嗃」而來。

關於這個爻，有一個特別的占例。曾經有一位學生在富邦金控《易經》班聽課，他學了占卦之後，占的第一個卦就占到家人卦第三爻。他問的是建築師事務所業務上的發展前景，結果占到家人卦第三爻。他當時就不明白了，因為其事務所並不存在這些問題，我當時也不明白，就問他占卦前做了什麼？他一說，我就懂了，他也懂了。因為他占卦前剛剛打過自己的孩子，正是執行家法。孩子太皮了，皮到不警告一下不行。我們這一代跟上一代不一樣，覺得打孩子很不好，如果說我們這種文化人居然會打小孩，肯定會不好意思講。可是實在是氣急了，打了孩子幾下，孩子當時哭叫幾句就過去了，家長自己卻難過死了，心思還沒有平復就算卦了，結果那個沒有平復的心情就隨著卦出現了，出來之後就是家人卦第三爻：「家人嗃嗃，悔厲，吉；婦子嘻嘻，終吝。」他的念頭還沒有消失就開始算卦，家人卦第三爻嚴格管教的念頭，就佔據了他整個心思，結果他問的問題得不到答案。這件事情就告訴我們，占卦的時候，最好不要心情太動盪，要盡量平靜，否則問不到真相，或者得不到最佳答案，甚至得到一個完全不相干的答案。這就是「蒙」的狀態了。

上爻：恩威並施

上九。有孚，威如，終吉。

〈小象〉曰：威如之吉，反身之謂也。

上爻爻辭是「有孚，威如，終吉。」這個爻跟大有卦「六五」的「厥孚交如，威如，吉」很像，是要求講信修睦的一個爻。

「有孚」，家人卦當然要有信、望、愛，需要抱在一起的團體，但是「有孚」難免變成溺愛，所以要「威如」；同時又有威嚴，恩威並施，整個家人卦就是這樣一個思維，這樣一個中道的思想，不能放縱，也不能太嚴厲。屬於家人的「孚」在一定程度上來說，特別的重要，科學研究證實，小孩子從小到大沒有被爸爸媽媽抱過的，其人格發展就不健全；但是「有孚」就可能嬌縱，故要有分寸，即「威如」。大有卦「六五」是「有孚」，沒有用嚴刑峻法，但其威儀自然而然就存在，這就是做領導難的地方。尤其家人卦最後一個爻是不正的，非常可能變成睽卦，這時就要靠「有孚」和「威如」並用，才能夠扭轉家人變成睽的趨勢。一旦做到，就是爻變為既濟卦（䷾），一切搞定；如果做不到或者只做到「有孚」，沒有「威如」，那麼就會濫情，家人搞不好就會變成睽，當然就不會吉。孟子就古人的家庭教育說過一種方法，即「易子而教」，因為教自己的小孩有時候分寸不易拿捏，該教訓時不教訓，該嚴厲時不嚴厲，乾脆易子而教，這樣就避開了情面的問題。這都是從人性人情出發，尤其是親情，「有孚，威如」才能「終吉」。

另外值得注意的是「威如」並不是家暴，威儀從哪裡來？就是懂得反身修德，自己率先垂範，待己甚嚴。「威如」不是對別人嚴厲，是對自己嚴厲，要經常反省檢討自己，這樣威儀才能出來，你才能要求別人。所以「威如」絕對不是用暴力或者地位去壓迫人，一定是你本身有種自然而然的威嚴，讓人望而生敬。這就是〈小象傳〉所說的「威如之吉，反身之謂也」。

占卦實例1：由家人卦看經濟形勢

這些占例是連貫的，都是跟全世界的經濟有關。第一個是家人卦初、三、五三個陽爻都動，結果是剝卦（䷖）。這是問二〇一三年的世界經濟形勢。我在講同人卦的時候說過二〇一二年的世界經濟，全球經貿可能會走到最後一爻，即「同人于郊，无悔。」外貿不再安全，貨幣不再安全，爻變是革卦（䷰），貿易的壁壘區域化是不可避免的趨勢，這就是家人卦的格局。一個國家、一個地區或者幾個國家的聯盟，本身有一個區域，這個區域裡面是同樣的待遇，其他的區域要進來就有門檻，這樣整個全球貿易就會萎縮成區域聯盟。外貿如果出問題了，外面就不安全，所以二〇一三年區域聯盟的現象一定會出現；各人自掃門前雪，不管他人瓦上霜。第一爻動，第三爻、第五爻都動，為了「有家」，為了維持區域生計，從領導人開始，貫徹起這個不得已的措施，對行之有年的全球自由貿易來講當然是傷害，畢竟任何一個區域裡面不可能生產所有的東西，有些東西必須全球化，不能隨心所欲，所以它呈現一個剝卦的象，是有傷痕的，「不利有所往」。但是每一個人要照顧自己家人的決心，從上到下都很強，即使重重門檻、重重壁壘會導致剝象。

基於二〇〇八年的金融風暴，美國又推出六千億美金經濟刺激計畫，這對全世界的經濟影響是什麼呢？還是家人卦，動的是三、五、上三個爻，三爻齊變就是復卦（䷗）的象；還是一個區域化、重視內需的格局。第五爻「王假有家」，每一個區塊的領導人都很強調捍衛自己安全的區域，裡面是「交相愛」，對外面則嚴加防範。換句話說，六千億美金如同洪水猛獸，一旦放下來，大家都會築防波堤，不許這個熱錢到處亂竄。如果錢真的用到實體經濟的建設，會有效益產生，但是以人的貪婪來講，這些熱錢絕對是去搞泡沫。第五爻爻變是賁卦（䷕），所有的政府公權力機構都在防範這件事。三個爻變的結果是復卦，說明如果家人卦這三個爻防範得當，美元就傷害不到全球經濟，反而全球經濟復甦，得其利，可是又要防範其害。換句話說，全世界如果都看懂了美國的計畫，就不可能放任自由，家人的區域聯防一定是自然而然起來，這一場攻防戰反而有可能造成復的結果。這反而會傷到美國經濟。尤其從長期看，這就叫偷雞不著蝕把米，很有意思。

當然，我們問這個的時候，還是要問對美國經濟的影響，結果是損卦（䷨），下卦三爻全動；未蒙其利，先受其害，這是典型的飲鴆解渴。我們且不管美國政府怎麼講，但是它以鄰為壑，就會變成公敵，在莫奈他何的情況下，其他國家就會過度防範，過度防範之後反而是復。美國的經濟則是損卦變艮卦（䷳），還是重重障礙，停滯不前。世界其他國家大部分都獲利，美國還不能夠脫困。

那麼臺灣倒是要小心，因為它是一個不變的姤卦（䷫）。姤卦五陽下一陰生，根基鬆動，就像臺幣的升值問題。為什麼會這樣呢？因為臺灣當局的管理能力不足，結果就是姤，就是危機。

占卦實例2：陳水扁的歷史定位

二〇〇〇年臺灣舉辦跨世紀大選，陳水扁意外選上總統，政局大變，我問他在任四或八年，未來的歷史定位如何？竟然占出家人卦「六四」爻動，成同人卦之象，爻辭稱：「富家大吉。」此為何意？二〇〇四年三月大選前，我再問陳水扁勝算，又得同樣卦象，仍然不解。二〇〇六年他的貪腐事發，反扁怒潮澎湃，我才恍然大悟。原來他的治績就是讓自家致富，連任則是民眾不察得以續攤，爻變同人卦指理財全球化，所謂海角七億云云，易占的洞察力真是驚人啊！

悲歡離合——睽卦第三十八（䷥）

家人、睽、蹇、解的輪迴

在上一卦中，我提到家人、睽、蹇、解這四個卦自成一個體系的輪迴，人們都在恩怨情仇、悲歡離合中打轉，如同一個可怕的漩渦，絕大部分人都在其中。這四個卦的特殊性，在六十四卦中是獨一無二的，主要表現在睽卦跟蹇卦的錯卦關係，人際關係一旦瞬間生變，下面就是一連串的反應，而且天地為之變色。一旦家人反目成睽，那種因愛生恨的能量就有可能逼著睽卦六爻全變，變成全部都動不了的蹇卦（䷦）。這就是因為在關鍵的時候，人的情緒失控所致，看不到事情的真相，扭曲的現象往往讓人頭腦發昏。這樣的一個主題在《易經》中是不斷出現的。

像蒙卦（䷃），因為欲望蒙蔽理智，感情用事，就看不到事情的真相；或者以為自己看到的是真相，其實它是扭曲的，是不知經過多少次折射產生的光怪陸離現象，可是你會信以為真。然後根據所看到偏離事實的「真相」，任憑自己的「喜怒哀懼愛惡欲」，主宰人際關係的判斷，把它作為事情發展的基礎，自以為是。這種與現實睽違的作法，怎麼行得通呢？難免會陷入蹇的境地。

睽卦六爻瞬間劇變，變成寒氣侵足的蹇卦，寸步難行。蹇卦是典型的困難的卦，而這種結果最終是因為家人關係生變所造成的。熟悉的一家人，形同陌路，在內訌、翻臉、吵架中，鬧離婚、鬧分居，互相猜忌，讓睽的「兩造」統統喪失競爭力，苦不堪言。我們常說，人生說白了就是你的看法影響你的作法，人生就只有這兩件事情；一個是怎麼看世界，一個是怎麼管理世界，心動就會影響行動。像无妄卦，你的起心動念有妄念妄想，偏離現實，就會輕舉妄動，然後就會有天災人禍。蒙卦也是豬油蒙了心，看不到事情的真相，所以要啟蒙。

睽卦是受感情生變的影響，造成這麼嚴重的效應，最後到蹇卦是不是永遠沒有出頭天呢？不會的，為了生存，必須尋求和解。但是俗話說「冤家宜解不宜結」，想把「蹇」這樣的難題解開，打開心結，要費很大的勁；但是就算解開了，也不會回復到完好如初的關係。老子就曾經講「和大怨，必有餘怨」，餘怨怎麼辦？已經發生的不可能說沒發生，和好如初又太難，總會有疤痕留在那裡。花了那麼大的力氣，浪費了那麼多的時間，結果就在家人、睽、蹇、解中原地打轉輪迴，大家都在原地踏步，就算和解，也不能全解，總有後遺症留著。早知如此，何必當初呢？

在家人卦要往睽卦走的時候，其實《易經》已經給你排好了，那一步要是忍一忍不踏出去，或者是尋求別的方式超越化解，後面就沒有那麼多的麻煩。事情發生之後，尤其是重大難題發生之後，我們要尋求解決，如果自己不能解決，就要找仲裁調解。但是事情已經發生在「家人」的範圍內，很不好處理，所以還是老話說得好：「預防勝於治療。」解卦就是治療，但解得再好，解得再漂亮，都是事情已經發生了，只有想辦法再調理，把這個「病」治好。為什麼要生病呢，為什麼不在根本處隔斷病原？就預防醫學來說，預防勝於治療，這才是最重要的。

家道窮必乖

所以解卦就不如豫卦，豫卦就是事先想到問題，提早做趨吉避凶的準備，把麻煩消除。這種預防勝於治療的觀念，在處理家人卦、睽卦、蹇卦、解卦這一人生重要人際關係的時候，非常重要，需三思而行。可是大部分人不見得過得了這一關，就順著這個輪迴來來去去。我講過像家人卦最上一爻就已經變質，前面五個爻統統是正，陽爻就居陽位，陰爻就居陰位，可是家人卦的最後一爻卻是陽居陰位，不正，「家道窮必乖，必受之以睽」。再怎樣親密的一家人，通常都會發展到這一步，不可能永遠在一起。子女長大了，除非賴在家裡，不然他也得離開。離開家的時候怎麼辦？要怎麼面對如此情境？在不當位、不正的時候，家人卦又往睽卦發展，藥方就是家人卦上爻爻辭的六個字——「有孚，威如，終吉。」這裡提醒我們，一家人是有一個「孚」的，就算是子女長大了或者說關係生變，還是要保持彼此的孚。我們常說「絕交不出惡言」，要有一點風度，要回頭去看過去親密相處的那段時間，心態要持平。

當然，家人會變成睽，有時也是因為關係太近了，以致親暱生狎侮，彼此間應有的距離沒有維持好，熟不拘禮有時也會讓人心生不快，畢竟有一些分寸還是要的；要知道物極必反，有時候好過頭，一旦生恨會恨過頭。《易經》認為這是有違中道的。「孚」的大愛本質沒有變，這是要承認的，但是不能親暱過度，所以一定要維持「威如」，要有威儀，才有可能終吉，家人卦就可以不變成睽卦；或者說即使不住在一起，還是一家人。

那麼「威如」從哪裡來呢？「反身之謂也」，「反」就是返，「反復其道」的「反」，是內省，不是要求別人，要求自己特別重要。做家長的要「嚴君焉」，要嚴以律己。要贏得人家的敬重，自己得像個樣子，要「王假有家」。「王假有家」才有資格在家人卦初爻就要求基層的人，「閑有家」；誰可以進門，誰不可以進門，都要弄清楚。這樣就免於將來之悔；但即便是這樣，人情還是難弄。尤其一家人一天到晚聚在一起，或者準家人式的團體，總難免會搞派系，三五成群神神祕祕，人際就會生起一些是非。所以家人卦的第三爻就要執行家法，用內規制約，該板面孔時就得板面孔，而不是「婦子嘻嘻，終吝」。家人卦走到最後如果能夠吉，靠的就是「有孚，威如」，自己正然後去正人，這就能成為長久的一家人，永遠不分裂、不內訌。「有孚，威如」既是藥方，也是平衡點。「有孚」是比較偏感性的，自然的親情、友情、愛情等種種情；「威如」就有一定的理性，「反身之謂也」，要自己嚴格要求。如果做到了，就是家人卦的上爻爻變為既濟卦，最終是安定的。

「有孚，威如」表現在人的一言一行，有沒有家教，有沒有教養，有沒有組織認同感，也就是「君子以言有物而行有恒」。夫婦之道不可以不久也，一家人不可以不久也，這一輩子有多少時間在一起，為什麼要隨隨便便破壞它呢？能夠靠著「有孚，威如」還「終吉」，就避免了家人卦、睽卦、蹇卦、解卦的輪迴宿命，血濃於水的關係就不會斷。

悲莫悲兮生別離

從家人卦到睽卦，可以用蘇東坡的詩句來形容，即「人有悲歡離合，月有陰晴圓缺。」蘇東坡認為悲歡離合就如同自然現象，不要大驚小怪，關鍵在用什麼樣的智慧跟心態去勇敢面對，盡量圓融地處理。既然月有陰晴圓缺，人自然也有悲歡離合，「此事古難全」。有些人覺得處得不錯，就想一輩子，那也是癡迷；「但願人長久」，事實上辦不到，只能「千里共嬋娟」，聊解相思人情之苦。既然有陰晴圓缺，怎麼長久呢？這就是家人卦要慢慢過渡到睽卦，而睽卦不是單獨存在的，是相對於家人卦才有的。

如果本來就是陌生人，就不叫「睽」；原本的親密愛人變成陌路人，那才是「睽」。換句話說，關係生變，內人變成了外人。睽卦講的是生離，而不是死別，生離死別本來是人生常軌，但是睽卦專門處理的則是生離。屈原〈九歌〉所云「悲莫悲兮生別離」，正是睽卦所面對的。不像死別只有一段時間的椎心痛苦，之後大家又回到正常生活。而生離可能是這一輩子都不見面，折磨你到死，沒有辦法跳開。這也是中國社會常有的議題，像久年的媳婦熬成婆之後，又開始整下一個媳婦，婆、媳之間緊張的關係，一代一代輪迴，這也是睽卦「二女同居，其志不同行」的一個面向。雖然現在時代已經改變，很多年輕人不甩這一套了，但基本的東西還在，人情、人性如果沒有經過昇華，這種緊張的關係其實還是存在的。睽卦的生離讓人一輩子在睽卦的陰影中，沒有辦法，這就是人情。

睽卦卦辭

䷥

睽。小事吉。

睽卦這麼複雜的情緒，卦辭只講了三個字：「小事吉。」一切盡在不言中，各懷心腹事，無法用煽情的細膩描寫來表達。家人、睽、蹇、解四卦都是很深沉的人情變化，一切都得小心翼翼。

在整個睽卦的氛圍下，既然要小心翼翼處理已經瀕臨破滅的關係，維持藕斷絲連的局面，就要「小事」，小心從事。畢竟陽大陰小，小心翼翼是必要的；尤其在關係脆弱時，一不小心就會有不可收拾的事情出來。如果想求得睽中之吉，就要學會「小事」，小心從事，順勢用柔。坦白講，家人、睽、蹇、解四個卦就是一句話，即順勢用柔，坤卦的智慧被特別強調；像家人卦「利女貞」，沒有講「利男貞」，陽剛的那一套要收起來。睽卦「小事吉」，陽大陰小，也是要「尚柔」。蹇卦「利西南，不利東北」，解卦「利西南」，在後天八卦中，西南就是坤卦。換句話說，這四個人情輪迴中的卦，就得用坤卦的智慧去包容，該忍耐的忍耐，不要起衝突。「利西南」才能得朋，東北就一定喪朋。所以只有用坤卦陰柔的智慧來處理睽卦難堪的事情，勉強在睽中求吉。可見，不管在什麼環境下，人總是希望求吉，凶中也可以求吉，悔吝中也可以求吉，厲中也可以求吉，因為這些總是相對的，中間多多少少還有機會轉變。睽卦中明明處境不好，很難受，可是還是要求吉，只要小心從事就行。

另外，我們如果把「小事」當名詞的話，也就是說在睽卦的情況下，關係一旦生變，過去雖然相處默契，一同工作、一同生活，但是現在再共大事，豈不是開玩笑？睽時怎麼共大事呢？已經同床異夢、各懷鬼胎，原先的親密合作精神已經沒了，大事當然難成。若是對付一些小事情，大家還可以維持一點面子上的互動，不至於太難堪。這也是「小事吉」。這樣一來，人生所有的大事在睽卦的情況下是不可能合作的；至於那些維持體面、不痛不癢的事情，是可以做的；只是絕不會再有深度的合作關係。家人卦就不同，可以有深刻的合作關係；到睽卦則變成只有「小事吉」，大事絕對不吉。可見，睽卦是受嚴格限制的。像小過卦（䷽）說「可小事，不可大事」，這就跟「小事吉」很像。小過卦時謹小慎微，就不會釀成大過。

還有一個卦也可以幫助我們理解「小事吉」，像屯卦（䷂）的第五爻講「屯其膏，小貞吉，大貞凶」，「貞者，事之幹也」。要幹事，幹小事吉，幹大事則資源不夠；以屯卦的幼苗階段怎麼能夠幹大事呢？強求幹大事一定凶。

睽卦〈彖傳〉

〈彖〉曰：睽，火動而上，澤動而下。二女同居，其志不同行。說而麗乎明，柔進而上行，得中而應乎剛。是以小事吉。天地睽而其事同也，男女睽而其志通也，萬物睽而其事類也。睽之時用大矣哉。

睽卦的〈彖傳〉是很有智慧的，它把家人卦變睽卦當成是陰晴圓缺的自然現象，並且面對問題，甚至怎麼運用問題，化腐朽為神奇，都有提及。既然會有這麼難過的睽，而睽是從前面熱熱鬧鬧的家人而來，這種悲歡離合是正常的，那麼我們該如何面對，且不要過頭？像《水滸傳》中一百零八個好漢，每個人從五湖四海來，都有一段失意的故事，逼上梁山落草為寇，來此安營紮寨，大塊吃肉，大碗喝酒，還有一個非常有競爭力的優質團隊，真是親密如鐵桶的一家人，讓宋朝的官軍也很傷腦筋。但最後一旦招安，結果不也是睽嗎？有的出家，有的戰死，沒有幾個好下場。所以真要參透卦辭的「小事吉」，不是一件簡單的事情。像近代的胡蘭成與張愛玲，法律上是夫妻關係，是家人，他們後來卻一輩子不見面，到最後你寫你的「大團圓」，我寫我的「小團圓」，永遠是分裂的局面，不可能再合在一起。這樣的例子太多太多，美國前總統克林頓，現任的國務卿希拉蕊，不也是從家人到睽嗎？十幾年前他們兩人就爭先出傳記，在白宮那一段的說法也不一樣。這就有點像我們常講的貌合神離了。

隨著睽卦的一步步深入，尤其是由卦進入爻，就有一種策略上的運用，即貌離神合。這就是家人、睽兩卦相綜的運用，也可以幫我們了解〈彖傳〉。表面上是睽，貌離，骨子裡是連在一起騙外人，其實根本就沒有真的分開，只是給外界一個煙霧彈。人家以為你們是睽的，其實你們是家人，這就叫貌離神合。所以睽卦的〈彖傳〉很啟發人，睽不見得是壞事，運用得好，甚至很有能量，就像坎卦和下一卦蹇卦。坎、睽、蹇三卦都是人生很難堪的處境，大家一定記得「險之時用大矣哉」，完全可以把坎險當成是人生揮灑自如的道場，不要老是覺得險真倒楣，天天抱怨，覺得不堪負荷。睽卦跟蹇卦相錯，在〈彖傳〉最後都發揮了這樣的思維，不是「睽之時用大矣哉」，就是「蹇之時用大矣哉」；在睽卦的時候用睽的特殊狀況，來做很多睽的時候才能做的事。反面的運用反而可以把不好的情境變成好的，非常的情境可以處理成正常的運用。這三個卦的特殊之處就是如此；明明都不好，可是〈彖傳〉最後都把它們轉化昇華，點撥給我們最高層的智慧。在這三個卦的時候如果懂得運用，有時比在常態的時候還要好，不睽、不蹇、不險時做不到的事，在睽、蹇、險的時候反而能夠做到。這就很重要了，簡直有點超凡脫俗，擺脫了一般眾生常有的煩惱。

剛才我們講，有些人外面是一家人，實質上他們的關係完全是假鳳虛凰；實質的家人關係沒有了，只是外面看起來是一家人，其實已經是睽。這就是一體的兩面，所以不要被家人的表象騙了，這是貌合神離。還有一種是外面看起來是睽的，其實是一家人，即貌離神合。如果是貌離神合，他們共同的敵人就會上當。這都是「睽之時用大矣哉」。

這樣的「睽之時用大矣哉」，在政治、軍事、外交諸方面可以作為高級策略的運用。我們常常講有假結婚，其實還有假離婚，實際還在暗通款曲，在暗中你支持我、我支持你，可是外面的關係看起來是不存在的，藉著這個煙霧彈，很多人就保全了自己。像曾國藩跟左宗棠就是一例，傳說曾左失和就是「睽之時用大矣哉」的巧妙運用。

在太平天國被消滅之後，湘軍跟清廷方面的緊張關係就出來了，因為沒有了共同的敵人。湘軍坐大，朝廷就擔心出問題，曾國藩兵權在握，掌控著江南半壁江山的統轄大權，會不會取而代之？這正是清朝政府所擔心的。以曾國藩為首的湘軍將領早就在想著這些問題了，他們知道外敵一旦消滅，內爭就開始了，然後一定有很多人會挑撥離間。那個時候中國的局面是不能窩裡反的，因為列強在虎視眈眈。為了避免自古以來功高震主以致「狡兔死，走狗烹」的局面，傳說曾國藩、左宗棠二人就安排了一場戲，公開吵架失和。湘軍的兩個台柱一旦失和，對於北京的朝廷來說，心中一定是暗暗高興；因為湘軍內部鬧分裂，就不必擔心他們合起來對付朝廷了。其實那只是演一場戲，目的就是傳達一個強烈的訊息給清廷：不用擔心我們，我們不會起來革命做改朝換代的事；再者，像漢朝初年那般殺功臣的事情朝廷也別做。由曾、左二人導演的窩裡反這齣戲，最後化解了朝廷的猜忌之心；所以湘軍將領最後大多得善終，沒有一個被秋後算帳；中國也沒有窩裡反，然後曾國藩又趁早把湘軍遣散。那麼，清廷有沒有被這齣戲騙過去呢？沒有，他們也懂，但是懂了也就將計就計，大家有這個默契就好，這就叫棋逢對手。中國以前這樣的事情很多，不知道為什麼到現代人手中，很多這種智慧卻退化了，有時候別人簡單的一語雙關都不懂，不懂得「睽之時用大矣哉」，這就麻煩了。

這種複雜的人情之變，在中國歷史上出現諸多例子，原先合作緊密的關係，最後翻臉一輩子。像孫臏和龐涓原是師兄弟，但是龐涓妒忌孫臏之才，把他害得人不人、鬼不鬼，最後孫臏只好裝瘋賣傻，被齊國人救走，然後再復仇，使龐涓死於萬箭穿心。還有中國漢字中，「仇人」的「仇」字比較特殊，也呼應家人、睽，「仇」字在《說文解字》中解釋為「仇，讎也」，「讎」是搭配的意思，即「仇」字原意是配偶。後來「仇」字又引申為怨偶，怨偶跟一般的仇人不一樣，是因愛生恨而成。原來是佳偶天成，現在變成怨偶，但是怨偶還是「偶」，也是一輩子的影響。而且配偶變成怨偶後，「仇」字讀音也變了，「仇」作配偶是念「ㄑㄧㄡˊ」，今天的仇姓也是這個讀音，作怨偶時就念「ㄔㄡˊ」。這種複雜的人情之變，就是由家人而睽，曾經是好配偶，現在變成怨偶，而且怨恨很深遠，真的是因愛生恨恨難平。

我們來具體分析〈彖傳〉。「火動而上，澤動而下」，這是分析卦的結構。上卦是離，離為火，火是動的，因為追求光明，追求溫暖，火一定是往上燒的，是躁動的，這就代表睽卦的上卦領導階層是往上運動的方向。下卦就麻煩了，背道而馳，「澤」也不是安定的，澤中有水，就會流動，離上而坎下，澤中的水雖然固定在一個範圍，但是水一定是往下面流的。這就變成各走各的路，漸行漸遠。在家人卦中所謂的大房跟二房，即長女巽與中女離之間還沒有這個問題，至少暫時相安無事；可是到睽卦的時候，長女退出，出家或被休掉了，中女接了女主人的位置，進入上卦，新歡少女（三房）進來，有樣學樣，各懷鬼胎，這就是家人的麻煩。男人的貪心造成男女關係的不平衡，自然就會睽。因為人一定會爭，會想身後事，要權，要利，要名，人際關係日益複雜，到睽卦時上卦跟下卦就背道而馳。

理論上，整個卦還沒有翻臉，表面上別人還認為它們是家人關係，其實內外、上下已經是你走你的陽關道、我過我的獨木橋，水火不容，關係越來越惡化，這就是「火動而上，澤動而下」。隨後的「二女同居，其志不同行」，就直接了當的說出來，就是離卦的中女（二房）跟兌卦的新歡少女（三房）同居一室，無法再像家人卦中所謂的娥皇、女英共侍大舜了。表面上好像很接近，住在一個房子中，實際上天天在那邊算計如何鬥垮對方，怎麼取得男主人的專寵，扶持自己的小孩當「太子」。

「其志不同行」，人生就是志跟行，就是根據你心中的志向、想法變成作法。人生就是想法和作法，簡單化就是如此。可是睽卦的問題是「其志不同行」，就像「火動而上，澤動而下」一樣，你想你的，我想我的，根本就是同床異夢，走不到一條路。想法不一樣，主張不一樣，作法當然不一樣，自然越走越遠，慢慢就分裂了。所以「同居」不一定「同志」；既然不「同志」，當然所有的作法也不一樣，就有分裂的可能，睽卦就已經到這個狀況了，甚至會變成一個公開的祕密。

因為有很多同居但是不同志、不同行的怨偶，所以才會「願天下眷屬皆成有情人」這句話。倒過來了。同居不一定是同行、同志的眷屬們，根本就沒情了，只是維持表面形式，也不做了斷，也沒有了生命力。這就完全與咸卦、恒卦的「願天下有情人皆成眷屬」不同。

「二女同居，其志不同行」，這樣下去就可能會起家庭革命，產生更劇烈的對面衝突；不是你死就是我活，這就和革卦的〈彖傳〉「二女同居，其志不相得」相似了，也是水火不容，從睽到鬧家庭革命，大張旗鼓幹起來了。革卦跟睽卦的關係也很密切，就是上卦、下卦對調，澤火革（䷰）與火澤睽（䷥）就是上下異位、裡面變成外面、外面變成裡面；上面的下來，下面的上去。這就是交卦的關係。關係一對調結果就不一樣了，睽卦的時候雖然有不痛快，不見面總可以吧，但是革卦不是，下卦火往上燒，上卦澤中的水是包裝在笑臉下的坎險，典型的口蜜腹劍、笑裡藏刀。水是要往下面流的，水火不容，但是還不能避不見面，不是我幹掉你，就是你幹掉我；不是水滅了火，就是火把水燒乾。結果就是兩種可能，不是「既濟」就是「未濟」。換句話說，革卦代表衝突已經公開化了，矛盾不能避免，先下手為強，就像祝融跟共工的大戰。

都是「二女同居」，一個是「其志不同行」，一個是「其志不相得」，不能相得益彰、如魚得水。前者是採取逃避，避不見面，眼不見心不煩，不像後者是沒有辦法善了，水火要天天對戰。可見睽久了可能就鬧家庭革命。同樣的道理，家人卦到睽卦時，就是大房被休掉或者被二房幹掉，甚至是二房聯通三房把大房幹掉，然後論資排輩，二房在睽卦的時候進入上卦，補了大房的空缺，下卦兌就暫時居於下風。但是她們心中會起化學變化，如果「火澤睽」一旦變成「澤火革」，結果就是三房取勝，二房到下面去了。從卦象上看，家人之間的關係不言而喻，一個字都不用寫；「睽」久了當然就「革」，變成了行動，要剷除對方，壓倒對方，少女兌卦終於戰勝所有對手，上來了。

既然問題很嚴重，很難擺平，有沒有希望呢？有，肯定有的。〈彖傳〉下面筆鋒一轉：「說而麗乎明，柔進而上行，得中而應乎剛。」這三個都是正面的因素，所以在睽卦的時候不要只往壞處想，老看到你往上，我往下，同居不同行。「說而麗乎明」不是很好的現象嗎？「麗乎明」就是上卦離的概念，其實睽卦有時外面看起來還是很溫暖、光明的；既然上卦是光明，我們就要依附這樣的光明，要建構這樣的人際網絡，讓溫情滿人間。既然都是一家人，而且兩情相悅（因為下卦是兌），不掩藏自己的想法，為什麼不這樣呢？「說」即「悅」，既然是相悅，就可以談了，不必避不見面，而且前途還可能有光明。這就是要懂得離卦「麗」的觀念，你需要我，我需要你；和則兩利，離則兩傷。從「說而麗乎明」這個角度觀象，睽卦依然有生機。

然後是「柔進而上行，得中而應乎剛。」這是對「六五」跟「九二」的關係還沒有穩固時的建議。從上卦跟下卦來講，離卦跟兌卦好像勢不兩立；可是從爻的觀點講，「六五」、「九二」相應與，「六五」是君位，上卦離的光明中心；「九二」是下卦的中心，也很重要。「六五」跟「九二」是在不同的上下卦，上下卦之間是睽，可是在整個卦中，它們之間的私交、淵源，並沒有斷線。雖然爻隨卦轉，在不同的陣營，彼此很痛苦，但是「六五」跟「九二」的爻際關係是好的，這個關係就可以用。這就像在不同的家族，家族是世仇，但是他們兩個偏偏談戀愛，羅密歐與茱麗葉就是如此。而且從爻的關係看，「六五」和「九二」都是中心的勢力。「六五」是氣氛非常糟糕的睽卦君位，是陰柔的爻；「進而上行」，得居上卦離之中，「而應乎剛」，下面跟「九二」相應，關係沒有斷。就像蘇秦、張儀是同門師兄，你搞合縱，我搞連橫，但是不影響他們的私交，還是好的師兄弟，還互相欣賞。

這就是進入爻的時候實際的互動。睽卦六個爻，一言以蔽之，就是認為睽卦不好，因為睽卦下面就是蹇卦。但是爻要落實到操作層次，整個任務就是要「合睽」，要使破鏡重圓、覆水能收，希望關係不再進一步惡化；利用對口關係，如「九二」跟「六五」、「初九」跟「九四」、「九三」

跟「上九」，透過爻的個人努力「合睽」；即使很難，但都得盡心盡力。其中最大作用的就是「六五」跟「九二」，它們的私交是有影響力的，在睽卦沒有變成蹇卦的時候，爭取最大的努力提前和解，再恢復到一家人。這就是〈彖傳〉最終的目的，利用君位的影響，「得中而應乎剛」，「是以小事吉」；在這種情況下不希望繼續惡化，要順勢用柔，要大度包容，小心翼翼維護來之不易或者快要破裂的關係。「是以小事吉」就是「利多」跟「利空」兩個因素的交戰，能做，但不能做太大的動作，直到正面的可以蓋過負面。

當然，〈彖傳〉因為從分析卦的結構開始，從陰陽、剛柔闡述，常常會顯得很抽象；很多人剛開始讀《易經》不得力，就會覺得看不懂；因此我們就要用人世的經驗、生命的閱歷去分析觀察。要知道越抽象的敘述，涵蓋的東西就越多，如果盯著一兩件事情落實來講，實用性就有限。這也是《易經》能夠傳千古的道理。《孫子兵法》也是，談的都是兵法的大原則，所以才傳得久，如果只盯著一兩個東西談，很快就被淘汰了。我們讀睽卦的〈彖傳〉會發現，越讀越有味，不愧是天下第一傳，滴水不漏，考慮事情全方位，結構都掌握得很精準；「說而麗乎明，柔進而上行，得中而應乎剛」，還有益處下來，「是以小事吉」。

但是〈彖傳〉的智慧不止如此，任何傳總是不能脫離經，一定要解釋經。下面就要深入解釋了。「天地睽而其事同也，男女睽而其志通也，萬物睽而其事類也。」這就是手眼甚高。它認為睽不是壞事，完全可以用很開闊的觀點來看人生中所有的睽；第一個是見怪不怪；第二個是自然現象，然後也不是沒有辦法的，有時候還非得睽一下子，才能對人生有更高的體悟。為什麼一定要朝朝暮暮在一起？為什麼要強求人家一定要跟你一樣？很多的紛爭就是這樣來的。各正性命豈不更好？睽的產生也是個性化的不同，即使是夫妻再怎麼合，還是兩個人，為什麼不互相尊重呢？要知道天生萬物，一定有不一樣的。從長相上說，要完全一樣就不容易，只要有共通的東西才會有感應，然後才會結合成為家人，長久共同生活。可是一定有個不一樣的地方，而且是不能分享的，各自有各自的特色，這也叫睽。為什麼要覺得睽就不好呢？如果大家都要幹一樣的事情，到哪裡都得兩個人一起去，世界會是怎樣呢？

其實，天地就是睽，「天地睽而其事同也」。乾、坤是天地，天壤懸隔，卻是互補相成，如果沒有天地，沒有相反相成，沒有錯卦的結合，就不會有宇宙和生命。陰陽、男女、夫婦各方面都是睽，都是不一樣的，不一樣才有辦法，這就是「天地睽而其事同」。而天地生萬物，生生不息，產生一代又一代，這就是「同」的部分。「其事同」就是天地生養萬物，雖然睽，但是陰陽合，剛柔互濟，能生生不息。「剛」跟「柔」就是睽，就是不同，這是很簡單的道理，但它們可以同事，而且必須這樣睽的人才能共事。像所謂的「同志」之愛——同性戀，再怎麼樣也不能生小孩。這樣看來，睽哪裡是壞事呢？「天地睽而其事同也」，就是因為睽的造化使然，才能生萬物。

「男女睽而其志通」，馬上就拉到人間世了。「天地睽」是大宇宙，「男女睽」就是小宇宙，男女不同性，當然大不一樣，可是剛剛好，「而其志通也」。因為男女才能結合，才能生育，這是他們共通的部分。這一「志通」，生命就生生不息、繁衍不絕。但其實他們也是睽的，如果不睽，男男結合或女女結合，能生育下一代嗎？「男女睽而其志通也」，這樣的睽再合就能生，所以不要只看「分」，要看「合」；分中有合，有互相需要，因為相互不一樣，才可以相反相成。

「萬物睽而其事類也」，由天地、男女，接著就是萬物，萬物都是睽的，人心不同各如其面，形形色色，都不一樣，萬物也是如此。「類」就是陰陽合的概念，類的裡面就要有陰陽，不然怎麼繁衍？陰陽和合，才可以生，但是要同類；男人跟女人都是人類，不是異類，人跟豬就不同了，但是大的範圍還是同類，都屬哺乳類。這就是「萬物睽而其事類」。不一樣的事物不妨礙在一起，如果看不慣人家的不一樣，都要人家跟你學習，要跟你一樣，那樣豈不糟糕？如果人類的思想要搞一言堂，思想早就滅了，哪來的「生」？接下來就是〈彖傳〉用簡潔的話作結論，為睽卦平反。誰說睽卦一定是壞事？「天地睽而其事同，男女睽而其志通，萬物睽而其事類。」結論就是「睽之時用大矣哉」。既然它是自然的，而且還可以生，那我們就好好運用。

「睽之時用大矣哉」，這種智慧就不只是「小事吉」，在那邊斤斤計較，更不是說家人變睽的關係都是糟糕的。運用這種智慧去超脫，我相信任何人在睽卦的狀況下都不是被動挨打，而是發揮更大的創造性。

當然這種例子太多了，像那些當最高領導的人，也懂得「睽之時用大矣哉」的智慧。下面的人搞派系、團體，然後派系跟派系之間不和，很多是非就產生了。不聰明的領導人這時就會很痛苦，高明的領導人就會認為這是自然的，只要不過火就好；派系不和到一定程度，自然會由他主持公道，這樣一來他就可以利用派系鬥爭平衡局面，不讓下面任何一個派系獨大，最終把整個局面控制在自己手中，所以他才叫最高領袖。這就是「睽之時用大矣哉」的運用。最高領袖如果笨到把所有的派系都變成沒有了，下面聯合起來對付你，那就真的成了孤家寡人了。

還有像古代的大家庭中，女人們吵翻天，男主人則覺得睽一下蠻好，後面的越娶越年輕，因為她們都要跟他爭寵，所以有三千寵愛在一身；要是這些幾房幾房的沒有矛盾，男人不就沒有價值了嗎？要是她們一天到晚合計起來把老鬼男人幹掉，她們乾脆做「武則天」，那男人就糟糕了。這也是「睽之時用大矣哉」，在家庭或皇宮中的運用。

還有「睽」也可以作為一種要求的手段。這是現代社會比較常見的。有些當老闆的，認為員工工作太散漫了或者不自動加班，就以任務管理為要脅，限定員工準時完成某項任務，這樣晚上非加班不可，而且沒有加班費。如果下屬不接受，就以辭退相威脅，員工一看不能失去這個工作，就得繼續做牛做馬，這就是老闆的「睽之時用大矣哉」。因為員工不敢跟老闆睽，怕失業，睽就變成一個很有威力的武器。不過，員工也可以倒過來使用這一智慧。如果員工在公司是有價值的，公司其他人無法取代，或者短期內該員工的離職會造成整個公司的動盪，然後該員工就要求加薪，老闆如果不同意，辭職書就擺在那邊，老闆一看不行，只好加薪。所以睽的運用在人際關係常常是一個籌碼，用到最好的時候就會創造奇蹟，生生不息。

成語「鷸蚌相爭，漁翁得利」，老漁翁就懂得「睽之時用大矣哉」。這個情形就美國、日本來講，它們最希望兩岸永遠睽。當然，對它們來講就是「睽之時用大矣哉」，「你們的痛苦就是我的幸福」，美國就是如此，希望兩岸一直這樣睽下去，保持現狀，它就可以賣武器、賣破銅爛鐵給臺灣，然後繼續挑撥離間。那麼，兩岸在面對這種睽的時候，就要盡量化解這種離間的手段。

人在人際紛爭衝突的時候，站穩自己的立場，不輕易投靠哪邊，有時候反而會變成雙方爭取的人物，這也是睽的運用。

這就是〈彖傳〉的精神，既把過去的東西承襲下來講清楚、說明白，最後又有創意的見解，即把贊易的部分講出來。這也是學《易》的正確態度。每一代學《易》的人都要有這種功夫。在有根基的情況下，要與時俱進，好的卦中要看出壞的陰暗面，壞的卦中可以發現它不是那麼壞，只要人的智慧高，就沒有好壞卦之分，就像「睽之時用大矣哉」。「用」就是網絡的概念，用自己的資源無中生有，柔能克剛，能夠把資源極度缺乏的情況變成好的局面。

睽卦〈大象傳〉

〈大象〉曰：上火下澤，睽。君子以同而異。

〈大象傳〉強調上下、朝野、內外不和，因為「上火下澤」，所以特別強調睽卦要重視上下的動向。在履卦（䷉）一章中，我們就學過，「天澤履」和「火澤睽」這兩個卦就差在第五爻的爻變。履卦〈大象傳〉是「辨上下，定民志」，講組織中的名分確定之後的上下互動關係，上下要分辨，這樣民心才安定。一旦辨上下，往正面發展的好處是什麼呢？就是彼此來往交流有保障，即泰卦（䷊）。泰卦在〈彖傳〉中就出現了「上下交而其志同」，要「上下交」，先搞清楚誰是上、誰是下，然後有沒有交流互補共同的「志」。還有就是上下關係出問題，即剝卦（䷖）〈大象傳〉所說「上以厚下安宅」，在剝卦的時候搖搖欲墜、岌岌可危，在上位者對下就要厚道，在剝極而復的存亡繼絕的關口，上下問題要及時調整。還有剝卦的錯卦夬卦（䷪）的〈大象傳〉也在強調上下：「君子以施祿及下。」

睽卦上下是呈現這麼一個裂局，越走越遠，各行其是，在這個象中要怎麼修德呢？「君子以同而異」，「而」就是能夠，睽卦強調「家人」的共同性，也強調不要在一家人中埋沒個性，可以有自己的主張。魚有魚路，蝦有蝦道，不要為了家人的和諧關係喪失獨立的自我，同中也能夠求異。這樣的思考就非常緻密，異中能夠求同，對於謀求各大民族、各大族群的和諧，是同人、大有二卦的目標；而睽卦則是在一家人中看出不一樣。

睽卦六爻爻際關係

睽卦六爻對於描寫人情十分深入、細膩。家人卦已經變成睽卦，可不可能再回去？再往下就是蹇卦，誰也佔不到便宜，所以睽卦就希望藉著爻的操作，試圖合睽，化解仇怨，在具體操作的時候盡最大的努力，不讓局勢繼續惡化。在這個反省的條件下，六個爻就分頭努力，不管多困難，以「合睽」為上。為什麼睽呢？主要就是上卦跟下卦朝野不和，就像不同的宗教，把對方看成異教徒，不能容忍。

因此，上卦跟下卦相對口的爻就要想辦法在不合的情況下，看能不能合？「初九」跟「九四」相應，「九二」跟「六五」這一對是率先垂範，表現誠意，破除萬難，在睽的情況下還能進行善意的釋出。還有就是「六三」跟「上九」的關係也是相應與。

但是「初九」跟「九四」有一點格格不入，因為兩個都是陽爻，只相應，不相與，先天條件不是那麼好。而「九二」跟「六五」是最有條件的，既有影響力，又懂得中道，一個居上卦之中，不會有過火、極端的行為，秉持中道；一個居下卦之中，「說而麗乎明」，這是很有利的一對，有復合的希望。「初」跟「四」就不大容易，就算有復合的心，可是兩爻之間各自都還在鬥氣。

「六三」跟「上九」這一對照講應該很合得來，但是這一對是非常慘烈的。爻辭沒有放棄最後的希望，但真的是緣分將盡，雙方互相仇視，互相猜忌、懷疑到了極點。睽卦上爻是睽極之爻，睽卦「六三」不中不正，陰居陽位，又是下卦兌的開口，亂講話，不含蓄，情欲蒙蔽理智。「六三」跟「九二」的關係就是這樣。我們過去學了不少卦，凡下卦是兌的，「六三」幾乎沒有好的，而且跟「九二」的關係是很糟糕的，因為陰乘陽、柔乘剛，欲望蒙蔽理智。像履卦的「六三」就很糟糕，「九二」懂得「履道坦坦，幽人貞吉」，默默地幹；「六三」就不自量力，情緒失控，被老虎咬死。還有蒙卦的「六三」也不好，「見金夫，不有躬」。「六三」在睽卦就會感情用事，心中也不藏話，有什麼就講出來，因此情緒用事，多言致禍。所以「六三」跟睽極之爻「上九」就算相應與，也是很難回頭的。

睽卦六爻詳述

初爻：克制冷靜

䷥

初九。悔亡，喪馬勿逐，自復。見惡人，无咎。

〈小象〉曰：見惡人，以辟咎也。

我們先看睽卦的「初九」。除了第二爻之外，睽卦的爻辭基本上都有一定的長度，因為人在睽的情況下，面臨害怕、不敢面對等心理鬥爭的狀況時，會令人難以抉擇。「悔亡，喪馬勿逐。」

先提「悔亡」，接著是馬跑掉了，不要急著去追。家人卦初爻也是「悔亡」，睽卦初爻還是「悔亡」，畢竟曾是一家人，都經過門檻的入學考試，多了這麼一道手續，就是為了「悔亡」。後來生變成睽，剛剛開始吵架的那一剎那，啥也不跟你講，就講「悔亡」。過去的家人六個爻，好不容易突破千辛萬苦邁過門檻，建立了這個家，當時是因為「同志」所以同居，「閑有家，悔亡」。現在是睽卦之初，其志不同行、同居不同志，但還是要冷靜，於是再次提「悔亡」，不要意氣用事，否則將來會後悔一輩子；既然這樣，在剛有一些不愉快時，還沒有到天翻地覆的定局，塵埃尚未落定，為了避免將來後悔不堪，現在就得克制，不要講太毒的話，不要做太絕的事。如果在「初九」的時候懂得節制、冷靜，悔恨就會消亡。「喪馬勿逐」，怨偶就是馬，是跟你匹配的代步工具。你的伴侶本來是朝夕不離的，人有馬代步，一切行動都比較俐落，可是因為關係生變，馬跑掉了，就好比太太離家出走了，是「生離」。

馬也代表心，馬一跑出去，你的心也跑出去了。「初九」如果把馬當心來看，就是「喪心勿逐」。「初九」講「喪心」，「上九」則是講「病狂」，「喪心病狂」都出來了。初爻先喪心，在睽卦的時候失去冷靜、失去理智，亂罵一通，老是怪別人，不反省自己，心神就迷失在憤怒、謾罵中。如果開始沒處理好，發展到睽卦的極端「上九」，那就是精神病的世界，有幻聽、幻象，進入「病狂」的狀態。這就像无妄卦君位所提醒的一樣，「无妄之疾，勿藥有喜」，心病是沒有藥醫的，精神不正常就是一種瘋狂的狀態，也是無藥可醫的。精神病人所看到的世界和人際關係都是扭曲的，甚至是無中生有的。那就是睽卦上爻。那個爻辭寫得非常精彩，是《易經》最長的一個爻，總共二十七個字，比一個兌卦的總字數都要多。《易經》最精簡的卦六個爻的爻辭加起來總字數還沒有暌卦上爻的字數那麼多，像兌卦六個爻的爻辭就很簡潔，兌卦是愛說話，可是六個爻爻辭不說話、少說話，最有意思。暌卦上爻是一個精神病的世界，《易經》以精簡為上，為何要花費那麼長的文字，何況是透過一個精神病人看到的世界呢？因為暌到了極點受刺激太深，喪心到病狂，傷心到發癲。精神病把全世界的醫生都考倒了，因為沒有辦法真正治療，所有的藥只能讓病人安靜。很多藝術家其實跟瘋子差不了太多，如果沒有那麼瘋，那種奇特的想像力怎麼能出來呢？

暌卦上爻就是暌極之象，源頭是從「初九」來的。暌卦初爻提醒你「悔亡」，然後告訴你，小心心智喪失，一旦你喪心，哪裡也去不了，哪裡也跑不遠，如果再發展下去，嚴重的後果就是「上九」，真的會病狂。

既然「初九」喪馬了怎麼辦呢？「勿逐」，不要急著去追，因為那個時候去追，一定越跑越遠。何況人在盛怒之下，是誰都不肯相讓的，這個時候一定要冷靜。馬一旦決定要跑，不會那麼容易就追回來的。人的關係一旦決裂，要馬上恢復也很困難，所以不要急著去追回來，追也不能解決問題。

人會「逐」也是因為有欲望，不見得真的是愛，有可能只是佔有欲，或者長期被你支遣，當牛當馬，突然罷工了，這一下子補不上，馬上就想追回來，有那麼好嗎？我們被欲望驅使，其實是一種佔有欲的擴張，這時候往往不是「逐」的時候，需要冷靜反省自己。就像惡婆婆把媳婦欺負得太厲害了，媳婦氣得離家出走，婆婆一看糟糕，每天的「娛樂」沒有了，馬上追回來，那種情況也不會長久，根本是欲望在作祟。

「喪馬」之時，當然有一點錯愕，但是一定要「勿逐」，此時正好是冷靜下來反省的機會，「自復」就是這個意思。有剝才有復，剝除一些假象，核心的東西才會開始甦醒。像家人卦變暌卦這種關係生變的狀況，要時時記得，一定要回頭好好反省自己，即「反求諸己」，也就是爻辭所說的「自復」。喪馬之後的衝擊，必須自己調整過來，做深刻的反省。這才是睽卦初爻該做的事，而不是習氣作祟，一定要去挽回些什麼。

那麼，在分隔的時間裡怎麼辦？是暫時不要見面，還是一輩子都不見？雖然暫時不強求，但大家都還在氣頭上，把對方當成世界上最壞的人，即惡人。在「初九」的眼光中，惡人是誰呢？就是「九四」。這兩個爻正是睽的「兩造」，「初九」因為跟「九四」吵架，它眼中看到跑掉的這匹馬——「九四」，完全是壞蛋、惡人。可是爻辭告訴我們，在適度的場合，熟悉的社交圈、生活圈，所有這些關係統統要解體顯然不可能。家醜不可外揚，即使是心中認為的那個壞蛋，所有的惡都歸咎於他，可是在大家必須一同出席的場合，怎麼辦？《易經》鼓勵你成熟一點，就好像沒事一樣，如果你不想人家知道，或是在人家善意撮合的情況下，見面又有什麼關係？保持適度的聯繫也是一種禮貌，這很重要。見面三分情，讓別人最不愉快的就是拒絕見面，也不給別人解釋的機會，什麼東西都切斷，那是瞧不起人到了極點。尤其在這種家人睽的時候一定要保留三分情，要注意表面的風度，絕交也不出惡言，除非你真的想完全放棄、永遠不見。

心目中的惡人，可能他看你是惡人，你看他是惡人，其實只是彼此交惡而已，尤其在短期情緒用事的時候，總認為對方壞。只是交情出現狀況，自己就認為對方是惡人，但爻辭卻告訴我們：「見惡人，无咎。」沒有關係的，而且這樣還有復合的基礎。但這就是人情所難，吵得那麼凶，一下子回不了頭，是常見的現象。不見，其實是懦弱、怯弱，不敢面對。惡人、善人只是雙方的看法，旁人未必這麼認為。因此，不管怎麼樣都要去見，像地藏王菩薩就常駐地獄，不入地獄，地獄怎麼會空呢？

注意，前面講「悔亡」，後面講「无咎」，這個爻在主張什麼？〈小象傳〉說破了：「見惡人，以辟咎也。」「辟」就是躲避，「无咎」就是因為避開了咎。「咎」也是人不敢承擔，然後又怪別人，這是保護自己的心態，是弱者的心態。如果你真的認為他錯了，那麼你怎麼怕見他呢？如果你認為自己是善人，惡人都不敢見，善人有什麼用？如果是交惡之人，不見才不會避開咎，避不見面的咎就會變成不治之症。其實這是沒有必要的，有很多事情就是因為沒有問題反而變成有問題了。「初九」要是沒有按照爻辭進行身心的調整，沒有坦蕩的胸襟，爻一變就會落空，變成未濟卦（䷿）；澤中的水就洩了底，變成了坎卦（䷜），最後那一點資源都流光了，什麼情分都沒有了，真正變成了水火不容。所以睽之初的調整非常重要，稱得上是黃金時間。要修的功夫很多，一是「悔亡」，二是「喪馬勿逐」，三是「自復」，四是「見惡人」，最後才會无咎。

惡人以爻際關係來講就是「九四」，跟它相應的不肯和，誰也不願意低頭。「初九」還有一個講法，就是「初九」願意跟「九四」見面了，但是認為自己還是站在比較佔理的一方，因為它陽居陽位，當位又正，沒有太大的錯；「九四」是比較理屈的，因為它不正，陽居陰位。「初九」是陽居陽位，就爻的關係來講，比較佔得住理，「九四」有一點理虧。正是因為這樣，理虧的「九四」在跟「初九」吵翻之後，就陷入了坎險之中，所以「九四」的處境分開之後比較危殆，是陷在坎中的；「初九」是比較佔得住理的。但也要有大方的風度，有自己要反省的空間，然後可以見面，「見惡人，无咎」，這種自信是必要的。

《論語・陽貨篇》之孔子「見惡人，无咎」

《論語・陽貨篇》載：

陽貨欲見孔子，孔子不見，歸孔子豚。孔子時其亡也，而往拜之。遇諸塗。謂孔子曰：「來！予與爾言。」曰：「懷其寶而迷其邦，可謂仁乎？曰不可。好從事而亟失時，可謂知乎？曰不可。日月逝矣，歲不我與。」孔子曰：「諾，吾將仕矣。」

孔子見陽貨的情形就像睽卦初爻，他們根本不是一路人，陽貨是有權有勢的人，一天到晚要來見孔老夫子；孔老夫子知道跟他不可能合作，不可能共大事。可是有錢有勢者要見在野之身的孔老夫子，應付不好就麻煩了。〈陽貨篇〉劈頭一開始就寫「陽貨欲見孔子」，陽貨打定主意要見孔子，其實他們兩個有什麼可以談的？沒得談，但是孔子要永遠不見，這就很難了。像遯卦〈大象傳〉所說「君子以遠小人，不惡而嚴」，那才叫智慧。陽貨想見孔子而不能遂願，便又送了一頭小豬到孔子家。孔子是比較重禮的，不喜歡的人送禮給你怎麼辦？不想見面但是禮要送到，所以他就逮一個空子，趁陽貨不在家時去拜訪他。孔老夫子也鬥這個小心思，他不想見惡人，就趁他不在時回拜；沒想到陽貨更厲害，派了反間諜，結果冤家路窄，兩人在路上碰到，這一下孔子的小計謀被識破了，不見都得見了，見了就得應付應付。

陽貨發表議論，孔老夫子就敷衍，因為「見惡人，无咎」，見人說人話，見鬼說鬼話，兩個人互相打哈哈，結果就是无咎，誰也不能拿誰怎麼樣。

四爻：冰釋前嫌

九四。睽孤，遇元夫。交孚，厲无咎。

〈小象〉曰：交孚无咎，志行也。

我們看「九四」，這是「初九」心目中的惡人。「睽孤」，「九四」跟「上九」都是「睽孤」。成語「眾目睽睽」也是這個「睽」字，關鍵就在眼睛，觀其眸子，不容易藏心事，很多東西自然而然就流露出來了。人之精神都在兩目，這是曾國藩說的。人的精神主要看其眼睛，很多訊息就會流露出來。

「九四」陷入孤立，與世無緣，格格不入，朋友都處不長。「睽孤」的現象皆因「九四」連「初九」這樣的人都不能處久，結果同情「初九」的人還是居多，同情「九四」的比較少；而且「九四」老跟人吵架，習性太深，越來越陷於孤立。「九四」的位置很高，但是其位不正；「初九」雖然位置低，可是他坐得正、行得正。這一點從爻上可以看得出來，「九四」再高，他也是沒有朋友的，孤立無援，在睽卦中注定要「睽孤」的，人生睽的滋味他最能真切地感受到，而且在坎險之中（三、四、五爻互卦為坎）。「九四」如果是中央執政大臣，他跟老闆「六五」的關係就很惡劣，陰乘陽、柔乘剛，真正是「或躍在淵」。「九四」跟「初九」的關係也代表官跟民之間睽，政府的舉措不得民心，偏離「初九」的民意，管理的效能自然失當。「九四」常常行事乖張，結果陷入「睽孤」。假定「初九」跟「九四」是一家人，這兩個爻一旦睽了之後，其實「九四」是比較慘的，「九四」更需要「初九」，「初九」一個人還可以活下去，「九四」完全陷入孤立，孤獨寂寞又身居高位，陷入坎險的鬥爭，處境淒淒涼涼。原先在跟「初九」密切合作時，覺得好像都是理所當然，這些問題都沒有，所以很輕易地跟「初九」睽，睽了之後才發現轉不動，又後悔了。「九四」其實是有後悔的，因小事而吵翻，結果陷入孤立，失去了最好的奧援；在「初九」的時候早就有了警告，免得「九四」將來後悔；要讓「悔亡」，現在就要好好處理、經營這個關係。

「九四」「睽孤」很可憐，他不甘心這個孤，作為中央政府，沒有「初九」民意的支持，「九四」就要面臨下台。形勢使然，很多事情不能開展，「九四」就要主動跟「初九」示好，希望能夠緩和局勢，可是面子上又下不來，那怎麼辦？有很多夫妻吵架，吵完之後有一方可能還過得蠻自在的，有一方就「睽孤」；「睽孤」之後又想復合，「九四」雖身陷坎險中，本身還不正，但是剛而能柔，陽而能陰，身段夠柔軟，願意回頭，可是完全低聲下氣實在也做不來，這時就要有創意的思維了。假定你覺得「睽孤」了，孤寂難耐，怎麼讓「初九」回心轉意？「遇元夫」就是如此，「初九」就是「九四」的「元夫」，是其創造力的核心，生命的元氣之所在，本來的關係就像夫妻一樣，吵架之後賭氣分居，後來又懊悔了，想跟「初九」復合，可是正常的管道統統斷了，公開場合也拉不下臉來，怎麼辦呢？採用「遇」的手段，利用體制外的接觸管道。《易經》中所有「遇」字都是姤卦（䷫）觀念的顯現，即不期而遇，如此一來，人生有緣才會聚在一起。「九四」跟「初九」鬧翻了，沒有正式的管道溝通，可是實質上的接觸不在乎形式，所以「九四」就會想方設法製造這種不期而遇的機會，安排體制外的管道來疏通。就像兩個國家如果沒有邦交，想要實質性的接觸，就要有密使，繞過正常管道進行先期溝通。一個公司、一個組織之中如果人事紛爭擺不平，常常也要利用非正式。這種利用私底下、體制外的管道展開實質的接觸，就是「遇」。睽卦的「遇」

很重要，有四個爻都是用這種方式來恢復不能失去的關係。「九四」是「遇元夫」，「六三」「遇剛」，「上九」「遇雨」，「九二」「遇主于巷」，都是「遇」字當頭，私底下展開接觸，避開了閒雜人等，就可以談實質的問題。這都是姤卦原理的運用。而「初九」是靠「復」，所以睽卦真有意思，它是一個「復」跟四個「遇」之間的交互運作，那麼復卦（䷗）跟不期而遇的姤卦是什麼關係呢？錯卦關係，一陽復始跟一陰生，六爻全變，觸類旁通。復卦是剝極而復，姤卦是滅了之後再生，但是復卦還是主體，以復為主作為睽卦的基本面——初爻，上面五個爻有四個爻都靠「遇」為輔，挽回越來越惡化的親密關係。

「遇元夫」是「九四」安排的私底下接觸，希望跟「初九」能夠有再見面的機會，這一遇就不得了，達到了實質溝通的目的。「遇元夫」雖然是不擇手段，設計很多巧思，製造不期而遇的機會，但是「交孚」，誤會冰釋。「初九」也冷靜了下來，這一見面舊情復燃，於是雙方都有意就「交孚」，抱到一起了。不過還是有「厲」，當然有一點怪怪的，心中難免有一些忐忑，有一些過去的陰影，又怕被人家發現剛吵過嘴，怎麼又抱到一起了呢？但是最後「无咎」，誤會完全冰釋。

不能缺少對方的重要關係一旦恢復了，就是〈小象傳〉所說：「交孚无咎，志行也。」「九四」居高位，失去了「初九」的支持就不能行動；現在得到了「初九」的諒解，原先想要實踐的「志」，因為跟「初九」恢復正常關係而得以施行。有這種結局出現，在於「九四」要勇於表態，要交心，「遇元夫」，經過這樣的努力，變成「交孚无咎，志行也」。從不相往來到恢復聯繫，自然就「志行也」。就像「同人」可以通天下之志。「九四」這個努力很重要，要做到這種努力，「九四」爻一變就是損卦（䷨），損卦需要「懲忿窒欲」，把先前的驕傲、缺點、習氣滅掉。損卦是做減法，損之又損，所以「九四」千萬不能張揚跋扈，一定要耐住性子，跟「初九」化解仇怨，到最後才可以「志行」，雙方又變成同志了，這不是很好嗎？

二爻：避人耳目

九二。遇主于巷，无咎。

〈小象〉曰：遇主于巷，未失道也。

「九二」開始也是「遇」，「遇主于巷」，在小巷子中不期而遇見到我的主人，產生實質的接觸。見了就不要浪費，要利用避人耳目短暫的空間多做一點事，結果當然是无咎。在睽的時候，大家都沒有辦法公開往來，在沒有正常的管道時，不排除私底下見面，化解矛盾。所以為了避人耳目，很多實質性的「遇」是在小巷子中進行的。

「遇主于巷」，「主」是誰呢？對於「九二」來說，就是見「六五」。「六五」是全卦的君位，就是它的主。「九二」屬於下卦兌，「六五」屬於上卦離，這兩個卦不來往，邦交關係是斷的，沒有現成的管道可以溝通。為了讓地方代表與最高領導人能夠見面，至少有很深的象徵意義，見面如果還能夠遇，談一談實質的問題，建立共識，收穫就更豐碩了。

「九二」因為不能公開見面，所以就安排一條小巷子。〈小象傳〉說：「遇主于巷，未失道也。」「九二」希望跟「六五」見見面，小巷子也不失尊榮，重點是要談實質的事情，解決實際問題。很多的密談都是這樣，講什麼排場呢，小巷子不是蠻好嗎？「遇主于巷，无咎」，爻辭本身就正面肯定。暌卦雖然處境不是很好，可是這些爻裡面充滿了「无咎」。「初九」「見惡人，无咎」；「九二」「遇主于巷，无咎」，而且「未失道」；「道」就是人生的正道，小巷子見面絕對沒有偏離正道，搞不好還是不得已的情況下真正解決問題之道，何必看重外面的形式呢？「遇」的概念就像很多的軍國大事或者一些影響歷史的重大決定，有時不是國際會議開出來的，真的是不期而遇，兩個重要人物見面談一談，腹稿就有了，最後只需公開追認，寫出來變成條約。很多重大決定在過分拘泥的空間，既有媒體，又怕講錯話，人就會謹言慎行，行禮如儀，不會掏心掏肺。小巷子四顧無人，直接進入主題，談得攏就成，談不攏也無傷大雅。像電影上就有這樣的鏡頭，有一部關於反攻西西里島的影片，幾個主要的將領制訂計畫，就是在廁所碰面談出來的。

你看《易經》真的是各種人生場景都有，這裡有小巷子，就那麼一點點的地方，可以決定大事。而大畜卦（䷙）的「何天之衢」，人在車流中根本就茫然無措。這裡是樸實的小巷子，連一個隨從都不用帶，說不定就可以把問題搞定。這就是第二爻，爻一變是噬嗑卦（䷔），正是因為在暌的時候外面鬥得很厲害，公開見面不是會起軒然大波嗎？表面上都把對方看成是死敵，私底下見面，沒有經過監督、授權，在「遇暌之噬嗑」的情況下，反而會產生「遇主于巷」「无咎」的創意性效果。

五爻：把握時機

䷥

六五。悔亡，厥宗噬膚，往何咎？

〈小象〉曰：厥宗噬膚，往有慶也。

「九二」既然有這個意思，我們看「六五」的回應，最後是「往何咎」。作為睽卦的「六五」，是君位，氣量要大，不要計較那些東西，有什麼不能承擔？睽卦的君位明明知道睽，他要跟在野黨的領袖見面，沒有那麼容易。如果說「九二」建議「遇主于巷」，「六五」採納，就是「悔亡」。也就是說「六五」要下體民意，懂得「悔亡」，不因為自己的決定剛愎自用、一意孤行，把所有關係弄壞。人生如果錯過時機，悔恨就是終生的，要想辦法讓這個悔不發生，即「悔亡」。

大壯卦、咸卦、恒卦都強調這個概念，睽卦「六五」要念茲在茲，跟「初九」同調，要注意「悔亡」，千萬不要有過度的言行。「九二」已經釋出善意要見面，那就見面；「六五」跟「九二」本身相應與，有共同的中心思想、共同的淵源，哪有那麼多的深仇大恨？都是一家人何必要鬧到這麼凶的境地呢？

「厥宗噬膚」，「厥」就是其，同宗，還有肌膚之親。「噬膚」似曾相識，在噬嗑卦第二爻劇烈鬥爭的叢林法則下，「噬膚滅鼻」，大口一咬，鼻子就陷在肉裡頭，等於是大炮打小鳥。「厥宗噬膚」是什麼意思呢？「六五」跟「九二」，包括它們所隸屬的上卦跟下卦，即離卦跟兌卦，本是二姐跟三妹，其實很親近的，哪有那麼多不共戴天的仇恨？噬嗑卦第二爻那個蹄膀外面看起來是黑黑的肉，看著蠻嚇人，就像人交惡時的臉都是一副冷臉，帶著一個面具保護自己，其實就像人的皮膚，一咬就透。那個蹄膀嚇人的黑皮肉，咬下去根本沒骨頭，一咬就穿，所以我們的嗅覺要靈敏，很多東西是外在的表象，是人情之所難。不要放棄和解的努力，何況雙方的距離就像一層薄薄的膜一樣，只要肯咬，一咬就合。噬嗑卦第二爻就告訴我們這個道理，所以「六五」和「九二」之間的復合根本就沒有想像的那麼艱難，不是不共戴天的仇人，有共通的中心思想，是同宗，同一個族群，因為隔閡而忘掉共同的源頭，現在睽了，有必要復合，一旦大家有這個共識，「厥宗噬膚」，只要勇於突破「膚」的保護層，一點困難都沒有。何必要自己嚇自己，給自己設限？睽卦的「六五」一定要有這樣的眼光，勇於嘗試，開啟破冰之旅，就像吃蹄膀肉一樣，「六五」跟「九二」中間那個「膚」其實很薄的，一咬就透。

尤其是「厥宗」，睽卦是從家人卦來的，家人本就是同宗；「厥」就是其，「其」就是指「六五」。「六五」跟「九二」一樣，同門同種，系出同門，一個講宗，一個講主，陰性的根源叫宗，陽性的根源叫主。那麼深的關係現在對立了，真有那麼嚴重嗎？試著看，「噬膚」一咬就合了，「往何咎」？勇於支持這樣的判斷，願意到小巷子去見「九二」，怎麼會有咎呢？這也是无咎的概念。「往」是要去，不能光想，要付諸行動。〈小象傳〉說：「厥宗噬膚，往有慶也。」結果是皆大歡喜，「六五」是君位，既有示範效應，又會產生後續不斷的推動，一直到得到細節的成果，推波助瀾，皆大歡喜。當然，這樣的結果主要看誰敢邁出第一步，「九二」「遇主于巷」，「九五」「厥宗噬膚」，「往有慶也」，在沒有正式邦交的狀態下，有什麼好怕的？說不定談談就和解了。「厥宗」就是他們的最大共識，不要被「膚」嚇倒，其實就是一層皮膚，「往何咎」，立了一個典範，下面就有樣學樣，互不往來的整個僵局可能就突破了。

「六五」爻變是履卦（䷉），履卦是以和為貴的，注重實踐，在睽中勇於行動，履行君位的職責，不要拒人於千里之外，「往有慶也」。當然，「六五」跟「九二」的見面要慎重，第一是場所的安排，還有就是有沒有共通點。「六五」跟「九二」齊變是无妄卦（䷘），不能輕舉妄動，不能偏離現實，不能有妄想、妄念。睽卦中要很真實，然後才有可能邁出破冰的第一步。

三爻：感情用事

六三。見輿曳，其牛掣。其人天且劓，无初有終。

〈小象〉曰：見輿曳，位不當也；无初有終，遇剛也。

現在只剩下上爻跟三爻這最慘烈的一對了。「六三」：「見輿曳，其牛掣。其人天且劓，无初有終。」爻辭好難，歷代各種解釋，千奇百怪的都有。

「見輿曳」，又是一個「見」，睽卦最主要的就是交惡的雙方透過自己的眼睛去看對方，有時看到的即使不是真相，可是其主觀的認定，不容分說。因此根據他看到的假象，往往就會做錯事情、做出錯誤的判斷。所以睽卦中不管透過誰的眼睛看世界，都不客觀，有時候會變成很可笑、很滑稽的結果，而且「見」不見得代表後面會有「遇」或者是「復」，不論是初爻的「見惡人」，還是「見輿曳」，或上爻的「見豕負塗」。

「六三」就是一個感情用事的角色，不中不正，不會反省自己，老是怪別人；「上九」更是亢龍有悔，剛烈的睽極之爻。雙方都快要攤牌、撕破臉了。這兩者要復合，真的要靠天意；實質上分的機會居多，因為修為都不夠。「六三」怎麼看「上九」呢？他看到的是什麼畫面？「見輿曳」，一頭老牛拉破車的畫面。老牛拖著破車，說明它們之間的關係現在折舊了，變成了老牛破車，負荷不堪，大家都覺得對方耽誤了自己。「六三」的看法就影響到它對整個事情的解釋，用滿肚子牢騷檢討它跟「上九」的關係，就像老牛破車一樣，而且「其牛掣」，不任勞也不任怨，甚至罷工，抗拒拉車。「輿」是車子，「曳」就是拖，這是什麼意思呢？「六三」認為牛在幫著「上九」拉車，服勞役。「上九」就是鞭策牛的主人，坐在那裡高高在上的下命令，這是它們過去的關係；可是一旦睽了之後，「六三」不承認「上九」是老闆，於是抗命不從，這就是「其牛掣」。我們常說人做事的時候有人掣肘，就不方便做事。牛本來是很溫順的，可是「六三」跟「上九」是牛和牛主人的主從關係破裂之後，拒絕再拖車，因為你對它來講已經破產或者沒有威望，所以不管怎麼鞭策，牛都不幹了，怎麼拖就是不動。這就代表「六三」跟「上九」的合作關係出問題了。「見輿曳」是「六三」對它們之間關係的看法，看到的都是不平、被欺壓，於是它反抗，「其牛掣」。

「其人天且劓」，最難的就是這句。「其人」是指牛主人，就是「上九」那個車夫。這頭牛不但怎麼拽都不動，然後看「上九」是「天且劓」；「劓」是古代一種刑罰，即鼻子割掉。「六三」認為「上九」不是它的管理者，而是罪犯，這就麻煩了。

「天」是什麼呢？如果「劓」是比較嚴重的罪，一般的解釋認為「天」是比較輕的罪，只是在額頭、臉上刺字。像林沖發配充軍就是臉上刺字。「天」就是我們人的「頂」，道家講開天門，在上面有很明顯的標記。「其人天」，首先是輕罪要刺字發配，然後還不止這個罪，因為「且劓」，導致鼻子不靈，嗅覺不靈敏。作為一個高層的管理者必須嗅覺靈敏，才會做出正確的判斷。他做出正確的判斷，我們服從他的命令，拖著車子往前跑，對他和我們都有利，我們也樂於服從。如果說他這個罪犯根本就是禍國殃民，而且不斷地犯錯，對事情缺乏靈敏的嗅覺，他發的命令我們可以服從，但結果一定是完蛋；最後不僅不服從命令，而且不把他看成領袖，當成天下皆知的罪犯，既剃了光頭，上面還刺字，然後連鼻子都割掉了，這就是「其人天且劓」。換句話說，「初九」把「九四」看成是惡人；「六三」則將「上九」看成是罪犯，根本就是充滿了憤懣之情，即使同歸於盡，都不會再服從他。

但即便是這樣，爻辭還是勸和不勸分，因為分的代價太慘重，所以它說「无初有終」。這麼壞的狀況剛開始，還是希望最後能夠和平解決得善終。「有終」，就是希望有結果。最後好很重要，前面再怎樣不愉快，都不要計較。「六三」把「上九」當罪犯看，拒絕再合作，這絕對是「无初」，沒有好的開始；可是爻辭仍然希望有好的結束，即「有終」。「无初有終」就有一點像訟卦跟坤卦的第三爻。坤卦的第三爻是「含章可貞，或從王事，无成有終」；訟卦即使吵得厲害，第三爻還要「食舊德，貞厲，終吉，或從王事，无成」。這兩爻都是從「上」就吉，而睽卦「六三」就是不肯從「上」，因此爻辭最後還是勸告，「无初有終」，能善了就善了。

〈小象傳〉說：「見輿曳，位不當也。」「六三」受傷害，所看到的、所解釋的事情，因為位不當，本身也有嚴重問題，喜歡感情用事，亂講話。「无初有終，遇剛也。」「剛」就是「上九」。「六三」跟「上九」不是永遠不可能和解的，只是可遇不可求罷了，因為它們還是互相需要，一柔一剛最好互補。

「六三」的爻變更啟發人，爻變為大有卦（䷍）。說明大家都有毛病，不會只是一方有毛病。「六三」看「上九」是罪人，「上九」看「六三」是什麼？是豬。到上爻我們就會發現「六三」跟「上九」互相不尊重到了極點。那到底誰對呢？都不公正。

上爻：光怪陸離

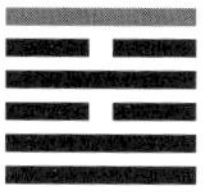

上九。睽孤，見豕負塗，載鬼一車。先張之弧，後說之弧。匪寇婚媾，往遇雨則吉。

〈小象〉曰：遇雨之吉，群疑亡也。

又見「睽孤」，而且隨後就是二十五個字，都是疑神疑鬼，滿腹牢騷。人際關係睽到極點之後所產生的幻象，真的會令人精神失常，喪心病狂。

「睽孤」，是覺得這個世界都對不起你，朋友都拋棄你，在眾目睽睽之下陷於孤立。因為跟所有人都談不來，結果被孤立，但是不認為自己錯，還認為是天下人負我。這是典型的剛愎自用、亢龍有悔。

「見豕負塗」，透過「上九」這樣一個「睽孤」的人看世界，他怎麼詮釋他的社交關係呢？尤其他是怎麼看「六三」的？「六三」已經明說不跟他配合，而且指控他是罪犯。在「六三」眼中「上九」是罪犯，那「上九」眼中的「六三」是什麼？連人都不是了，他把「六三」當成了豬，而且還是身上塗滿泥巴的豬。可見，人在情傷的時候，可以離譜到完全不尊重他人，「上九」看「六三」根本就是豬，人在孤立的時候更容易有此等幻象。

很多心理不正常的人會有一種現象，即幽閉恐懼症；在封閉空間、被隔離的空間，或者在電梯裡，他都覺得會受迫害，覺得不安全。這就有點像「睽孤」，自哀自憐，覺得所有人都對不起他。就像「上九」看到「六三」，好像仇人相見，分外眼紅；眼中看到的「六三」是一隻塗滿泥巴的豬。這不荒唐嗎？豬身上的泥巴是怎麼來的？就是「上九」抹黑的，因為其心智失常，覺得豬不能乾淨，得把天下所有的罪惡讓對方承擔，讓大家同情自己。這種抹黑、栽贓的手段一施展出來，「上九」的心裡就覺得平衡了。「見豕負塗」是典型的妖魔化，這也是過去西方國家對中國常採用的手段。妖魔化就是心中不喜歡對方，勢不兩立，想辦法讓全世界不要同情他，於是就說他種種壞話。

「載鬼一車」，這個更過分了，不是畜牲道，變成了地獄道、餓鬼道。「上九」如果看「六三」只是一隻髒兮兮的豬，這還算客氣，豬還是畜牲，但他又把「六三」看成了鬼，每下愈況，而且不是一個鬼，是一車子鬼。「六三」的一舉一動落在「上九」疑神疑鬼的心中都是不懷好意，看到「六三」一輛車子裡面都是鬼，青面獠牙，要來害他。

於是「上九」為了自衛，就「先張之弧」，「弧」就是弓箭，把弓箭拉開，準備隨時射擊；一旦射出去，說不定就釀成了悲劇。幸好最後發現那是幻象，不是豬，也不是鬼，是純粹的疑心生暗鬼，無中生有，這就是「後說之弧」。「說」即「脫」，先是劍拔弩張，馬上就要開戰了，後來又發現搞錯了或者旁人提醒他懸崖勒馬，又把弓箭放了下來。在這種情況下，就有化解危機的可能。「匪寇婚媾」第三次出現了，人生一開始就要曉得誰是敵人，誰是朋友。朋友中還分婚媾關係，盡量廣結善緣，不要樹敵。而「上九」根本就是假想敵，是被迫害狂，是妄想，精神不正常，一天到晚像隻瘋狗一樣「先張之弧，後說之弧」。「匪寇婚媾」就是給他的教訓，「六三」不是寇，而是婚媾的對象。

一旦清醒過來，發現是幻象，「往遇雨」，又是「遇」，沒有正常的管道，要利用其他的管道解決這個危機，「則吉」，又拉回來了。這是爻辭，其實在現實中，不一定有這麼好的機會。在雙方的弓箭都已經張開的時候，有時一不小心手一鬆，就出去了，劈哩啪啦就開打了。爻辭在劍拔弩張的最後階段，還是希望人清醒，這就是睽卦的悲憫心、慈悲心，因為它知道對抗絕對不會有好結果，是互相毀滅的局面。這麼困難的情況下，還是希望解除戰爭的危機，尋求和解，還可以吉。

〈小象傳〉說：「遇雨之吉，群疑亡也。」所有的疑慮都消失了。注意，「上九」爻變是歸妹卦（䷡），歸妹卦就是很糟的情況，「征凶，无攸利」，所以千萬不能衝動。女怕「歸妹」，男怕「大壯」，這都是要命的，但是人的心理可以轉折到這個地步。

人好端端的怎麼會把別人當鬼、當豬呢？怎麼不可能呢？相罵無好口，族群矛盾、族群鬥爭，最劇烈的情形就是這種不理智的狀況。其實這就是一種精神病的狀態，幻聽幻象都會出現；總是怕人家害你，其實人家是來跟你求婚媾的；都覺得對方要來害你，這才是最要命的。所以人一旦睽的時候，會看到一個光怪陸離的世界，喪心病狂的種種行為都可能出來，很多不滿就會爆發，然後大家都走不動了，那就是下一卦蹇卦。

占卦實例1：「睽孤」的婚姻

這個占例是睽卦動二爻跟四爻。〈繫辭傳〉中講第二爻跟第四爻是分工合作的，但是有共同的目標，因為處的時位不同，各自扮演好各自的角色，所以「二與四同功而異位」。它們同什麼功呢？通過承乘應與的關係來實現，二爻跟五爻相應與，四爻跟五爻相承乘，因為五爻是最後拍板定案的，所以二爻跟四爻就得打點邊鼓、造一點勢做提案。

在過去君王為大的時代，二爻與四爻是圍繞著君王做這樣的事情；現在人民為大的時代，二爻與四爻則是體察民意、回應民意，要搞好跟初爻的關係。初爻跟二爻承乘，初爻跟四爻則是應與。「睽孤」的四爻就是因為背離了民意，最後要「遇元夫」，民意才是其元氣的來源。在過去的那種時代，「二」跟「四」是為了「五」服務的，現在都是為初爻服務，都是同功而異位。這個卦象完全就是實際情境的描寫，就是睽卦動第二爻，「遇主于巷，无咎」，「未失道也」。要安排出一些不著痕跡的接觸，在一個方便親近的地方讓大家談談別後的狀況。第四爻雖然自己的社會地位高，但是「睽孤」，希望「遇元夫」；假定還有更進一步的開展，就「交孚，厲无咎」，甚至「志行」；排除孤離的情境，從要命的孤獨中擺脫。

睽卦的二跟四兩爻都動，就有頤卦（䷚）的象，頤卦是「自求口實」，活得比較平衡。「遇睽之頤」的象，這是一位女學生問的婚姻問題，這位女學生也是有地位的人。《易經》可謂是完全看透了人的起心動念，未來可能的發展，就要看當事人怎麼努力了。「二」跟「四」爻辭中兩個「遇」，都是重點要關注的。而且他們的關係真正是「遇元夫」，女學生有地位，則真正感到「睽孤」。「睽孤」真的很難受，但是當時為什麼不珍惜，離開的時候再拚命要想辦法打破既有的格局，希望「遇」回來？人永遠是這樣，在的時候好像是當然的，不在的時候就「睽孤」，然後又拚命想回頭，但是回頭之難有誰能把握？

占卦實例2：美國對兩岸關係的態度

美國恐怕是最不高興兩岸和解的。我們中國人嚮往王道政治，最不樂於見到的就是美國這種心態，因為王道政治違反它的利益。中國說永遠不稱霸是有道理的，如果稱霸就一定要不斷地製造敵人，就是「睽」；沒有敵人就要創造敵人。

對於兩岸關係，美國的態度是什麼呢？易占的結果是睽卦變豫卦（䷏），初爻、二爻、上爻動。「睽之時用大矣哉」，說明兩岸越「睽」，美國越好。豫卦是什麼？是備戰，「利建侯行師」。我們從上一章了解到，睽卦到極點就是要製造假想敵，跟精神病差不多；睽卦三爻齊變「貞悔相爭」變豫卦，這是歷史上的名占。美國對兩岸加強交流等關係的改善，它的心態就是「遇睽之豫」。睽卦上爻弧矢的象，如弓箭，也如導彈。

睽卦有弧矢之象，因為每個人都把別人當敵人看，所以有時候還不會是蒙卦（䷃）上爻「擊蒙」的「利禦寇」，而是他主動攻擊人家。比如美國，這幾年不就是主動攻擊人家嗎？那是侵略，因為它會創造敵人、製造敵人，會先發制人，這已經不是國防的觀念了，而是採取攻擊的手段。因為是一種睽的心態，日漸陷入孤立。

〈繫辭下傳〉第二章講伏羲畫卦，以文明演進的十三個卦象演示，中間就有超越了正當防衛的武力。人際的不和諧，家人、睽的對立，結果會造成互相攻擊。〈繫辭下傳〉在講到睽卦時，是這樣說的：「弦木為弧，剡木為矢，弧矢之利，以威天下，蓋取諸睽。」弓箭那種殺人的利器發展出來，不一定是防衛，有時還得被迫用來還擊，甚至主動攻擊，這種心態就是「火澤睽」的象。

占卦實例3：二〇一二—二〇二二的中美關係

二〇一一年十一月中，學生邀我赴烏來泡溫泉，夜行車中，我以手機電占未來十年的世界大勢。中美關係為睽卦初爻動，爻變有未濟卦之象，爻辭稱：「悔亡。喪馬勿逐，自復。見惡人，无咎。」美國未來必以中國為主要競爭對手，關係變得緊張，但不至於直接衝突，雙方都會有一定節制，以充實本身國力為主，並維持適度的接觸協商。

美國未來十年的國情呢？也是睽卦初、二、四、上爻動，全變成坤卦。看來美國不止對中國猜防，對所有國家都是這種心態，積此不改，徒然消耗國力而已。

占卦實例4：中信金控的官非

二〇〇六年十月下旬，中信金控的辜家出事，二次金融改革中插旗兆豐金案被檢方查緝，辜仲諒流亡日本，島內為之震動。我問中信未來三年的運勢，為睽卦初、四、上爻動，齊變為師卦。辜家為臺灣超級政商，民進黨上台後關係也套得很近，這回翻臉是因分贓不均？自古民不與官鬥，睽卦初、四爻相應，雙方應該還是會透過各種管道溝通，「上九」睽極生變，恐怕不易善了！「遇睽之師」，往下必須為生存苦戰。兒子流亡海外，當時已近八十的老翁辜濂松無法退休，還得跳下來領導作戰，應了師卦卦辭：「貞。丈人吉，无咎。」

風雨同舟——蹇卦第三十九（䷦）

蹇，寒氣侵足

蹇卦是一個令人頭痛的卦，光看「蹇」字就夠嗆了，走不動路。《說文解字》曰：「蹇，跛也。」走路不方便；從字形上看，「蹇」字上為「寒」，下為「足」，寒氣侵於足，跟我們的身體狀況有關。人的身體出毛病，最主要就在關節，那是最容易藏汙納垢的地方，寒氣侵足就會造成風濕病、關節炎之類。

中國有一句老話叫「寒從腳底生」，蹇卦的第一爻就有這個味道。因此，我們平常要保持腳心的溫暖，尤其在寒冷的地方，寒氣一旦侵足，就會導致氣血淤塞不通，造成行動不便，嚴重的話會造成關節僵硬、寸步難行，沒有了行動力。這就好比人生要行動時，行動有困難，陰寒之氣限制了行動能力，動彈不得，這就是「蹇」的象。

節，一切都恰到好處

《黃帝內經》把一個健康的人叫「平人」，即身體各方面呈均衡的狀態，無病無痛，能吃能睡。理論上人的直立身軀的六大關節所呈現的卦象，就是第六十卦節卦（䷻）的象。

節卦是一切都恰到好處，不會過多，不會太少，是平衡的狀態。頤卦強調「慎言語，節飲食」，也是在「節」上。節卦三陰三陽，其六個爻的卦象就說明了一個正常、健康的人，身體的關節應該是陰陽之間分配最好的狀況，踝、膝、胯、腰、椎、頸，是人直立身軀的六大關節，一卦六爻就關聯直立身軀的六個相關的關節部位。

初爻是踝關節的位置，「初九」陽居陽位，踝關節是立足之地，當然要堅實有力，立腳要穩。練功的人都講湧泉一放空，抓在地上就是穩如泰山。而蹇卦的麻煩就是初爻腳下是虛的，陰爻有陰寒之氣，寒氣侵足，寒從腳底生，立足就有問題了。坤卦初爻就提醒我們，「履霜堅冰至」，所以不要小看腳底的那一點寒氣，要是始終沒有給它溫暖，慢慢會變堅冰。蹇卦初爻的一點寒氣如果不注意，也會往上擴延。而節卦的初爻踝關節是陽居陽位，堅實有力。然後是「九二」，膝關節，陽居陰位，剛而能柔，因為膝關節要旋轉，但是它還是要很結實，不然無法承載重量，所以它雖居於陰位，但是是陽爻。除了堅實有力的膝關節之外，還能夠旋轉，大量的高難度動作都是靠膝蓋的協調完成的，剛而能柔，陽而能陰，那是膝關節所要具備的，跟初爻陽居陽位的立足之地的關節要求就不一樣了。屯卦（䷂）跟節卦就是差在第二爻，屯卦如嬰兒，無法站立，他得用爬的方式，因為膝關節是「六二」，陰居陰位，少了堅實的陽，站不起來，非得先爬一段。節卦三爻跟四爻都是陰爻，因為胯部跟腰部一定要柔，不可以僵硬，「六四」是腰，陰居陰位，所以很靈活，可以旋轉，幹旋腰力；「六三」是胯，胯要是硬的就糟糕了，這就是鬆腰柔胯。然後「九五」中正，即脊椎中正，全身能不能正就在於「九五」，那是主心骨，如果說側彎或者不正，就會百病叢生，所以節卦一定是「九五」中正，才能夠支撐起全身的力量。上爻則是頸椎，陰居陰位，也是要旋轉、能夠回顧的。

蹇卦和節卦差別就是下卦三爻全變，所以整個下半部，即胯以下全部出現病變，當然沒有辦法行動。下卦兌三爻全變，變成了艮（☶），阻礙重重。「初六」腳下就是虛的，寒從腳底生；「六二」像嬰兒一樣，得用爬的方式，再不然就是拄拐杖或讓人攙扶，反正就是不能走，因為膝部軟弱無力；然後「九三」胯部緊繃，也不柔軟。這不是痛苦死了嗎？光是上半部沒問題也無濟於事，畢竟人的身體行動是整體的配合，整個下半部等於是癱掉了一樣。

從「身體易」的觀點一看，我們就可以看得出來蹇卦的問題在哪裡，原因在於節卦的下半身全部痛苦難當，產生病變就是蹇卦。如果節卦上半身出問題，那就是上一卦睽卦（䷥）。睽如果是身體的狀態，也是夠嚴重的了。從疾病的角度來看，蹇卦和睽卦相應一些什麼病症？蹇卦是寒氣侵足，人的行動力出現嚴重的障礙，不能做事。睽卦則是人的眼光不敏銳，看事情看不透；然後像精神病一樣，有妄想症，沒有安全感，看起來跟心智能力比較密切相關。

可見，人生的「睽」跟「蹇」是兩種病態，「睽」是眼光有問題，看東西會看錯，無中生有，幻象、幻聽、幻視很要命；「蹇」則是行動力出問題。這兩個卦一上一下，一外一內，錯誤的觀念、錯誤的想法、錯誤的定位去做事，當然就行不通；因為脫離現實，與現實格格不入，而且由看錯到做錯，是六爻全變的關係。睽卦的後遺症就變成蹇卦，瞬間的劇變。如果我們總是根據主觀的看法、想法來決定自己怎麼做，經常看的不是真相，做的當然是不通的。人生就是想法跟作法，沒有別的事情，想法出嚴重問題叫「睽」，作法行不通叫「蹇」，中間因果的關聯，就是瞬間的六爻全變，而且很多跟人的感情、欲望、私心有關聯。

蹇、解——濃縮《易經》的代表

蹇卦前面是家人、睽二卦，後面是解卦（䷧）。人生要尋求解脫、和解，要把心有千千結的問題解決，蹇卦就代表人生的死結，如同連環套，統統動彈不得。如何把這個連環解開，這就非常合乎《易經》本身的宗旨。當時《易經》卦爻的創造就是蹇、解二卦的形式；種種難題，一個套一個，又不是很單純的問題，不好解決。要從問題中找到答案，就是卦跟爻的觀念；整個《易經》就是問答的邏輯。問題的提出就是「蹇」，而且不是簡單的問題，不是一下子能解開的；那它一定要針對「蹇」的難題找出解法，那就是「解」。如此看來，蹇卦和解卦就有點像是濃縮版的《易經》代表，就是要發掘問題、解決問題，而人生的問題真的不好解。蹇的問題不是那麼單純的，是一個繩結套一個繩結，要把死結一個一個解開，就得尋求高明的解法，這也是《易經》的初衷。

解卦就像拿著一把牛角刀，慢慢把複雜的結一一挑開。佛教的《楞嚴經》就曾以繩子為喻，人生種種的難題不好解，尤其是飲食男女之事，很多人際的恩恩怨怨也是如此。因為人生不止一個問題，問題和問題往往息息相關，高明的人可以一下子全部解開，解得很漂亮。高明的解法是把問題的脈絡搞清楚，就像庖丁解牛，一下子解決，而且解決得相當漂亮。

人世之難，人情之難，人際之難，就是蹇卦；層出不窮的問題如連環套，如果不把整體的關係搞清楚，就會頭痛醫頭、腳痛醫腳，沒有整體觀，搞不清楚問題的脈絡，那是永遠也解不開的。有時暫時的解開也只是治標，沒有辦法治本，隔一段時間問題又來了。我的老師過去給我們上課時曾說，以他九十幾歲的經驗，也算是見多識廣，各色人等都見過了，但他也說他仍弄不懂人是什麼。

人生路難行，舉步維艱，而且盤根錯結難以料理，但是《易經》給我們的好處就是，再怎麼困難的問題，一定有解法，就看你能不能耐心學其解法。有「蹇」就有「解」，有問題不會沒有答案。只是問題越難，答案可能就越不容易掌握。

我在家人、睽二卦中也講過，蹇、解二卦裡面是險關不斷，因為都有坎卦（☵），不僅是上下卦，還有卦中卦，蹇卦的二爻到上爻構成的卦中卦就是坎卦，如此連環的險，一波未平一波又起、險象環生。還有蹇卦中又有「蹇」象，像初、二、三、四爻劈頭而來的卦中卦就是蹇卦；「蹇」裡面還有「蹇」，難題裡面還有難題，然後又有連環的「坎」，這就麻煩了。解卦一開始也是初爻到五爻就是坎卦，具體細節在該章節中再詳細闡述。

蹇、解這兩個卦都是二比四的卦，跟家人、睽二卦一樣，只是陰陽對反；家人、睽二卦是四個陽爻對兩個陰爻；蹇、解二卦是四個陰爻對兩個陽爻，因此蹇、解二卦的兩個陽爻是主心骨，可在苦難與解脫中充當主力。

〈序卦傳〉說蹇、解二卦

〈序卦傳〉說：「家道窮必乖，故受之以睽。睽者，乖也。乖必有難，故受之以蹇。蹇者，難也。物不可以終難，故受之以解。解者，緩也。緩必有所失，故受之以損。」

從「乖」字的造型看，就知道它是背道而馳的，完全是悖反的象。「睽者，乖也」，正是各行其是、越行越遠的象。「乖必有難」，人一旦乖張、乖謬，一定會產生很多難題，有多難呢？像蹇卦這麼難，「故受之以蹇」。由「睽」至「蹇」，六爻全變，一家人全部都是蹇，沒有任何人佔到便宜。面臨的局勢就是，要麼從蹇中找到解法，要麼就一失足成千古恨，由「家人」變「睽」，再由「睽」至「蹇」，步步錯，導致「蹇者，難也」。但是「物不可終難」，《易經》永遠有辦法，這就是時間，交給時間去療傷止痛，沒有過不了的關，「故受之以解」，暫時就解脫了痛苦，「解者，緩也」，痛苦緩和了。有時很難的問題，一種是高手般地快刀斬亂麻，解得很漂亮，問題是難度太高；一種是乾脆不處理，有時不處理也是一種處理，隔一段時間，情勢就會緩和。

事緩則圓，這是中國人一直強調的，想解連環套，越急越解不開，反而會變成死結。解卦就是先放鬆，把問題交給時間，就像太極圖裡面的曲線，都是圓的，沒有稜角。走直線是不能解決問題的，有些事情急也沒有用，主要看誰有耐心。如果不是用緩的方法，怎麼解決蹇這樣的問題呢？

不過，緩也有緩的毛病，不是說緩就能解決任何事。緩要花比較多的時間，人生哪有那麼多時間？有些問題是不能等的，緩不濟急，時間的成本浪費太多。但是如果當時不花這麼多時間，慢慢去處理，蹇卦的宿業未消，這一輩子恐怕就都在想辦法去還這個債，所以「緩必有所失」；可是不緩又不行，春風吹又生，損失的是大量的時間，「故受之以損」，那是損卦（䷨）。

所以，凡事不能要求只有好沒有壞，不緩又不行，在緩的時候有大量的東西在流失，時間、青春全在其中。可見，家人、睽、蹇、解這四卦，真的要步步小心，不能意氣用事，不然一輩子都在裡面繞來繞去。

〈雜卦傳〉對於蹇卦和解卦的解釋也和〈序卦傳〉差不多：「解，緩也；蹇，難也。」可見，蹇卦永遠是一個「難」字，是很令人頭痛的一個卦，講來講去就是難；解卦就是「緩」，要慢慢來，急則一點用都沒有。

蹇卦卦辭

䷦

蹇。利西南，不利東北。利見大人，貞吉。

蹇卦卦辭首先是「利西南，不利東北」。蹇卦要建立人生的方向，就要弄清楚何去何從。面對蹇難的時候需要正確的人生態度，才能尋求和解；而尋求高智慧的解脫方法，在卦象中就先要辨方正位，睽違很久的方向、方位在卦辭中又出現了。

後天八卦的方位出現在卦辭中，在第二卦坤卦的時候就提過了，那是一個總綱。第一卦乾卦基本上沒有什麼方位的問題，就是自強不息、周而復始。〈繫辭傳〉就說過，最高的存在沒有方位，有方位就有區別，無方位則無所在、無所不在。「《易》與天地準，故能彌綸天地之道」，那才是高明；也即所謂的「陰陽不測之謂神」，「神無方而《易》無體」，最高的存在是沒有方式的。如果「有方」，方位本身就是限制，就有分別心。第二卦坤卦因為脫離了乾卦純粹自然的天道，是廣土眾民，肯定要沾人間煙火，一旦落實到大地上，方位就變得很重要也很實際了。因此，人生需要有一個羅盤定方位，所以後天八卦出來了。

坤卦的方位在卦辭中所講的和蹇卦、解卦的差不多，坤卦是「利西南得朋，東北喪朋」，蹇卦是「利西南，不利東北」，解卦是「利西南」。蹇卦這一人生難題要解決，不能方向不明，否則何去何從，也不知道怎麼擺脫。正確的方向很重要，現實的形勢要落實的時候，才可以排除障礙。尤其在蹇卦的時候，方向感要明確，像「利西南，不利東北」。人生不要迷航，也不要太孤獨，孤軍奮鬥並不利於人的發展，在寂寞中待久了就會「睽」，疑神疑鬼，那個人就不正常，「睽孤」的狀態就很糟糕。「西南」的目的是為了得朋，如果在「東北」一意孤行，自己製造障礙，還剛愎自用，衝突就會接踵而來。

蹇卦、解卦要實際解決人生問題，基本上就是坤卦的精神，也就是「朋」的精神，陰陽合稱「朋」。這是我們一直強調的，陰陽合才會雲行雨施，生生不息，品物流形。如果陰陽不合，陰陽相傷就會流血，如「龍戰于野，其血玄黃」。所以要避免流血，要爭取和平，尤其蹇卦到後面希望和解，冤家宜解不宜結，最好避免流血。睽卦上爻就非常有可能流血，所以希望「往遇雨則吉」，永遠不要放棄和解的可能。蹇卦、解卦都是強調和解的精神，不要製造敵人，要化敵為友，中國的王道思想就是如此。所以要小心「龍戰于野」，造成陰陽大傷害，完全違反了「雲行雨施」、陰陽相合的乾卦所標榜的精神。但是自然的天理在現實形勢中就有很多遺憾，往往不盡如人意。

後天八卦方位中，西南首先是指狹義的地圖上的西南。西南方都是陰卦，是純陰的觀念，需要順勢用柔，不可剛愎自用，強硬對抗，這就是「利西南」。而東北剛好都在陽卦方面，根本就是一個太極圖。在《易經》卦辭創作的時代，方位並不是那麼精準，東北是艮卦，西南是坤卦，都是土地的象；以前的西南就是一望無際的平原，而東北是多山多阻礙，嚴格來講都有瑕疵。艮卦多阻礙，可是艮卦也教我們怎樣超越阻礙。

第二是提供人生的大方向。西南是概指陰柔的處世哲學，在蹇的時候絕對不能陽剛強硬；對立沒有贏家，要用坤卦的包容，順勢用柔，化解矛盾，這就不是狹義的地圖上的西南。因為從東南到正西都是陰柔的卦，從西北到正東方都是陽剛的卦。人生基本上就是剛柔、陰陽、大小。在碰到蹇卦這樣的難題時，逞強、強硬就很難合群，不僅不能化解矛盾，還會製造對立鬥爭。

那要怎麼解決蹇卦的問題呢？就是風雨同舟，在船上的時候絕對要同舟共濟，連世仇都要化解，這就是形勢使然；所有的恩怨都得暫時擱著，大家像親兄弟一樣一起合作，不能起內訌。「利西南」最主要是得朋，因為一個人沒有辦法解決問題。像金融風暴爆發後，全世界的問題就是「蹇」，難題環環相扣，再強大的國家都沒有辦法獨立解決問題，形勢逼著大國、小國必須合作，是吉是凶就很難講；正是因為這樣，所以大的軍事衝突不容易發生。

人生大方向掌握好，利柔不利剛。家人、睽、蹇、解四個卦統統利柔不利剛，都要順勢用柔；要包容、忍耐，有愛心，陽剛逞強沒有任何好處。蹇、解二卦「利西南」，就是要遵循坤卦的精神，厚德載物。家人卦「利女貞」，睽卦「小事吉」，都是強調陰柔，都是坤卦智慧的發揚，陽剛之氣都得內斂。遠親不如近鄰，「利西南」才會得朋，避免孤立。「不利東北」，東北就是陽剛的方向，東北喪朋，鄰居就很難相處，一天到晚紛爭不斷。照這四個卦的形勢來看，哪裡可以逞強呢？要「匪寇婚媾」，千萬不要再樹敵，創造新的敵人。

卦辭前面講了人生主要的方向，要利柔不利剛，才能夠解蹇卦的難題。下面就是「利見大人」了，卦辭中出現「利見大人」，除了乾卦之外，訟卦（䷅）是一個典範，訟是兩造之間的爭執，因為訟卦下面就是戰爭的師卦（䷆）。要處理糾紛，就要有一個公正裁決的第三者主持公道，這就是「利見大人」。蹇卦也是一樣，既然「利西南，不利東北」，由睽卦變過來的蹇卦就要有一個大人來排難解紛，促成風雨同舟的人暫時把嫌隙放下，合作對抗前面的風險。在這個時候千萬不能起衝突，大人就要有實力、有威望，才能把難題解決。

由此看來，蹇卦其實不難理解。一個是「利西南，不利東北」，即人生的方向不要搞錯，也不要背道而馳；畢竟西南和東北完全是背道而馳，是完全相反的處世觀。東北只有喪朋，會讓蹇卦更加陷入困局；西南就會得朋，整個蹇卦就會得到緩解。另一個則是「利見大人」，但是大人可遇不可求，操之不在我手，我們都希望能夠找到大人來排難解紛，使蹇局活絡起來，打通血脈，疏通人際的仇怨，但一切都得靠天意。

蹇卦〈彖傳〉

〈彖〉曰：蹇，難也，險在前也。見險而能止，知矣哉。蹇利西南，往得中也；不利東北，其道窮也。利見大人，往有功也；當位貞吉，以正邦也。蹇之時用大矣哉！

「蹇，難也」，不管是〈彖傳〉還是〈雜卦傳〉，解釋「蹇」就是一個「難」字，沒有第二個字。蹇卦也是《易經》六十四卦的難卦之一，像屯卦初生是一種難，困卦更是難，而明夷卦又是「以蒙大難」，坎卦當然是有險難，蒙卦也有難。對於這些所謂的難卦，我們必須要熟悉其因果，畢竟每一種難不一樣，要搞清楚才可對症下藥。蹇卦的難很簡單，是從家人、睽二卦來的，家人要是不睽怎麼會有難？而且這種由睽引發的恩怨很深，因為那是人情的一種變異，因愛生恨，更是複雜難解。由睽卦結成的苦果，六爻全變，一瞬間變成「水山蹇」，外卦、上卦就是坎險，當然是「險在前也」。

「見險而能止，知矣哉」，「知」即「智」，不僅僅是智慧的「智」，而且是一個人本來就有的良知良能的「智」。「知」的意義是深層次的，是內在生命發出來的，它可以滋生智慧，建立知識。當一個人處在蹇卦的環境時，天生的本能發揮效力，見險而能止，便能用智慧破除蹇難。下卦、內卦是艮，艮就是止欲修行，人生很多險是因欲望而來的，碰到阻礙，止住欲望，先停下來。這是「水山蹇」很明確的象，既然過不去，那就停下來，不再繼續冒險。這樣的作法不是沒有勇氣，而是有大智慧，這種人才是最明智的。不冒沒有必要的險，見險能止，並非代表放棄，而是一時不能動，不能渡彼岸。在停下來的時候好好想想，節制自己的欲望，思考如何度過險難。尤其是風雨同舟的時候，絕對不能跟同一條船上的人內鬥，否則一旦翻船大家都沒命，只有大家一起同心協力度過當前的困境，才是解決之道。這就是「見險而能止，知矣哉。」所以蹇卦不是無知，而是絕對有知，有風險意識，不輕易冒險犯難。停下來想辦法，或者促進內部團結。

「蹇利西南，往得中也；不利東北，其道窮也。利見大人，往有功也；當位貞吉，以正邦也。

蹇之時用大矣哉！」這一段話是解釋卦辭，像對聯一樣。「蹇利西南」，說明要團結、多交朋友，還要化敵為友，這樣才有利。這個大方向絕對不能錯。「往得中」，這是分析卦爻的結構。「往」是指爻往上、往外發展；「得中」是講君位的「九五」居上卦、外卦坎險之中。蹇卦的君位也是受苦的，大家同甘苦共患難，六個爻要靠往來共度蹇難。因為蹇卦六個爻沒有一個爻不蹇，從基層到高層，從內卦到外卦，從下卦到上卦；無論在朝、在野，在內、在外，沒有一個不蹇，這就是所謂的全蹇格局。蹇卦可怕的地方就在這裡，沒有人能置身事外，沒有人不痛苦，沒有人不在災難中，所以非合作不可。每個人的對策因為時位不同，都要有正確的認識，尤其是「往蹇」；「初六」、「九三」、「六四」、「上六」都是「往蹇」，往前走、往外走都是蹇，行不通，就不要自找苦吃，要爭取大家合作。

在蹇卦中有兩個爻比較特殊。一個是第五爻，一個是第二爻。第五爻叫「大蹇」，全局都蹇，領導人能夠不蹇嗎？所以壓力大，而且要觀大局，不是一般的蹇；這和其他爻只考慮個人往前奮鬥的「往蹇」還不同，因為這是君位的問題。第二爻也比較特殊，第二爻的壓力也超過一般爻，因為它是「蹇蹇」，雙倍「蹇」。「六二」又跟「九五」是中正相應與。

既然蹇的領導人自己也在坎險中與民同甘苦共患難，就要以身作則，嘗盡蹇的痛苦，要號召大家「利西南得朋」，因為「不利東北，其道窮也」。這裡並沒有明確指出第五爻，但是就告訴我們，既然「西南得朋」的方向是正確的，那麼「東北喪朋」的逞強陽剛是絕對不可以的，否則就會把蹇卦玩完了，「其道窮也」。從家人卦發展到睽卦，不但喪朋，而且原先那麼好的朋友還會變成最可怕的敵人。所以這個時候不可一意孤行、火上加油了。

當局者本身有時要避嫌或者要請第三者來說和，就要有一個公平的仲裁系統，那就是「利見大人，往有功也」。這樣就有可能成功擺脫蹇難，蹇卦就可以整體往解卦走。為什麼要「利見大人」呢？因為大人有實力、有威望，影響力大，就會「往有功」。〈彖傳〉這裡講「往有功」，爻辭則是「往蹇」、「大蹇」、「蹇蹇」，根本就不能往，一步也邁不出去；可是最後能夠脫險成功，完全跟大人的發揮功能有關，當然蹇卦的君位本身也是大人之位。結合爻變的知識，我們也知道「九五」是蹇卦最重要的爻，蹇難中的領導人帶領大家脫離蹇難，爻變是謙卦（䷎）。謙者，言之兼也，要從大局出發，不能偏袒任何一方，更不能私心自用，對天地人鬼神都得謙虛內斂，要注意資源的合理分配，「裒多益寡，稱物平施」，這樣才能脫險成功。「往有功」是有正面的貢獻，不只是脫險；而成功一定要克服很多風險，克服不了就不會成功。

〈彖傳〉教我們成功，〈大象傳〉教我們修德，這兩點對人生都很重要。蹇卦是外險內阻，可是這種險阻人生，反而是成功的前提。所謂的「憂患興邦」，「天將降大任於是人也」，風險跟成功往往是成正比的，沒有風險也談不上什麼了不起的成功。冒險犯難，渡到彼岸，那才是真正的成功。像坎卦說天險、地險、王公設險，「險之時用大矣哉」，其卦辭叫「行有尚」，也是「往有功也」，與蹇卦完全一樣，而蹇卦既有險又有阻。《易經》這些卦有坎險、艮阻的卦象，〈彖傳〉中常常出現「往有功」，這也是鼓勵人的話。這些風險、磨難，往往是通向成功的必經之道。〈繫辭傳〉講「吉凶悔吝生乎動」，「吉凶生大業」，大的事業是從不斷的成敗、得失、輸贏中出來的。只有根據自己心中既定的主張，了解自己最主要的實力，了解自己的志向，雖然眼前很困難，但只要排除障礙，化解人生的險阻，就會成大功。像蹇卦的交卦蒙卦，最後也講成功，在〈彖傳〉最後就有「蒙以養正，聖功也」，那更不得了了，內聖外王，既成聖又成功。可見，險阻是人生的家常便飯，沒有風險哪來成功？世無艱難，何來人傑？滄海橫流，方見英雄本色，成功就是這樣。只是很多人在坎險中埋葬，能夠過關的，那就不是凡人。

當然，「利見大人」也很重要，這個大人也不是臨時造出來的，也跟修為有關，像蹇卦的「九五」，雖然本身也蹇，但是可以團結、號召大家，本身的德行也可以化解很多問題。這就是「當位貞吉，以正邦也」。整個邦國因為領袖的正就全部都正，所以上樑正很重要，憑著領導人的能力、智慧、德行，才能帶著大家度過險難。

最後就下結論了：「蹇之時用大矣哉！」這是蹇的反面利用，蹇卦實在是痛苦之極的局面，但是反而在這個時候是極好的道場，不蹇還顯現不出本事來。「用」是用柔的智慧，我們說過「用」的造字就是網絡的象，跟「利」不同，「利」是自己有資源，到了收穫的時候就去割取。「用」可能什麼資源都沒有，有的就是那張網，就是人際網絡的人脈。老子說「有之以為利，無之以為用」，面臨一個問題時，本身不具備那樣的資源，就要人際關係好，有朋友來幫助，只要人際網絡結實，真誠待人，沒有資源也沒有關係，然後能號召人群，同樣可以一起度過險難。這就是用柔的智慧，也是無中生有的智慧。

「蹇之時」，手上資源貧乏，可是它有它的本事，它能夠發揮「用」，所以蹇卦也有好處，這樣大家就會同甘苦共患難，這種妙用足以應付目前的險阻，慢慢往解卦走。關於蹇，還有一種是主動且有心的運用，這屬於策略、思維的層次，亦即故意製造蹇的環境，不讓人群太安逸，讓他們一天到晚有狀況，逼著他們團結。蹇的環境就會發生蹇的妙用，這一層智慧需善加體悟。

「蹇之時用大矣哉」，《易經》永遠有這種絕處逢生的智慧，越是困苦的環境，越能激發最高的智慧。我們學過的坎卦、睽卦和蹇卦都是非常痛苦、艱辛的卦，但是它們都可以化腐朽為神奇，如果我們深透了解蹇的時用、坎的時用、睽的時用，就可以創造高價值，把負債轉為資產。像睽卦的「睽之時用」可以拿來分化敵人；蹇卦剛好倒過來，「蹇之時用」因為有外患，有共同的敵人要應付，就可以促進內部團結，共禦外侮。這就是「蹇之時用」的意義。

蹇卦〈大象傳〉

〈大象〉曰：山上有水，蹇。君子以反身修德。

「山上有水，蹇。」光從自然的現象去想，蹇卦真的是寸步難行。跋山、涉水本是兩件事，一個是要超越凸起來的位置，一個要深入陷下去的位置，還得游過去，不被亂流衝走。會游水的不見得會爬山，登山裝備不見得能夠過水，但蹇卦是山上的路本來就不好走，沒想到山上還有水，如果個人裝備不夠，跋山的跟涉水的是不是要合作，裝備大家用？你不可能一個人在爬山的時候把涉水的裝備也帶著吧？這樣怎麼爬山？要是有人背涉水裝備，有人背登山裝備，到時候合作不就解決了嗎？可見有些資源是可以共用的，就如一個分工的社會。

山上有水，真是步步崎嶇，險阻聚到一塊，處在蹇卦的環境中，肯定是一個動亂的象，一步都走不動。這時怎麼辦呢？「君子以反身修德」，蹇卦這麼糟的環境反而可以拿來作為修行的道場。修德是〈大象傳〉一貫的主張，人雖然想追求成功、避免失敗，即趨吉避凶，可是〈大象傳〉標榜的是修德，管你吉凶悔吝、禍福得失，修德第一。這個思維到了〈彖傳〉則是教我們怎麼成功。

「君子以反身修德」，「反」是「返」，反省的意思，即回歸內心的基本面去思考。由家人卦變睽卦，現在遇蹇卦，是不是要反省過去自己所做的一切？分家、內鬥搞得大家都走不動了，應該深刻反省，回歸常道。這就是「反身」。「修德」就不用解釋了，「修」字是多了要剪掉，少了要補充，往正的方向長。人總是在調整修正，在不斷的嘗試錯誤中成長。人生碰到了蹇，沒有辦法前進，正好是徹底反省的機會，然後充實內部，這也是難關的好處；要是不碰到難關，一帆風順怎麼會覺得不足呢？孟子說「一切反求諸己」，人生一切都橫逆不順，行有不得就反求諸己，而不是怨天尤人。修為不夠、沒有智慧的人碰到任何困難都是怨天尤人，怪自己命苦，怪社會對不起他，怪別人拋棄了他。〈大象傳〉明確告訴你，碰到了困難就一切反求諸己，這是最聰明的作法。回歸基本面，不要往外跑，苦海無邊，回頭是岸。遭遇困難了就回頭看看、想想，檢討檢討自己，才知道往前要怎麼走。

蹇卦是外卦坎險，內部有阻礙，也有派系山頭的內鬥，這是病態；外面的坎險既是風險，也是資源，要好好利用。怎麼化解內部的阻礙？要藉著外面的險來化解內部的阻礙。因為外面是大河，所以我們一定要把派系打掉，促進內部團結，消弭內部阻力，共同對付外面的坎險。這就是所謂的「安內才能攘外」。

另外，蹇卦的「反身修德」講得實際一點，就是我們商場中常做的一件事，即整修內部、暫停營業。這種「反身修德」的作法，可以為下面的商場運行提供新的道路和決策手段，解除面臨的困境。這就是蹇卦調整的智慧。

蹇卦六爻詳述

初爻：靜待整合

䷦

初六。往蹇，來譽。

〈小象〉曰：往蹇來譽，宜待也。

蹇卦六個爻都有「蹇」，而且五爻跟二爻特別「蹇」，「六二」、「九五」中正相應與這個格局在卦中來說應該是相當不錯的，結果居然都是「蹇」。之所以都是「蹇」的局面，最主要就是第一爻就走錯了，基礎不好，寒從腳底生，造成了全局都「蹇」，即使後面五個爻全部都正，這個「蹇」的局面還是得大家共同承受。換句話說，「蹇」的原因在最開始，我們在離卦的時候就特別強調要審慎踏出第一步，第一步要是走歪了，後面怎麼正都扳不回來。這就是因果，前面種了很多的因，就一定要結很多苦果，所以蹇卦後面五個爻都在承受第一爻的苦果，因為後面五個爻的正來得太晚或者有心無力。有時這種蹇的局面，不是當代人的問題，我們還要從歷史中去找原因，要承襲歷史的負債、恩怨，這種累積的餘殃就會造成全局的艱難，尤其是歷史的仇恨，像中國跟日本，這種仇恨不是一下子就能清除掉的。

「初六」的爻辭真是精簡到極點：「往蹇，來譽。」這就有點像否卦的第三爻「包羞」，環境惡劣到一定程度，超過了一般人的負荷，講話都沒有力氣了，爻辭超簡，因為多言無益。蹇卦也是，已經這麼困難了，哪還有心思大做文章？直接告訴你怎麼做會怎麼樣，不怎麼做會怎麼樣，沒有必要長篇大論。「初六」是蹇卦的初爻，也是唯一不正的爻，是錯誤的第一步；腳底的保溫措施沒做好，導致寒氣深入，立足不穩，腳下虛浮，撐不起整個局面。所以心中有想法、主張，要往前走，是走不動的，因為「蹇」，由不得你。再看「來譽」。「往」跟「來」是相反的意思。「往」是往上、往外，「來」是往內、往下；「七日來復」就是如此，蹇卦中充滿了復卦（䷗）的暗示。蹇卦本身絕對不正常，要恢復正常的元氣，所以要提醒大家，蹇卦要變成復卦，就要往下打根基，最終一陽復始，就會獲得很好的稱譽。初爻「往蹇」，本身就是「潛龍勿用」的爻，也是「履霜堅冰至」的爻，這種情況下怎麼能夠勉強往前面邁步呢？千萬不要往外邁步，要往內去反身修德、培元固本，就會得到很好的稱譽，別人會認為你有智慧、很明智。蹇卦其實也是病變的象，是不良於行，人在此時要明智才會得到大家的稱許。

「初六」是基層，也是蹇卦大難伊始，就不要「往」，待在那裡安靜閉關修行。因為「見險而能止，知矣哉」，懂得利害關係，不敢親身涉險，故〈小象傳〉說：「往蹇來譽，宜待也。」「宜」是陽根跟女陰結合最好的象，因時因地制宜，這時最恰當的方式就是靜待，在行動力不足的時候，要靜得下心，焦躁行事無補於事。平心靜氣，即「宜待也」，這也是需卦（䷄）的概念，要耐心等。如果整個組織或者大的環境是蹇卦，「初六」能做什麼？靜待整合，不要亂上添亂，就是很好的配合了。蹇卦初爻通常不能夠平心靜氣，沉不住氣，希望有救世主，希望上面的人趕快疏導。在整個「蹇」的局面中，「初六」的合作就是不再製造紛亂，如果「初六」動搖，局面就很難救了。

所以，蹇卦初爻的基層穩定很重要，那是立足之處，我們身體遇到蹇的狀況，也是因為「初六」有問題，千萬不能再亂動了，「宜待也」，好好地靜待整合。「初六」如果做對了，耐心等待，爻變就是既濟卦（䷾），「既濟」就是一個穩定的局面，問題都擺正了。因此，真正要解決什麼問題，千萬不要慌張，尤其不要盲動，否則局面就會完全失控，根本沒有辦法解決問題。一動不如一靜，這就是蹇卦初爻，無論從身體、組織、環境來說，第一爻都是代表剛開始，作為基層需要冷靜，雖然沒有負管理責任，但是不要給管理者添麻煩。

三爻：內部團結

䷦ 九三。往蹇，來反。

〈小象〉曰：往蹇來反，內喜之也。

第三爻也只有四個字：「往蹇，來反。」「反」是反省，「九三」處於下卦艮的山頂，是派系的山頭、領導人物，也是本位主義盛行時。蹇卦之所以蹇就是因為內部派系林立，在大難當頭時，內部不團結，就會造成這樣的象。局面這麼困難，就要體察大局，不要搞派系內鬥，山頭的勢力會成為內部團結的障礙，這時就要破除隔閡和本位主義，這就是「九三」這個爻所要處理的問題。

「九三」是下卦艮的山巔，派系的山頭，又是一個過剛不中的強硬派，陽剛之氣很盛，可是蹇卦是「利西南，不利東北」，所以排除內部團結的障礙、消除派系的隔閡，通常都落在「九三」身上。第五爻是全卦的領導人，是中央的領導人，「九三」可能是地方上派系的領導人；但是三與五同功而異位，它們是分工合作的關係，「九五」在中央統籌全局，「九三」在地方搞派系，要穩定地方，但是它們不是對立的。可是「九五」只有一個，「九三」是好多個，這就造成整個環境很難整合。

蹇卦針對「九三」這個內阻的緣由、剛強的個性、佔山為王的派系，要進行道德勸說。為了大局著想，整體的利益大於派系的利益，有時就得捐棄成見，攜手合作。不然大家都沒有活路，如果自己想做一個土霸王，也是「往蹇」，還是不能脫離這個蹇卦，需要「來反」，要反身修德，要調整，不要扮演添亂、添麻煩的角色，這不是內鬥的時候，也不可能一個人往前衝。「往蹇，來反」，有了這樣深刻的認識之後，〈小象傳〉就說：「內喜之也。」「內」是指什麼？也就是子弟兵——派系裡面的成員，具體的象就是「六二」跟「初六」。「六二」跟「九三」是正常的承乘關係，「初六」就是山腳，「九三」是山頭。「九三」如果往前衝，會發現自己內部實力不足，有很多破綻，有很多需要補強的地方。所以不要往外擴充，回頭整修內部，這一整修，內部就強化了，「九三」就不用天天往外跑，天天都可跟家人團聚。

處理內部的問題，以待將來時機轉好，自己力量比較強了，說不定就有過去的時候。所以對內部來講，這些派系的頭有必要來做「反」的動作，不要老把注意力往外看。「九三」要是一動不如一靜，也不拚命往外衝，對「六二」跟「初六」來講，它們也很高興。這樣才會多管理一下內部的事情，大家相聚的時候也會比較多，促成內部的團結，這就是「內喜之」。要是派系林立，那不是很麻煩嗎？家人、睽、蹇、解的問題就是人喜歡講是非，臭味相投的人就一天到晚「群居終日，言不及義，好行小惠」，看別人怎樣都不順眼。

這一爻用到「身體易」也是，第三爻是胯部，怎麼往前邁步呢？不能，趕快回頭調整。「內喜之」，內部比外部重要。「九三」爻變是比卦（䷇），大家都得相親相愛、互助合作，而不是採取對抗，派系與派系合作，裡面就是一團和氣，大家同舟共濟，這樣才能慢慢化解外卦的坎險。

可見，在「九三」這種險惡的形勢下，千萬不要走錯。一定不要「往」前衝，一定要「來」內部，大家一起合作。

「往蹇，來反」與太平天國

如果「九三」都能夠這麼做，率先垂範，造成效應，第五爻整合的壓力就不會那麼高。如果每一個「九三」都擁兵自重，就會形成割據的局面，每一個人抱著自己的利益不肯放。像太平天國也是亡於蹇卦的「九三」。洪秀全最開始揭竿起義，一路非常順利，從廣西的金田村一直打到南京城，但是一進入南京城就開始享樂，大肆封王，錯過了北伐的最佳時機，革命就不徹底，從此沉溺於六朝金粉的風流地，而且內鬥也開始。從洪秀全進入南京城的那一天開始，就注定太平天國要覆亡，因為沒有了全局的鬥志，開始享樂，開始爭權奪利，很多的「九三」開始各立山頭。在這場內部權力爭奪戰中，楊秀清、韋昌輝、石達開等被剷除勢力或分道揚鑣。石達開本來是有才華的，終因洪秀全等人的排擠，互不相容，只好帶兵出走，最後也付出慘痛的代價；石達開的出走，太平天國的命運也就注定了。石達開就像「九三」，洪秀全就像「九五」，好幾個「九三」派系不相容，結果石達開負氣出走，帶著十萬子弟兵開始流亡。這就造成了內部勢力的分化，被清兵追到大渡河一帶，最終敗亡。

從當時的局勢來看，石達開是「往蹇」，那時如果再冷靜一點，反省一下當前的局勢，設法留在南京城，說不定太平天國就不會亡得這麼早。出走就是一條死路，很容易給各個擊破，整個太平天國第五爻所代表的實力因為石達開這一支人馬的出走，缺少生力軍，就面臨被蠶食、剿滅的命運。這就是「九三」的宿命。「九三」是拚命三郎，過剛不中。按照《易經》的規律，只要離家出走就是「蹇」，但是留下來又很難過，所以留下來就要有比卦的思維，因為「九三」爻變是比卦，需要的是合縱連橫，要合作而不是對抗，負氣出走一時之間是很浪漫的，長久來看則沒有任何前途。

五爻：支撐大局

九五。大蹇，朋來。

〈小象〉曰：大蹇朋來，以中節也。

蹇卦壓力最大的就是負責全局的第五爻。〈彖傳〉也標榜它的重要性，卦辭也說「利見大人」。在艱難困苦的局面中，領導人的承擔、忍耐、威望最為重要。第五爻爻辭也很簡單，就四個字：「大蹇，朋來。」「朋來」就是復卦卦辭中的「朋來无咎」，還是要求「復」，誰希望一直這麼蹇下去呢？按照復卦生生不息的規律，人的身心一旦出狀況，自我就可以療養、康復，這是人與生俱來就有的。

陰陽合謂「朋來」，蹇卦的君位就要念茲在茲，卦辭「利西南」，也是希望「得朋」，而「朋來」不是一蹴而就的，需要反復其道，反身修德，蹇卦的三爻、五爻就得分工合作。「往蹇，來反」是第三爻，「大蹇，朋來」就是第五爻，也是「朋來无咎」。換句話說，「九五」這個領導人有非凡的人格魅力，他所主持的大局全部陷於蹇，這也是罕見的，人人都困難，這個時候就需要朋友，更需要團隊的合作奮鬥；任何離家出走、離開群體的行為都不會有好下場。這時就要強調不厭其煩的整合，要反復其道，七日來復的耐心是必備的，最難風雨故人來，在大蹇環境之中，朋友居然都來幫忙。在蹇卦大難當頭時，大家跟著受苦的時候，「九五」爭取到「朋來」，這就很可貴了。「九五」這樣一個領導人，一定是成功的領導，才會在人生最痛苦、最困難的時候，有朋友來幫忙，有錢出錢，有力出力，共度難關。

為什麼會如此呢？〈小象傳〉說：「大蹇朋來，以中節也。」想要「大蹇」的時候「朋來」，做事絕對要有分寸，要合乎「節」，要像節卦（䷻）〈大象傳〉所說的「慎言語，節飲食」。《易經》特別強調「節」，「中節」就是恰到好處。「九五」做事情中節，而且完全是活節，將來學到節卦就知道，死的東西沒有用，不是一成不變的。在「大蹇」的情況下唯有時中之道，恰到好處，過火或欠缺都不行。「九五」會在「大蹇」的人生際遇時有這麼多朋友來幫忙，就因為他行事中節。他作為領導人，既不搞特權，也守法中節，分寸掌握得很好，人的人格魅力就是如此。「九五」爻變是地山謙（䷎），從修為來講，《易經》沒有什麼好卦、壞卦，但是相對來講，謙卦是最好的卦，沒有任何負面的消息，卦爻全吉，而且得善終。人生要得善終真是太難，天地人鬼神都不例外，那是人生值得追求的境界。「九五」既中節，有節卦的原則，又「朋來」，合乎復卦的法則，然後爻變又是謙卦，而且全部是從蹇卦變來的。「大蹇」的結果得善終，很不容易，真的只有大人才能做到，德行要經過天地人鬼神全部的考驗。

可見，「九五」這個位置非常重要，照應全局，可以解開蹇卦的死結。就像針灸，有的人要扎好多針病情才能緩解，有的人只要在關鍵部位扎一針就回春。「九五」就是一個關鍵的部位。

四爻：感情攻勢

六四。往蹇，來連。

〈小象〉曰：往蹇來連，當位實也。

「六四」陰居陰位，上面跟「九五」陰承陽、柔承剛，本來「六四」就應該幫「九五」做事的，何況「九五」在坎險中。在蹇卦中，每一個爻都是往往來來想要整合，但是「九五」不能動，他要在君位上靜待朋友來，用他的感召力，要靠他的「中節」來讓大家團結。「初六」、「九三」、「六四」、「上六」都有「往」、「來」，「九五」只有「來」，沒有「往」，他是單向的，因為他不能離開君位，只能感召其他人奔走整合，自己要立足中樞主持大局。第二爻沒有「往」，也沒有「來」，注意這個差別，「六二」根本就是釘死在崗位上，一步都不能離開，默默地在那邊吃苦。「九五」無「往」有「來」，「六二」無「往」無「來」，其他四個爻都有「往」有「來」。換句話說，「九五」、「六二」這一對朝野核心的勢力不能輕易行動，「六二」尤其冷清，門可羅雀，有寂寞冷清的意味。

「六四」「往蹇，來連」，「九五」跟「九三」是團體共主跟地方派系領導人的矛盾關係，如果不把他們牽合在一起，蹇卦的全局是整合不起來的，所以就要靠「六四」。「六四」是中央執政的高位，「九五」是元首，「九三」是地方大員，「六四」的責任就是要牽合他們，那就叫「來連」。「九五」跟「六三」可能互不見面，「九五」也不能離開去看「九三」，「九三」有時在抗衡，中間就得靠「六四」來牽合。「六四」要對「九五」效忠，陰承陽、柔承剛，這是他的天職，尤其在老闆有難的時候。照常理講，「六四」跟「九三」的關係絕對不好，因為陰乘陽、柔乘職，有利益分配的問題，鞭長莫及，「九三」在地方坐大，不見得聽「六四」的號令。也就是說，「六四」跟「九三」是有矛盾的，關係不和諧，不然怎麼叫「蹇」，而「六四」要上承「九五」，雖然比「九三」大一級，但是不見得能夠調度得了「九三」。在蹇卦的危局已經形成的形勢下，「九五」和派系眾多的「九三」不能再起爭端，「六四」就要承上啟下，必須拋棄以前跟「九三」之間的任何矛盾，一定要往往來來奔走傳話，去傳達「九五」的意志，希望「九三」配合，調和每一個「九三」不同的派系利益。這就是「六四」要做的事情，累死也得做這個工作不可。如果他不做，還是「往蹇」，根本就不能動。「來連」就是「六四」的命，要把「九五」跟「九三」連在一起，要往下遷就「九三」。

為什麼要「往蹇，來連」呢？〈小象傳〉說：「往蹇來連，當位實也。」「當位實」是指誰？是指要爭取的「九三」。「九三」陽居陽位，派系的山頭，也是一切內在阻力的來源，必須要去化解，所以「六四」才要把「九五」跟「九三」連成一氣。「六四」高度重視「九三」，因為「九三」既當位又有實力，要是地方上的幾個「九三」不配合，整個大局就會分崩離析。要「九三」不對抗中央，就要靠「六四」跑腿牽合。換句話說，「九三」就是因為當權當位又有派系實力，所以「六四」這樣的中央大員才會移樽就教，來來回回地充當說客。那麼，「六四」要怎麼說服「九三」跟「九五」合作呢？從爻變也看得出來，「六四」爻變是咸卦（䷞），「咸」是所有的「九三」整合起來，「咸」也要訴諸感情攻勢。既化解「六四」跟「九三」之間陰乘陽的不痛快，又在這種非常時期達到交心的效果，然後訴諸現實利害，才能夠爭取「九三」跟「九五」合作，不再抗拒中央；而且「九三」絕不止一個，所以「六四」「往蹇來連，當位實也」。他必須爭取，絕對不能夠讓「九三」跑掉，要發揮咸卦感通的能力，訴諸感情，「九三」才可以安撫。這就是「六四」的作用，能把人際網絡牽成一片。我們看三、四、五爻構成的互卦正是溫暖的人際網絡離卦（☲），網絡中心是「六四」，「六四」就把「九五」跟「九三」統統網合在一起，大家再繼續合作。

二爻：盡忠職守

六二。王臣蹇蹇，匪躬之故。

〈小象〉曰：王臣蹇蹇，終无尤也。

我們再看第二爻。「六二」是中正的，但是「王臣蹇蹇，匪躬之故」，這就有無窮感慨，同時也非常的冷清寂寞。老闆有難，「六二」要效忠「九五」，這是毫無疑問的——他們是中正相應與；「六二」同時又是「九三」的下屬，是派系山頭的後勤司令。「六二」同時有兩個效忠的對象，一個是跟「九三」陰承陽的關係，一個是跟「九五」遙相呼應的關係，他怎麼演好這個角色？如果地方派系的「九三」跟中央整體的「九五」有利益衝突，「六二」怎麼做人？既要兼顧跟「九三」的倫理關係，又不能亂了「九五」的大局，非要有「六二」這種中正的品質才行。盡忠職守，顧全大局，可是也不能出賣派系的地方利益，所以他就特別難做，這正是「王臣蹇蹇」，蹇而又蹇，順了姑情就逆了嫂意。「六二」是王臣，是「九五」的臣，有人就會說「六二」既然是

「九五」的王臣，忠誠度當然一定要夠。但是「六二」有雙重的效忠對象，兩頭做不好，兩頭都不是人；做得好，兩頭都是人，這比一般人還難。「九五」是「人蹇」，整個大局的蹇；「六二」面臨身份的認同，各方面也不容易，蹇而又蹇。

「匪躬之故」，「匪」就是「非」，「躬」即身體像弓一樣彎下來，很低調。而且身體彎下來的時候，就有對內心最深層的反省，眼睛不會拚命往外看。人要低調謙卑，才會看到內心，就不會趾高氣揚，一天到晚張牙舞爪，這是躬的觀念。所以「躬」就是「六二」本身內在生命的象。「六二」這樣一個位置，自己的立場是不是站得住，本身的所言所行就叫「躬」，「匪躬之故」就是這個爻的辛苦之處。這麼大的蹇中，他又處於這麼冷清的位置，沒有任何人來理睬他，他還要不懈怠，要承「九三」，又應「九五」，還要辛苦護持整個局面，盡忠職守，而且整個蹇難的局面並不是他造成的。「非躬之故」，也指局面不是他造成的，但是他要承擔。因為在「初六」的時候就造成了，第一步錯了，第二步就得承擔苦果。「六二」再怎麼中正，還是要承擔前人的惡果、餘殃，還不能埋怨。這正如〈小象傳〉所說：「王臣蹇蹇，終无尤也。」沒有什麼好埋怨的，人生這樣的事情多得很，前人種樹，後人乘涼；前人要是拔樹，後人就乘災。「匪躬之故」也是「六二」受苦的時候無奈的埋怨，人生怎麼這麼苦呢？處理這個不好，處理那個又不好，大家都埋怨。人常常就抱怨，〈小象傳〉似乎在安慰「六二」，沒有什麼好怨的，這種事情多得很。這是歷史的共業、社會的共業，你不是始作俑者，可是你就在其中，無所逃於天地之間，不面對也跑不掉；又在下卦居中這麼重要的位置，你不承擔誰承擔？有什麼好抱怨的，不怨天不尤人，「終无尤」，要從始到終都沒有負面的情緒。「六二」這個位置基本上就是這麼苦，做到流血人家還嫌。

「六二」因為在這個位置上，是下卦的中流砥柱，還有跟「九三」和「九五」的關係，這是造化弄人，不是你造成的你也得收拾，不要怨天尤人，承擔就是。這個爻的爻變是井卦（䷯），人生遭遇困局的時候，山窮水盡，所有資源都沒有了，就要去挖潛在的井水開發自性，去研究開發出一條新的路子。「山窮水盡疑無路」是困卦（䷮），「柳暗花明又一村」就是井卦，走出一條新路子來就是革卦（䷰），把抱怨的時間省下來，人在江湖身不由己，在大的蹇難形勢下，人人都是一肚子大便，有什麼好抱怨的？「六二」少抱怨，多做事，多吃苦，盡他的本分；個人的因素太小，個人的苦也太小，整個大時代的苦難才是大局。「六二」要盡自己的一分力，解決問題為第一要義，想方設法走出新路來。

另外，「尤」是最要命的，很多人都是散發負面情緒，稍有不如意就怪這個怪那個，就是不怪自己，不反身修德。孟子說「行有不得者皆反求諸己」，在第二爻優美的德行上就表現出來了。「王臣」這兩個字也可以看成王也蹇，臣也蹇，也可以看成王的臣蹇而又蹇。「終无尤」，「无尤」是良好的品性，用《易經》的觀點去看，很多人一天到晚怨這個尤那個，絕對不能成大事。盡責任的「六二」根本就沒有那麼多抱怨，這是「六二」的可貴之處。

上爻：老而彌辣

䷦

上六。往蹇，來碩，吉，利見大人。

〈小象〉曰：往蹇來碩，志在內也；利見大人，以從貴也。

「上六」這個爻過去的註解真是誤人子弟，「上六」確實是大老的象，經驗老到也遭遇蹇，所以即使已退休，也逃不得蹇局，也要盡一分力。但是他經驗足，可以運用他的影響力整合全局。

上爻這種大老，位份皆尊，但已經不當權，在蹇的時候要怎麼做？為什麼在蹇卦的最後一爻，蹇難將終的時候，也會出現這個象？因為時跟位都是一樣的，管你是什麼大老，既然大局蹇了，你也得蹇，哪裡也去不了，也是「往蹇」。既然「往蹇」就要做「來」的打算，做內部整合。「來碩」的「碩」應該念「時」，「來碩」的目的是什麼？就是要取碩果中間的「仁」，蹇難的極點最重要的是核仁的生機，「來碩」是為了取種子，外面的果肉全部爛光也不足惜，只要盡保護種子的責任，生機依然會再發。

「往蹇來碩，志在內也。」〈小象傳〉就是怕我們誤解。然後又說「吉」，有功效了，「利見大人」，大人是誰？一定是見「九五」。「九五」的「大蹇朋來」，朋友也包括「上六」；「上六」也在盡他的力，發揮他的影響力，整合大局。故〈小象傳〉說：「利見大人，以從貴也。」「上六」現在不當位，是「從」，不是主角，「九五」才是做主的。「九五」是「貴」，有資源；「上六」已經是過去式，要配合「九五」穩住大局。幫助「九五」就是在幫助自己，不然自己退休了也蹇，所以他最後要去見大人。但是見「九五」能直接就去嗎？要知道，「上六」跟「九五」關係不是很好，是陰乘陽、柔乘剛，所以「上六」跟「九五」先大就有大老跟老大的矛盾，互相看不順眼；可是在蹇卦的大環境中，「九五」不好，「上六」也不會好，大家都在一條船上，最後「上六」也得「以從貴」，去見「九五」，看看有什麼能夠幫忙的。一個經驗豐富的老前輩，去見現在的領導人，而領導人現在忙得團團轉，憂心如焚，去跟他聊天不是添煩嗎？

所以「上六」要幫助「九五」就一定要立功，要帶著禮物去，才是實際的幫忙，這就是「來碩」的「碩」，能夠擺脫困局的核心生機種子，也就是「志在內」。「志在內」是指哪一個爻？內卦的「九三」。蹇卦的問題就是派系不和，「九三」就是要抗中央，「九三」又跟「九五」鬥，不服從中央號令，「上六」可不可以去跟「九三」溝通，利用他的影響力讓「九三」聽話，服從中央，他有沒有這個能力呢？「上六」跟「九三」是什麼關係？相應與，淵源深得很。「九五」不能去，「六四」去又得紆尊降貴，「上六」出馬說不定「九三」就聽話。因為別人影響不到「九三」，「六四」跟「九三」的私人交情本身又有矛盾，「上六」可能有過去的淵源可以影響「九三」，說不定能奏大功。所以「上六」去見「九五」之前要帶一份大禮去，這很重要。先跟「九三」溝通好，「九三」同意不造反，「上六」就帶著這個禮，「往蹇，來碩」，用他的影響力把「九三」說服，最後「吉」，談出結果來了。取到了碩果之仁，再去見「九五」，這下「九五」就會龍顏大喜。這樣的大老誰不喜愛？一出馬就搞定不聽話的地方割據勢力，「九五」感激涕零都來不及。「上六」爻變是漸卦（䷴），正說明「上六」這一舉措需要循序漸進，分階段抓重點，先做什麼再做什麼很重要，千萬不要先去見「九五」，不要浪費時間討人嫌，默默解決他心中的要害再去見他，這下什麼問題都沒有了。這就是「上六」老辣的地方，能看出問題的癥結所在，一出馬就把問題解決，盡量做一個可愛的老人。

占卦實例1：武漢旅遊泡湯

二〇〇九年，我內人因服侍坐輪椅的老母親下車，動作太急，扭傷右膝韌帶，全年不良於行。

查她的《河洛理數》本命流年，當年行運恰為蹇卦「上六」，結果真的是多方治療，直到年終才漸漸痊癒，易象氣數真是不可思議。

當年底學會籌備次年組團赴湖北遊覽，我占順利否？居然為不變的蹇卦，心想肯定算錯，不以為意。結果二〇一〇年四月下旬，抵武漢當晚腰疾發作，只得在旅館休憩五天，不能隨團出遊。易占之靈，令人驚嘆！

占卦實例2：鴻夏戀難諧

二〇一二年八月中，臺灣鴻海企業欲與日本夏普公司策略聯盟，所謂「聯日抗韓」、「鴻夏戀」云云，搞得很是鬧騰。我問能否成功？為蹇卦二、三、四爻動，齊變成困卦。「遇蹇之困」，雖竭力整合，很難突破困境。關鍵應在「九五」君位沒動，若動則四爻齊變，變成解卦，蹇難得以解決。君位代表品牌，夏普百年老店的身段下不來，鴻海與其合作有困難，後勢發展確為如此。

恩仇俱泯——解卦第四十（䷧）

排難解紛的智慧

解卦是家人、睽、蹇、解四卦輪迴的最後，它所扮演的角色就是要從這個輪迴中掙脫，從感情的業障、感性的執著中，把造成人生蹇難的結解開。從字形來看，「解」就是用牛角當成刀，把死結挑開，而且還不傷到結本身，所以它應該是一門藝術。道家的老子、莊子都有針對解的智慧，不外乎從坤卦學習，學習坤卦順勢用柔、厚德載物的包容忍耐功夫。

在家人卦（䷤）強調女性的重要，「利女貞」；睽卦（䷥）強調「小事吉」，陽大陰小，要效法坤卦的包容精神，才能夠跳脫不利的局面；蹇卦、解卦都是「利西南」，這也是坤卦的招牌概念。莊子最有名的比喻就是「庖丁解牛」，我們講過多次，佛教所追求的就是解脫，把人生的財物、事務、債務等羈絆統統拋開。

蹇、解這兩個卦就象徵整個《易經》的基本精神，先是有問題，然後尋求最高明的解法。蹇卦就像好多的繩結綁成了死結，如同連環套，累積在那裡，解卦則是想辦法解開這些死結，這種一問一答的方式，整個《易經》的精神就濃縮表現在這兩個卦裡面。

從卦序上來看，蹇卦的問題是從家人卦變睽卦而來，從人際關係生變而來。人際關係是一定會生變的，即使是最親密的家人關係，也可能因愛生恨，一朝反目成仇，恩恩怨怨就變得複雜難理，不能夠一刀切。對於這種現實造成的複雜問題或者是歷史遺留的問題，要想辦法找出問題的真相，然後用高明的方法把它徹底解決，這就是解卦。

了解蹇形成的種種原因，對症下藥，有耐心地解開，這就是解的智慧。解卦是很有意思的一個卦，《易經》的卦爻也是如此，幾乎是提供了一個人世間解決問題的公式，就是一定得按照這些方法來，你才能把問題真正解決。既不是鋸箭法，也不是補鍋法，而是徹底解決。這就需要有耐心。有些人性子急，沒有耐心，越急越解決不了，死結越來越多，解的方法選得不好，心態有問題，結果就是治絲益棼。解卦排難解紛的智慧，實際上還是離不開坤卦智慧的發揮，這就跟儒家以乾卦勇猛精進、自強不息的浩然正氣這種積極正面的人生態度形成互補。

挫其銳，解其紛，和其光，同其塵

《老子》第四章有云：「挫其銳，解其紛，和其光，同其塵。」「挫其銳」，人生鋒芒畢露、銳氣太重不是好事，容易傷人傷己，所以要樸拙、敦厚，要想辦法藉著修為把稜角磨圓。「挫其銳」就能「解其紛」，解卦馬上就得到了一個保證，很多的紛爭、糾紛就比較好解，因為大家不再針鋒相對，人生很多的紛爭就可以紓解。同樣，人生有才華、有智慧，光芒太耀眼，就會刺痛別人，遭致嫉妒、破壞，所以道家主張「和其光」，要內斂，要「含章可貞」、「括囊」；即謹言慎行、高度內斂，把銳氣都收斂起來，外面盡量隨和，能跟所有人打成一片。即使有那麼大的能量可以發出耀眼的光，都要想辦法把光變得溫暖，就像冬天的太陽，既不刺眼又讓人感覺溫暖。還要「同其塵」，不要有身段，跟所有人都能打成一片；別人滿身塵土，你也滿身塵土，不要顯露自己的不一樣。不要變成「尤」，惹人怨尤就會喪失群眾的力量。要知道世間事總是有一點污穢，岳飛的〈滿江紅〉說「三十功名塵與土」，人一定會沾上很多塵土的，要是那麼多潔癖，怎麼跟人相處呢？短短十二個字，這是道家極力主張的處世哲學，如果人們做到了這一點，不知道要少多少紛爭。

老子也強調不爭，不爭就是謙卦所注重的，要不爭就要從爭的原因開始下手，即「挫其銳，解其紛，和其光，同其塵」，還要「塞其兌，閉其門」。就是從人的身心結構開始化解、調整，趨吉避凶。我們人生所有往外面開竅的東西都是無窮煩惱的來源，藉著某一種清淨無染的修為，把它們關起來，把所有的「竅」，即病從口入、禍從口出的麻煩通道塞起來，裡面的東西不要隨便出來，外面的東西也不可以隨便進去。

庖丁解牛的藝術

庖丁解牛的神奇在莊子筆下讓人心曠神怡，「迎刃而解」、「得心應手」等成語也應運而生。庖丁一把刀子用了十九年都不壞，原因就在於他不硬碰硬，他殺的牛可能幾千頭了，也不必換刀，他下刀的時候能夠避開硬的骨頭，專門選擇縫隙處下刀。所以他的刀下去，牛還來不及痛苦就已經變成了牛肉。這種刀法專門找縫隙，解卦的第一爻就有縫隙的概念，在〈小象傳〉叫「剛柔之際」，也就是「際」——交界線，這個字在中國文化裡面要好好體會，它有很深的含義。

最簡單的就是我們的太極圖，「一陰一陽之謂道」，「陰陽不測之謂神」，陰陽之間互動的變化很難掌握，而且是隨時變化的。因為有陰有陽，那麼它就有一條交界線，這就是「際」；而且這條線不是固定的，通常都是曲線，有時陰消陽長，有時陰長陽消，陰陽交界的「際」就會動，不是東風壓倒西風，就是西風壓倒東風，隨時要修正，隨時要掌握到人與人相處、國與國相處的分際。交界的地方之所以微妙，就是往這邊一點跟往那邊一點是兩個截然不同的世界。際又是互動的前鋒，處理得不好就是「龍戰于野，其血玄黃」，處理得好就是「雲行雨施，品物流形」。爻際關係、人際關係、國際關係，人生要掌握很多的分際，風雲際會的時候，要是能夠掌握這個分寸，不管怎麼變動都會處理得很到位，不容易產生遺憾。

但是，要完全掌握陰陽、男女、剛柔的交界，並不是那麼簡單。因為陰中有陽、陽中有陰，裡面也有「際」的區分，這才麻煩，這也是很多紛爭的來源。這個「際」就更難掌握了，它是裡外都在不斷地變動，而且裡面的變動跟外面的變動還有呼應關係。有時外面的一些際的變動，會影響到裡面際的變動，裡應外合就更複雜了。所以〈說卦傳〉講「分陰分陽，迭用柔剛」，要經常掌握陰陽的區塊，有了區塊之後，還要掌握一直在變動不居的「際」，外面有「際」，裡面有「際」，內外有呼應關係，處理不好就會陽極轉陰、陰極轉陽。中國過去的諸子百家在這一點上下了很大的功夫，一分就是一分，一寸就是一寸，否則就是過猶不及，這就是處事圓熟的功力。解卦第一爻的智慧，就是要把「際」掌握清楚，如果掌握不清楚，就無法真正解決問題。

庖丁解牛就是掌握了那個「際」，另外還有一個就是「間」，即空隙。一個東西有縫，間諜才能打入。如果完全是鐵板一塊，沒有了「間」，就無從下手。挑撥離間者往往是利用內部的間隙，進而分化造謠、抹黑，讓家人變睽，第三者就漁翁得利；如果你們團結成一塊鐵板，面對鐵血的交情，別人就沒有辦法挑撥離間。「間」跟「際」還不大一樣，「際」幾乎就是一條線，幾乎不佔任何厚度，「間」是有縫了，比較寬，可以把東西塞進去，在裡面慢慢滲透。庖丁解牛就是徹底掌握了牛的內部構造，所以他不一定要在堅硬的地方下刀，只需循著縫隙就可以解決，刀因為經過的都是軟的地方，就不會有磨鈍的問題。所以他說刀用了十九年，好像剛從磨刀石出來一樣鋒利。會解決問題的人就是這樣，不會解決問題的人，即使最後勉勉強強解決了問題，他本身也是遍體鱗傷。

這種智慧值得學習，針對蹇卦的問題，找到一個最高的解法，而且付出的成本極低。所以我們人生要解決問題，一定要了解到底蹇在哪裡，把問題的結構徹底理清楚，然後用最快的方式解決，不知不覺間，就把心腹大患連根拔除。

解決問題的順序

解卦就像一個公式，解決人生大大小小問題的公式，按照卦辭，按照爻的始壯究、始壯究，從內而外，從下而上，一步一步解決問題。其步驟是非常嚴密的，次序絕對不能搞亂。解卦卦爻的呼應也非常嚴密，因為解卦所面對的不是簡單的問題，它要解決像蹇卦這樣複雜難理的問題，解得不好會越來越麻煩。只要人生有蹇的問題，就一定存在解答的方法，我們去找答案，答案也不是現成的，需要想辦法找出解決難題的方法、策略，所以就要有耐心。先理清問題的真相，理清目標物的結構，找出縫隙，把來龍去脈、蛛絲馬跡的脈絡找出來，然後再執行。

蹇卦的環境中，人們不是完全不知道自己的難題，而是知道也沒有用，因為沒有辦法動彈，是難行，不是難知。要到解卦時才能脫險，這中間的路程就是要強化練習怎麼做、怎麼行動，找出方案，然後自己要具備那樣的行動力，才能夠把蹇解開。蹇卦之所以跟蒙卦（䷃）不同，因為蒙卦是無知，問題的真相還不清楚，但是蒙卦可以藉由行動去摸索、吸收知識，了解問題的真相，它是行以求知，藉著力行來換取真知。所以蒙卦是難知但是有行，要自己去摸索。蹇卦呢？是難行，它是「知矣」，知道險在前，只是時機不對，沒有找到最好的解法，直到解卦才能脫險。這就是蹇、蒙互為交卦的不同之處，一個無知，一個難行，缺陷是不一樣的。

解卦的交卦就是屯卦（䷂），「動乎險中，大亨貞」，震卦在坎卦下面，還是在險中動；可是解卦不同，解卦是出險，因為震卦在上、在外，坎卦代表的險是在內、在下，已經擺脫了，上卦震已經出險了，大難禍患已經解決了。屯卦還在險中動，草莽開創的象是水雷屯，上下交換變成雷水解，就「動而免乎險」。它們的意義差別就是在這裡。

這就是交卦的妙用，可以設計出整套解決問題的智慧。若是考慮卦的關聯太多，方法也很多，就可以站在鳥瞰的高度來看形勢、看問題。我們下圍棋假定十九乘十九，年紀小時有小的棋盤，等到可以駕馭更大的棋盤、更大的一個平台時，黑白子縱橫交織的變化，就是十九乘十九了。假如我們把一個卦當成十九乘十九來看的話，如果把錯卦、綜卦考慮進去就是四倍的棋盤，這個十九延伸一倍，那個十九延伸一倍，就可以駕馭更多的事情，把握大局就不會只見樹不見林，中間的關係都能搞清楚。像家人、睽、蹇、解四個卦，本身就可能構成一個很大的棋盤，你一旦什麼都看清楚了，棋盤就可以擴大，甚至還可以體例化。如果把交卦的概念也弄進去，就是八倍，蹇、解二卦就跟屯、蒙二卦有關，家人、睽二卦就跟革、鼎二卦有關，這樣一個立體的架構搞清楚了，再去了解卦辭、卦象，我們會發現玲瓏剔透的呼應在我們心中到處開花。人生的視野變得更加開闊，點子也會無窮，看事情跟一般人就不一樣了。

解卦的智慧

我們在講訟卦的時候，就提到過解卦的智慧。孔子稱讚他的學生子路很會斷案，「片言可以折獄」，不必聽完兩造之言，只聽片面之言，就可以判斷事情的真相，做出公正的判斷。孔子說：「聽訟，吾猶人也。必也使無訟乎。」對於法官審案聽兩造意見，判斷是非曲直，孔子認為自己有這個本事，但是他認為最好還是和解，希望使訴訟案件完全消失，社會上最好沒有爭端。

這是正本清源之論，也是解卦的人生觀。解卦的智慧之所在，即越早下手越好，越晚就越難解決。像睽卦的第三爻到第六爻，因為關係生變已經到了精神病的境界了，「見豕負塗，載鬼一車」等光怪陸離的現象都出來了。這種失心瘋絕不是短期形成的，可能從你童年，甚至從娘胎裡就有一些因素存在，卻一直沒有矯正，最後變成這樣一個狀況，痛苦一輩子，一輩子生活在幻聽、幻視和充滿敵意、敏感、恐懼的環境中，造成「睽孤」的人生。要解開這種糾結的痼疾特別難。有時只能治標，沒有辦法治本，因為形成的原因沒有抓到，而且積重難返，已經變成了一種人格類型，很難對症下藥。

中國民間就有這種說法，認為人的個性在七歲以前就形成了。所以要解決這一難題，談何容易？但是既然有蹇卦，後面就有解卦，人生不管是多麼蹇的難題都會有答案，不會無解。只是說解法還沒找到，但是絕對有。這是《易經》給我們的信心。卦辭爻辭、卦象爻象所代表的形形色色各種類型的問題，不外乎四千零九十六種變化，《易經》統統給我們解了出來，都有答案，而這些答案不是一夕之間形成的，光是摸索思考、體驗操作就達幾千年。我們常常聽到西方數學史上有很多著名的難題，幾千年來數學家們都解不開，甚至很多人直接宣告無解，其實不知道怎麼解並不代表無解，世上有些問題過去認為無解，後來總會解開的，就是需要時間。

既然有蹇，就有解，我們至少要有這樣的信心。宇宙造化的真相，我們了解得非常有限，但並不代表沒有真相，而是我們的智慧不及或者因緣不夠，找到解答就是要了解問題的真相。了解了生命的真相，才能夠悟道，才能夠真正解脫，所以有真相才有解。不管多久的懸案，一定有一個真相，這就是解卦的智慧。真相未明是因為外面有很多包袱重重包裹，轉移了我們的注意力，以致無法接近核心的真相。如果把外面一層一層的包袱剝掉，有機會剝到最內層，就會發現核心真相呈露，答案就出現了。睽卦的疑神疑鬼就是因為看不到真相，怎麼能夠達到解的效果呢？

解卦的兩陽爻分析

解卦跟蹇卦一樣，都是二陽四陰的卦，這兩個陽爻毫無疑問就是重點中的重點，蹇卦是

「九三」跟「九五」，解卦則要特別注意「九二」跟「九四」。〈繫辭傳〉就說，二與四、三與五都是同功而異位，分工合作是前後呼應的，雖然既非承乘又不應與，但是同功而異位。所以蹇卦就是要靠「九三」去穩住派系山頭內部的問題，化解內部的阻礙，「九五」就是要操持整個在坎險中的大局，這種分工跟合作才能「蹇」極轉「解」。解卦的「九二」跟「九四」同功而異位，同時呼應「初六」；而且卦辭跟爻辭也是密切呼應的，都有所指。解卦「初六」跟「九二」是承乘關係，關係很密切。「初六」臨危不亂，「九二」才能深入了解真相。從位置來講，「初六」是解卦的最基層，在問題發生的時候一定是最容易亂的；「九二」是基層領導，它們之間的關係就要處理好。另外「初六」跟「九四」相應與，「九二」、「九四」同功，都呼應「初六」所代表的基層群眾。還有一個當然就是都呼應第五爻，四爻跟五爻是承乘的關係，二爻跟五爻是應與的關係；下對「初六」的基層民眾，上對第五爻的領導人，這就是二與四同功而異位的關係。二與四做不好，「初六」、「六五」都會發生扭曲。

為什麼要特別提這兩個陽爻的觀念？因為數位觀象法，這種方法比較少見，尤其是過去舊的註解，沒有數位的觀念。從數位觀象法來看，蹇卦（䷦）等於比卦（䷇）加謙卦（䷎），解卦（䷧）等於是豫卦（䷏）加師卦（䷆）。蹇的時候，一定要跟人家合作，不能衝突，要風雨同舟，然後大家都要低調，謙讓不爭，利益分配要平衡，免得再生怨，影響大家團結一致對外，所以蹇卦要處理得好，就要兼備比卦加謙卦的智慧。另外從爻變來看，比卦、謙卦跟蹇卦的關係也很密切，蹇卦的君位「九五」爻變就是謙卦，「九三」派系山頭一變就是比卦。解卦呢？解卦永遠有一把刀，把一些問題解決掉，所以解卦中有師卦的象，因為刀下去就要把問題解決，需要速戰速決，抓到問題的關鍵迅速切除隱患。所以它有師卦打仗的象，需要紀律、專業、兵法，還包括動員群眾。可是一個仗要打得漂亮，前面就要備戰，那就是豫卦的「利建侯行師」，根據預測，預先沙盤推演，有周全的方案，到時候就按照既定的方案出手。豫是備戰，包括情報的搜集、戰備的儲積，到師卦時就真正出手，所以它是在充分準備的豫卦下再進行師卦實際的戰爭，把問題解決。其過程是周全的，不是盲目的，就像庖丁殺牛之前，他閉著眼睛都知道牛身上的部位。

所以解卦告訴我們，要解決一個問題，實際出手解決問題的是師卦，之前的預備工作一定有很多「豫」的計畫性動作，師卦一出手，才能真正解決問題。如果沒有任何「豫」的動作，師卦的莽撞就不可能解決問題。師卦出手之前，一定都做了周全的準備，根本就不用硬碰硬的戰爭，自然而然就把問題解決了。這就是整個解卦是豫卦加上師卦的智慧總結。當然透過爻變就一目了然了，解卦的第二爻爻變就是豫卦，這說明解卦第二爻一定是解決問題的前奏，沒有解卦第二爻預先的動作，談不上能夠解決任何問題。什麼動作呢，就是進入下卦、內卦內心中的坎險，到坎險的最深處預先搜集情報，才能了解問題的癥結所在。了解問題之後，才有成竹在胸，就知道如何解決問題。但是了解並不代表馬上就能解決，因為因緣、時機可能都不對。那麼什麼時候才能動手呢？要到第四爻，第四爻爻變就是師卦，根據預定的打法出手，開打之後就能解決問題。

這是從數位來看卦，並結合爻變。數位的東西我們要熟悉，陰爻為零，陽爻為一，零加一等於一加零，零加零等於零，一加一避開不要處理，可以幫助我們把任何一個卦拆解成很多卦。

解卦的卦中卦

卦中卦的概念，我們在家人、睽二卦的時候就提過了。這四個卦都跟既濟、未濟二卦有關，不管是爻變，還是卦中有卦，都跟既濟、未濟二卦有關。解卦也是一樣，解卦的二、三、四、五爻構成的就是「水火既濟」（䷾），靠智慧渡彼岸。解卦中含有一個遠離顛倒夢想、解脫自在的既濟卦，說明成功擺脫煩惱。但是，之前還有未濟卦，像初爻到四爻就是「火水未濟」（䷿），由「未濟」到「既濟」，就看你怎麼解。然後解中有解，告訴我們解連環套，絕不是一步就能完成的，一個一個小問題構成大問題，只有小問題都鬆動，才能解開大問題，三、四、五、上爻構成的就是「雷水解」，這就是解中有解。不管什麼樣的難題，即使難題中還有難題，統統可以解答，因為解答中還有解答。有人說，蹇中有蹇，人生真是苦不堪言；可是我們沒有想到，解中有解，永遠有妙智慧能夠解開。

解卦還有坎卦跟豐卦的概念，初、二、三、四、五爻構成的是坎卦（䷜），所以解卦也是風險很高，有連環的險，一波未平，一波又起，可見解卦面對的不是簡單的問題，風險絕對不低，所以一定要有整體觀。如果成功了呢？就是豐功偉業了，二、三、四、五、上爻構成的就是解中有豐卦（䷶）的象，如日中天的「豐」，讓問題解得很漂亮，有豐碩的成果。豐卦是什麼意思呢？豐卦上卦是震，是採取積極的行動，建功立業，而它的內卦是離，是有智慧的，所以一定是看得清清楚楚，有智慧才採取行動，成就豐功偉業。

解卦卦辭

䷧

解。利西南。无所往，其來復吉。有攸往，夙吉。

解卦的卦辭我們可以說它是一個公式，人生凡是解決任何疑難雜症，只要按照這個節奏、策略，以及基本態度，績效通常都不錯；而且還講究前後的順序，就像下棋一樣，先下哪一著，後下哪一著，前後不能顛倒。事有本末先後，第一著走對了，後面就會跟著好。理論和實務問題的解決都可以循這個公式，甚至身體病痛的解決，也是這個公式，它是有次序的。在解卦六個爻中表現的由下而上、由內而外的次序特別明顯，六個爻每一個步驟都做對了，才可以進行下一個步驟，才會有最好的解決。

「利西南」是總綱，是解決從理論問題到實務問題的基本態度，即要有坤卦的耐心、包容，要厚德載物，而不是心浮氣躁。只有西南才會得朋，不像蹇卦還強調「不利東北」，解卦就只講「利西南」，說明不要三心二意，沒有其他解法，一定要用坤卦得朋的解法。因為解卦一開始就是面對蹇卦的局面，千萬不要治絲益棼，否則活結都會變成死結，那就真的無解了。因此，解卦一開始就要順勢用柔，掌握因果關係的脈絡，保持耐心，而且不要一個人去解決問題，畢竟西南所代表的坤卦是群眾的象，西南有得眾的象，眾志成城，群策群力。蹇卦也是號召團結，消除內部派系，暫時放下仇怨，風雨同舟共渡難關，這樣才能解決問題，何況解卦呢？

我們學過那麼多卦、那麼多爻，群眾的力量向來備受重視，人盡量不要單打獨鬥，一定要有一些群眾基礎，有跟別人配合行事的習慣，要團結他人；像需卦最後需求暫時滿足了，也是運用群眾，因為有「不速之客三人來」，三人成眾，可以互相照應，化解仇怨，解決問題。解卦「利西南」就是如此，這是一個基本態度，坤卦優美的德行完全用上了，而且得朋，自然多助。

建立了基本的認識跟態度之後，下面就是按照程式來了。我們知道解卦接下來一定要深入了解問題，就像坤代表的土地一樣，作物要自由自在地生長，首先就要深入，「坤」字右邊的「申」，就是往下扎根，才能往上開花結果。「利西南」之後，第一步就是「无所往」，什麼都別做，哪兒也別去，稍安毋躁；既然不知道問題之所在，蒙頭亂竄，倉促下手，會把問題越搞越糟，所以冷靜很重要。這一點就表現在「初六」，解卦的第一爻在第一個時間點就告訴我們，不要採取任何行動，還不知道問題出在哪兒，怎麼解決問題呢？急忙一定有錯，氣急敗壞更是處理不好任何問題，而且像蹇卦這麼重大的問題之所以發生，不是一朝一夕形成的。就像坤卦〈文言傳〉說的「臣弒其君，子弒其父，非一朝一夕之故」，每一個重大問題都不是一時之間形成的，一定有很複雜的問題結構在哪個地方糾纏不清；一旦它爆發了，沒有事先預測或防範，絕對無法輕易解決。解法往往藏得很深，需要花時間去了解。

也不能頭痛醫頭、腳痛醫腳，一定要有全盤掌握，對其因果要有相當的了解。但是通常問題一爆發，人深受威脅，就會覺得很苦惱，無從下手。所以凡是無法短期內解決的問題，第一步就要冷靜。問題沒有發生之前，我們要用豫卦的智慧，預測、預防可能的結果，假定是壞事，就要想辦法讓它不要發生。解卦跟豫卦的關係，我們在上文有透過爻變說明過，但是解卦跟豫卦的不同在哪裡？豫卦是預防，就是讓一些重大的問題不要發生。防範得當，就可以把問題化解於無形，那是最高的智慧。解卦就是豫卦的防範沒做好，才讓問題爆發。要知道，預防永遠勝於治療，可是豫卦的智慧很難把握，即使有預測、預防，有時也不周全、不精確，還是阻擋不住事情的爆發。問題已經發生了，要解決，就是解卦；問題還沒有發生事先就算到了，老早把它化解掉，讓它不再發生，這就是豫卦。

人生有兩道防線，第一道是豫卦，早發現，早處理，眼光早就看透並警覺到危機。通常有那種智慧的人不容易，堪稱是先見之明。第二道防線是既然已經做了預備，但是沒有料算到危機爆發，蹇的難題突然湧現，這時的動作已經不是「豫」了，而是要面對問題解決掉。像面臨蹇卦這麼大的難題，如果沒有事先防範，問題發生之後就得解決，這就是解卦。問題沒有發生之前，要用豫卦的智慧盡量讓它不發生；如果真的發生了，預測沒有發揮作用，這時反而不要急，要慢慢來，也就是解卦所說的「无所往」，一動不如一靜，不要讓問題惡化，陣腳慌亂可能還會造成更大的問題。

豫卦是盡量搜索看未來可能會有什麼問題，現在把它解決掉，讓它不發生，因此豫卦的時候要非常積極，盡量搜集應對的方式。如果真的發生了，事到臨頭反而要鎮靜，這就是解卦的智慧。「利西南」本來就是很沉靜的，然後「无所往」，先不要亂動，不要慌，哪裡也別去，冷靜下來去面對問題、思考問題。如果這一步做對了，鎮定下來，養足氣力，就是「其來復吉」。可見，解卦同樣也要運用復卦的智慧。面對糟透了的局勢，能夠重生再造，旋乾轉坤，形勢倒轉過來，剝極而復。這種復卦的智慧不管遭遇多大的衝擊，都能夠一陽復始、萬象更新。「來復」是復卦的概念，就是「七日來復」。「其」就是指解卦緊繃時的當局者。為什麼要「无所往」？就是要藉著靜養、閉關來恢復元氣，培元固本，等到力量強了，可能問題就迎刃而解。在力量弱的時候，沒有智慧判斷，問題都可能把人難死。

復卦的思維作為一個指導性的概念出現在解卦中，使得家人關係又和好如初。本來看著是剝得快要毀滅了，岌岌可危，又是一陽生機，「其來復吉」。在解卦中等待「其來復」，一定要先「无所往」，故初爻一定要无咎，才能夠爭取到「其來復吉」。在事情發生的第一天，不要在混亂中做決定，等到過了七天之後，休息夠了，看清楚了，形勢可能從被動挨打轉為主動解決問題。這就是靜下來的好處，閉關可以令人剝極而復。「无所往」就是在等待形勢的「其來復吉」。「其來復吉」時要採取行動，形成主張，從「无所往」轉為「有攸往」，正好一百八十度逆轉。也就是說，在不採取任何動作到開始要採取動作，中間有一個「其來復吉」，就是這樣剝極而復的。一旦要採取行動了，根據「來復」時深刻的觀察制定準確的方案，快速執行，一定可以解。根據「來復」既定的方案，「有攸往」，出手的時候快出手，千萬不要再耽誤時間，這就是「夙吉」。

一旦要出手就不要猶豫，人生最難的就是看不清楚，也不知道怎麼辦。等到研究清楚了，自己又有資源，恢復了實力，就得出手快、狠、準，認真執行就會吉。「夙」這個字在解卦中出現，意義無窮，「夙」是早，成語「夙興夜寐」、「夙夜匪懈」，從早到晚都不懈怠，但不是只有早，還有「敬」的意思，《說文解字》解釋「夙」字就是「早敬也」，每天早上起來都很認真。也就是說，人生佈局要早，還得認真、敬慎。早又敬就充滿了競爭力，就會吉。

解卦總綱是「利西南」，成敗所繫是初爻「无所往」，不要慌亂。然後就是二、三、四爻的「其來復吉」，等到要出手的時候就「有攸往」，方向、方案清楚了，「夙」才能吉。一直到解卦的第五爻、第六爻最後徹底解決問題，不留任何後患，做最漂亮的解決，那就是「夙吉」。

「敬」字非常重要，主敬立人極。需卦（䷄）、訟卦（䷅）就有探討「敬」的概念。「敬」才能夠滿足需求，化解爭訟。訟卦最後一爻什麼東西都搶到手了，可是「以訟受服，不足敬也」；可能「終朝三褫之」，既得之又失之。需卦的「不速之客三人來，敬之終吉」，彼此客客氣氣，化敵為友，賓主盡歡；一旦有敵對的時候就很危險，「需于泥，致寇至，敬慎不敗」。所以需卦靠一個「敬」字，就能把需卦第三爻「需于泥」那麼危險的環境化敵為友，使得「不速之客三人來，敬之終吉」。需卦第三爻在最危險的時候，對敵人都得敬慎不敗。訟卦最後一爻，喪失了人家對他的尊重，遲早要垮掉。就是一個「敬」字解決了人生所有需、訟的問題，解卦的「夙」裡面就包含了出手要早，還得「敬」才能解決問題。

解卦〈彖傳〉

〈彖〉曰：解，險以動，動而免乎險，解。解利西南，往得眾也。无所往，其來復吉，乃得中也。有攸往夙吉，往有功也。天地解而雷雨作，雷雨作而百果草木皆甲坼。解之時大矣哉。

「解，險以動，動而免乎險。」〈彖傳〉一開始就說，解卦是因為險才行動，一動就能脫險，解決問題。從卦象上看，這是毫無疑問的，因為內卦是坎險，外卦是震，是行動的象，它跟屯卦就相反，屯卦因為資源不足，只能在險中動，「動乎險中，大亨貞」。解卦一動就免乎險，這就是解卦的象。

「解利西南，往得眾也」，後天八卦中，西南坤卦，坤卦是群眾的象，西南得朋，前往自然得眾也。「无所往，其來復吉，乃得中也」，「其來復吉」是因為懂得處理問題的時中之道；但是「乃」字也同時告訴我們，找到解決問題的中道辦法並不容易，也是艱難轉折、九死一生才能練達到這種境界。這是講哪一個爻呢？就是講「九二」。前面的「往得眾」是講「九四」，四爻、二爻在〈彖傳〉中都作為主要對象被一一點明。先講「九四」「往得眾」，因為陽爻往上面發展，陽爻沒有去之前是坤卦（☷），陽爻一佔位就變成震卦（☳），坤卦所代表的群眾因為有了震卦的領導就統統行動起來，於是「動而免乎險」。「九二」進入坎險之中了解真相，而且是客觀公正的真相，不偏不倚，這就是「乃得中」。

「有攸往夙吉，往有功也」，想要有「九四」的結果，一定要有「九二」的努力，知而後行，就可以根據既定的方針爭取和解——「夙吉」，「往有功」，就能成功脫險，建功立業。蹇卦說「利見大人，往有功也」，解卦講「有攸往夙吉，往有功也」，坎卦裡面也講「功」；凡是功都跟坎卦、艮卦有關。所以人生一定是冒險犯難，克服艱難險阻才談得上成功。這幾乎就是一個公式，如果真能解決，那麼貢獻就很大了。

卦辭解釋完了，二爻、四爻也點出來了。後面就是贊易的部分，非常讓人嚮往，充滿文學性的描寫向我們展示了解卦的境界。從自然界來講，「天地解而雷雨作」，整個天地好像霹靂一打，一場大雨下來，什麼都解決了。蹇卦也是凍土的象，春暖花開時凍土裂開，植物就開始新的生命。這就是因為解卦的交卦是屯卦（䷂）。凍土完全沒有生機，小草是怎麼鑽出來的？因為震為雷，坎為雨，而且跟屯卦不一樣，屯卦是打悶雷不下雨，但是解卦絕對是一場傾盆大雨，雨就是和解的象。一場傾盆大雨就把很多的僵局、仇怨化解了，因為有雨水的滋潤，作物都欣欣向榮。

「雷雨作而百果草木皆甲坼」，要注意「皆」字，強調的是沒有一個例外，「百果草木皆甲坼」就像凍土裂開了，春風一吹就開始冒芽生長。「甲坼」是指百果草木乾旱的時候，就像沙漠中的仙人掌一樣，保護裡面的水分不被蒸發，一定是形成很堅硬的殼作為保護。因為它外面沒有任何水能夠吸收，要活下去，一定要形成自然堅硬的殼，讓裡面的水分不再蒸發掉。等到下了一場大雨，甲就沒有必要存在了，要讓雨水透到裡面，這也是植物自然而然的功能，僵硬的外殼一裂開，水分就完全灌進去。雨水的灌注帶來營養，植物的生長自然欣欣向榮。「皆甲坼」就是碩果不食、剝極而復的象，裡面核心的種子充滿了生機。就像人在對立的時候，互相仇殺，就需要很多的「甲」來捍衛自己；一旦打完，雙方和解，就要解甲歸田。既然和解了，何必要甲冑之類穿在身上？顯出自己的真面目跟人家真心交往，就充滿了生機，和解的氣氛下就是如此。

在佛教來說，真正的解脫就是把外面的假象看透了，真心才會呈現。突破外面的一切假象，才能掌握到真情。假定一場大雨下來，整個和解氣氛帶動整體的欣欣向榮，大家都真情相待，不需要的偽裝自然統統脫落，生機無窮，這就是「解之時大矣哉」，不需要那些不必要的東西了。

解卦〈大象傳〉

〈大象〉曰：雷雨作，解。君子以赦過宥罪。

「雷雨作，解」，這是解卦的卦象。「君子以赦過宥罪」，我在講〈繫辭傳〉時提過，「罪」與「過」是不同的，「過」可以赦，「罪」則嚴重得多。「過」就像小過、大過，人不可能不犯錯，但是不能犯錯就槍斃。所以理論上法律的民事就比較像「過」，刑事就比較像「罪」。當然，「赦過宥罪」是強調和解的精神，在了解真相之後，盡量希望兩造寬免，不製造後遺症。人跟人之間、國跟國之間、宗教跟宗教之間、文明跟文明之間都是如此。即使以前互相殺戮、互相迫害，在一個和解的精神下，大赦特赦，一切恩怨盡數歸零。

在解的精神下，不管是有心之過還是無心之過，總而言之，不那麼嚴重的統統都可以不算，可以完全赦免、寬恕。可是「罪」卻不行，罪只能減輕，那就是「宥」；可以減輕、打折，絕對不能完全歸零，因為那是有罪的東西，有罪就要償。

像南京大屠殺，不只是「過」，更是罪。假定這種罪是死刑，用宥罪的精神，死刑就可能變成無期徒刑，無期徒刑變成十幾年，十幾年變成一兩年、三五年。那個叫「宥」，但是絕對不能說無罪；如果這樣，這個世界就會亂，會有很多東西說不清。可見，如果要解的話，「過」可以赦，「罪」只能「宥」，只能減免，不能不算。

解卦除了解決實際的人際、國際紛爭之外，另外就是思考各式各樣的問題；針對各種專業領域的問題，要去思考解答。注意「无所往」跟「无咎」、「利西南」，正是解決問題的方法。禪宗有一句話叫「恰恰無心用，恰恰用心時」，《金剛經》也教我們不要刻意，不要咬牙切齒盯在一個問題上解不開。人，一定要有放鬆的心情，無所住而生其心，如此才能得到大解脫；若是刻意在一個問題上鑽牛角尖，怎麼繞也繞不出來。

恰恰無心用，恰恰用心時

我們在尋求問題的解答時，當心態上平靜放鬆、趨於寬緩的狀態下，解決問題的靈感反而容易出來。因為「甲拆」了，封鎖的殼綻開之後，核心的創造力能量會冒出來。這就是禪宗所謂的「恰恰無心用，恰恰用心時」，解脫的智慧在於維持無心的狀態，無心就是自然。在自然的、放鬆的情況下，沒有任何功利的想法，智慧的靈光會自然而然呈現。相反，壓力越大，靈感就越枯竭。

「無心」使人能夠身心達到自然的狀態，這種不刻意的狀態反而是靈通的，就是「恰恰無心用」，恰好就是你沒有用心的時候，心的能量反而發揮最大。沒有壓抑，沒有設限，這種開闊的、放鬆的心態，會拋棄心中任何成見，為解決問題提供坦途。而在蹇的狀態下，問題全部糾結在一起，剪不斷理還亂，拚老命，用盡力氣，待在辦公室、實驗室、研究室，就是想辦法要把難題解決；越這樣越解決不了，這時心裡一直是緊繃的狀態。按照解卦「利西南，无所往」那種放鬆自然的狀態，才可能得到真正的解答，而蹇卦剛好是相反的。所以我們平時處理事情時，一旦遇到瓶頸，最好放下手邊的工作，離開這個環境，轉換場景。哪怕出去散步半小時都好，脫離蹇的環境，不再去想煩惱的問題，把問題暫時放開。心情一旦放鬆，什麼都不想的時候，有時問題的答案突然就出來了，這就是「恰恰用心時」；就是懂得轉換環境，適時、適度放鬆，離開苦思的環境。當身心放鬆的時候，有一些苦思冥想不出來的答案突然會自動浮現。當然這個自動浮現也不是偶然的，因為你過去苦想了很久，其實答案就在眼前，就是牛角尖沒鑽破，在裡面一直繞不出來；直到調整環境、調整心態，答案突然就出來了。這種心情正是「踏破鐵鞋無覓處，得來全不費功夫」。

像阿基米德，他在實驗室苦思冥想浮力原理而不得，洗澡的時候卻把浮力原理給想通了。平常怎麼想都想不通，洗澡正是放鬆的時候，這一放鬆靈感便突然降臨，他想通了又怕一下子沒整理出來，就光著身子跑出去了。德國化學家凱庫勒在夢中發現苯分子結構的故事，一直被世人津津樂道，並被作為心理學研究的典型案例。這個故事說：一天晚上，凱庫勒坐馬車回家，在車上昏昏欲睡。在半夢半醒之間，他看到原子鏈似乎活了起來，變成了一條蛇，在他眼前不斷翻騰，突然咬住了自己的尾巴，形成了一個環……凱庫勒猛然驚醒，受到夢的啟發，明白了苯分子原來是一個六角形環狀結構。這樣的故事我們且莫說它是否真實，我們要說的是，對於怪異的分子行為，用一般的思考想不通，結果做夢想出來了。這就是說做夢的時候心態是放鬆的，因為人的思維會受主觀成見限制，陷在裡面繞不出來，一旦放開限制，靈感就會出來。所以人有時候做夢都在思考問題，只是自己可能不知道。

可見，擺好了架勢，認真思考問題的解決方式，有時反而解決不了；當身心放鬆、最自在的時候，問題反而得到了解決。很多這種頓悟的經驗就是如此，只有放鬆才能讓你超越陳規，找到問題的盲點，把問題解決掉。這就是「无所往」，才可能「其來復吉也」。面對問題時不要預設任何狀況，在無心的狀態，無住生心的智慧，無所住而生其心，自然而然，事緩則圓，問題反而會有圓融的解決。像復卦的閉關，暫時離開工作環境、生長環境，去閉關七天，聽風聲看雲走，完全不擔心世俗的事務，在休息的轉換中反而是一種復的狀態。這跟「其來復吉」是一樣的，而「其來復吉」前面是「无所往」，什麼事也不做，有時就是出去散步晃蕩半個小時，反而突破問題的瓶頸。這種解的智慧運用到工作中，「有攸往，夙吉」，「百果草木皆甲坼」，什麼憂悲煩惱全部解決。

解卦六爻詳述

初爻：勇於承擔，穩住陣腳

䷧

初六。无咎。

〈小象〉曰：剛柔之際，義无咎也。

解卦第一爻爻辭只有兩個字：「无咎。」我們都知道，《易經》終極的目的就是追求无咎。任何事情先別急著建功立業，先求不要犯錯，更不要一錯再錯，也不要歸咎於別人，要自己承擔，這是超過任何吉凶、勝負、得失的。〈繫辭傳〉說「吉凶者，失得之象也」，可是「无咎者，善補過也」。《易經》真正追求的是无咎，吉凶悔吝隨時都會變，純屬塞翁失馬、得馬的問題，不要過分在意。像訟卦中凡是搶贏了的，到最後除非「訟元吉」，否則可能再失去；凡是「不克訟」的，最後反而有好下場。

解卦第一爻就先求无咎，就是穩住陣腳，千萬不要慌亂，因為事情已經發生了，要面對，不能逃避，任何追悔莫及的想法也不要生起。解決問題需要很多精力、智慧，不是三兩天的事情；所以想在一瞬間解決長久遺留下來的問題，那是不可能的事。這麼嚴重的事情一旦發生，事前應該緊張，事後反而不要慌張，既然不是短時間能解決的，且先回家蒙頭大睡三天，養足精氣。那種面對問題戰戰兢兢、氣急敗壞、挑燈夜戰的態度和作法，統統沒有用，反而還會出錯。只有冷靜下來，養足氣力，待神志煥發、心平氣和之後，再來看問題該怎麼解。

另外，解卦初爻追求无咎，也說明不要歸咎於別人，明明是自己的事，不要因為怕承擔，就找一個藉口，或者找個替罪羔羊，歸咎於他人。在解卦的時候，不要幹這種事，要勇敢承擔應有的責任，這樣就不會錯上加錯。此時，鎮靜的功夫非常重要，但是憑鎮靜的功夫在解卦第一爻要求无咎，卻很難。因為初爻剛好是基層民眾，無知無識，沒有任何經驗，實力更是談不上；有群眾效應的時候最容易慌亂，根本就不知道該怎麼處理問題，有時反而會人擠人又踩死一大片。這時最容易盲動，基層如果盲動，問題就更難解決。那麼要怎樣面對這種狀況呢？

第一，負責解決問題的人，第一時間點不要慌亂，要求「无咎」，「无所往」。第二，如果周遭的群眾騷動、慌亂，要想辦法穩住動亂，心法還是求「无咎」，這時不是追究責任的時候，要想辦法面對問題、解決問題。如果一開始就究責，就可能冤枉他人，光是要找到責任歸屬都要一段時間，有時找替死鬼頂罪，問題更難解決了，冤假錯案的後遺症比剛開始的問題更嚴重，所以解決問題的人在第一時間點要自己承擔起來，陣腳不能亂，然後讓旁邊的所有人也不要慌亂。這些解決問題的智慧都在「无咎」兩個字中，客觀冷靜公道，「无所往」，群眾穩住了，沒有騷亂，才會有解決問題的下一步。

如果第一爻沒有做好，就違反了解卦「利西南」之後「无所往」的第一步。第一步錯了，下面全部沒有解，因為二爻、三爻、四爻、五爻、上爻是接著第一爻的基礎慢慢發展出來的，解決問題的步驟一亂，就全亂了套。故〈小象傳〉說：「剛柔之際，義无咎也。」第一爻的作法是天經地義的，時之所宜叫「義」，人之所當為也是「義」，這就特別重要。解卦第一爻就是一定要求「无咎」，然後要冷靜，不在慌亂的時候再犯錯。因為在「剛柔之際」的時候特別重要，也特別微妙。

人際之間一定是紛亂的，如果把罪責加諸他人，光處理這個問題就夠麻煩了。蹇卦本來就是風雨同舟，而且「際」也是一個時間點，是轉換的地方，變化無常；何況對於突然爆發的事情，要先謀解決，不要把人際關係、國際關係弄得更複雜。所以這個時候最考驗我們的智慧，此時一定要非常冷靜，了解分際所在。由蹇卦到解卦之初就是剛柔之際，用剛還是用柔？需要慎重處理。另外從解卦爻際關係的互動上，表現出來的百分之百是剛柔之際。「初六」柔弱無力，沒有任何資源，沒有解決問題的工具，連問題怎麼發生的都不知道，立腳不穩、處於慌亂狀態中的初爻在下卦坎險之中是墊底的，又不當位，陰居陽位，這個時候它是柔。剛呢？一個是上面的「九二」，「九二」比較有實力，因此沒有實力的「初六」在問題剛發生的一剎那，要慢慢穩定下來到第二爻，直到擁有資源、實力，了解問題的所在，這時就由弱轉強、由小變大、由柔變剛。既然「初六」的時候還是柔，也最脆弱，怎麼可以亂了陣腳呢？因此處在剛柔之際的「初六」，要使「九二」深入坎險之中了解問題，就要打好基礎，起碼「初六」就不能崩盤。這時「初六」要替「九二」設想，陰承陽、柔承剛的親密關係更是如此，要充分考慮下一步。如果第一步已經亂成這樣，還有什麼下一步呢？柔永遠不會轉弱為強的。這就是「初六」面對危機處理時應有的態度。

還有一個是要想得更遠的「九四」。「九二」去了解問題出在哪裡，深入坎險之中搜證，四爻就是根據「九二」調查出來的結果去處理問題。四爻最後採取震卦的行動，行之於外、行之於上，是根據「九二」的調查結果來決定的；而且「九四」跟既象徵基層可能的動亂、又象徵解卦第一爻需要冷靜的「初六」相應與。所以出手解決問題的「九四」和探討問題的「九二」，都跟什麼也不知道的「初六」有承乘應與的「剛柔之際」，所以「初六」在這個時位上雖然不可能解決任何問題，但是一定要鎮定，不要歸咎於人，才會為「九二」、「九四」打好基礎。這就是「剛柔之際，義无咎也」的道理。

關於「剛柔之際」這個概念，在很多卦的爻中都出現過。坎卦（䷜）「六四」是周文王蹲監牢蹲出來的智慧，就通過一個小洞，與外界保持聯繫，那個小洞不僅是食物的進口，也是排泄物的出口，但是在監獄中的政治犯甘之如飴，永遠不放棄這個與外界唯一的聯繫通道，慢慢就可以「終无咎」。坎卦的「六四」跟「九五」的關係就是「剛柔際」，「六四」是陰，陰承陽、柔承剛；它跟「九五」在坎險之中結成患難同盟，才能夠脫險。「六四」本身柔弱，單靠忍辱負重是不可能「終无咎」的，要利用「六四」跟「九五」陰承陽、柔承剛的關係脫險，所以爻辭說「樽酒簋貳，用缶，納約自牖，終无咎。」然後〈象傳〉也說「樽酒簋貳，剛柔際也」。可見，「六四」要善處跟「九五」的人際關係。坎卦「六四」本身爻變是困卦（䷮），因為處理好了剛柔際的問題，跟「九五」共同合作突破坎險，坎卦「六四」跟「九五」兩爻動就是解卦，「六四」本身受困，但因善處「剛柔際」的關係，人際特別和諧，得到第五爻強而有力的協助，馬上就變成解卦，解卦就是要脫險。

那麼，解卦「初六」要是處理得好，先跟上面「九二」陽剛的爻互動處理好，還要跟「九四」的應與關係處理好，三爻齊變就是復卦（䷗）。而初爻爻變是歸妹卦（䷵），歸妹卦頗有警告意味，也就是說千萬不要急躁，不能感情用事，選好對象再出手，孤注一擲的後果就是「征凶，无攸利」。在解卦初爻就是怕有歸妹卦的毛病，一定要无咎，一動不如一靜。如果採取強力推行，結果一定凶，會把所有的未來全部葬送。這就是解卦第一爻，需要超級冷靜的功夫，不但是本人冷靜，周圍的群眾都因你的安撫而穩定。

其實，蹇、解這兩卦的初爻都有這個問題，群眾本身是虛弱的，不可能主導問題的解決，只能靜待整合。蹇卦是「往蹇來譽，宜待也」，要等待，蹇卦初爻一待就是既濟卦，解卦初爻的「无咎」也是一樣，基層最容易盲動。如果有人存心挑撥，那麼一定會亂得一塌糊塗。這兩個卦的初爻都有無限的功夫在其中，尤其解卦初爻處在「剛柔之際」，更加不能感情用事、孤注一擲。

二爻：深入虎穴

九二。田獲三狐，得黃矢，貞吉。

〈小象〉曰：九二貞吉，得中道也。

解卦的第一爻如果配合得非常好，冷靜，不生事端，就為第二爻、第四爻真正尋求解決做了很好的鋪墊。第二爻爻辭首先是「田獲三狐」，狐狸的意象出來了。接著是「得黃矢」，「黃矢」即黃金箭，然後「貞吉」。〈小象傳〉說：「九二貞吉，得中道也。」這就是〈彖傳〉講的「其來復吉，乃得中也。」第一爻「无咎」呼應了卦辭的「无所往」，第二爻的「九二貞吉，得中道」就呼應「无所往」之後的「其來復吉，乃得中也。」「得中」是擺明的呼應，探到了問題核心的真相。要了解解卦的坎險是怎麼來的，當然得親自去現場調查，加上「九二」有實力、有智慧，又剛而能柔，進入坎險的深淵，才能知道險的因由，然後懂得如何脫險，即進入上卦、外卦的震動出險，「動而免乎險」，它的行動指標就是「知險」。而「知險」不能靠推測，要實際調查研究，

「九二」處於下卦坎險之中，當然要冒險，冒險才能探到事情的真相。

關於「田獲三狐」，「田」字我們都知道是打獵，甚至是打仗。以前就用打獵比喻打仗。師卦第五爻一開始就說「田有禽」，打仗一定要有讓你覺得討厭的敵人，知道為何而戰、為誰而戰，這種因同仇敵愾激起來的戰爭才好推動。恒卦第四爻叫「田无禽」，打獵打了一輩子，什麼東西都沒打到，甚至是捕風捉影，跟一個不存在的敵人較量了一輩子。解卦第二爻講「田獲三狐」，「獲」就是得到了，經過積極的努力佈局，最後獵到了三隻狐狸，「三」當然是多數。經過辛苦的打獵，最後逮到了一群狐狸。可是下面又說「得黃矢」，這是什麼意思呢？用黃金箭射到了三隻狐狸，然後「貞吉」，固守正道就吉。爻變是豫卦（䷏），「利建侯行師」。

「黃」代表什麼意義呢？中道。「黃」有厚德包容的象，所以坤卦的君位「黃裳元吉」，離卦的第二爻「黃離元吉」，都是中道的意思，不走極端。從《易經》的創作背景來看，黃河流域、黃帝子孫，都有「黃」的中道之意。「黃矢」和噬嗑卦第四爻的「金矢」不一樣，「金矢」是殺人的利器，噬嗑卦第四爻「得金矢」，就是當「六五」的殺手，參與割喉競爭，「金矢」就是五爻賜予的尚方寶劍，他們是典型的共犯結構。但是《易經》不只是講鬥爭策略，還要合乎「黃」的中道，「矢」是講正直。要對付難纏狡詐的狐狸，冒險到狐狸窩中去了解狐狸的狀況，當然要有資源、憑仗，所以必須要有「黃」跟「矢」，即有資源，包括金錢和權力，才能夠深入了解敵情、搜集罪證。這麼冒險的行為，如果沒有錢、沒有權、沒有客觀公正，是完全不可能成功的。「田獲三狐」，就是想要把狐狸的罪證掌握到手。這樣看來，狐狸是一群，也就是說宇宙人生的真相是非常複雜的。一群狐狸，還有一個洞窟，要了解狀況，解脫眾生之險，非要親臨狐狸窩不可。要去搜證、體察，當然要有智慧，這就是「黃矢」，有資源、有實力，但在道德上要合乎黃的中道、矢的正直，絕對不能偏離這個原則，如此深入體恤眾生坎險之情，才能有所收穫，進而「貞吉」。面對難纏的一群狐狸，除了要小心翼翼，還要勇敢、有智慧。這是解卦要採取行動前一定不能省略的環節。了解問題的真相，深入問題，深入人性人情，「田獲三狐」，想要有所得，把狐狸的真相徹底了解，一定要有「黃矢」的加持，然後才可能「貞吉」。爻變是豫卦，更說明這是預先非做不可的動作，之後才能「利建侯行師」。

三狐的象徵意義

狐狸的象第一次出現，其象徵是什麼呢？就是狐疑不信。就像睽卦上爻看到了塗滿泥巴的豬和一車子的鬼，這是自己險詐，也懷疑人家險詐。疑心生暗鬼就變成人際、國際交流上的障礙，無法推心置腹。狐疑不信會造成什麼嚴重的後果呢？既濟、未濟卦就有小狐狸渡河的象，能不能夠終極悟道解脫渡彼岸，一定要消除狐疑不信的心。就像中孚卦（䷼）強調「有孚」，合乎中道的誠信，才能「利涉大川」。

既濟、未濟二卦沒有過河前是小狐狸，對人生充滿了懷疑，懷疑就無法建立信任，怎麼涉大川呢？這種心理始終是狐的狀態，自然無法解脫。既濟卦就是要讓年輕、奸詐又不相信人的小狐狸脫胎換骨，到了彼岸就成聖成佛。解卦第二爻出現「三狐」，就是解卦必須要解決人內心中坎險。下卦眾生的坎險沒有孚，而是一群狐狸的猜忌、狡詐，一定要把這些不利因素降伏，這就是「田獲三狐」。貪嗔癡慢疑種種的業障都是狐，要了解這些，就一定要深入了解，還必須要有黃、有矢，不然很難出來。這是從形而上的角度來講。

從實際的獵狐行動來講，先講「田獲三狐」，再講「得黃矢」，然後才「貞吉」；而不是說「得黃矢」、「田獲三狐」、「貞吉」。這兩者有什麼差別呢？如果說拿了黃金箭進入狐狸窩，就把這些狐狸統統射下來了，然後把死狐狸扛在身上，一下都帶走了，那怎麼可能呢？進入人家的狐狸窩，能夠不被狐狸傷到，還把狐狸統統射死，沒有這樣的好事。「九二」初入狐穴，需要等待時機成熟剷除這些狐狸，黃金箭絕對不先拿出來。「九二」的主要任務是調查狐狸的生態習性，在狐狸沒有提防的時候混進去，這樣才可以「知彼知己，百戰不殆」。可見，雖然「得黃矢」，但還是不要輕舉妄動，搜求證據之後，還要全身而退，畢竟現在敵強我弱，不是殺狐狸的時候。等到能夠除掉狐狸時，已經是成竹在胸，這樣才可變成「其來復吉」，「有攸往」。

「黃矢」雖然是對付「三狐」的，但是當時並沒有爆發衝突，因為「九二」爻變還是一個前置作業，是「利建侯行師」的豫卦，直到了第四爻才是師卦（䷆）的採取行動，才有了行動的自由。二爻本身就在險中，怎麼能除險呢？黃金箭什麼時候才用得上？到了上爻才用上。這就是中國人的智慧，能忍一時之艱險，為了「田獲三狐」而身涉險地，絕不打草驚蛇。而把敵情了解得特別透徹，「黃矢」所代表的中道正直，正好克服「三狐」的狐疑不信，到了四爻就開始有一定的行動自由，到了上爻，才用早就打好的黃金箭這一祕密武器去剷除對手。上爻我們還沒講到，上爻的「射隼」那一箭不是臨時打造的，在二爻的時候就已經打造好了。只有深入虎穴，了解敵情，全身而退，將來對付敵人的時候，才有最佳的出手時機。所以「貞」才能吉，採取守勢，不動聲色。

人生有很多解脫不了的坎險、包袱、業障，一定都要經過像「九二」這樣徹底探勘的過程。人生的貪嗔癡慢疑也可以說是「三狐」作祟，解決這種「三狐」業障的智慧，就是「黃矢」；但要先了解三狐，「得黃矢」就是解決問題、消災解厄的智慧。但是中間還要等待時機，因為「解之時大矣哉」，要等待「雷雨大作」的時候，「百果草木皆甲坼」，絕不可輕舉妄動。即便了解「三狐」，得到了「黃矢」，當下也一定不能露出行藏，要固守正道，採取守勢才能吉。

三爻：眾矢之的

六三。負且乘，致寇至，貞吝。

〈小象〉曰：負且乘，亦可醜也；自我致戎，又誰咎也？

第三爻是解卦非常糟糕的一個狀況，很令人傷腦筋，而且不是很好理解。「負且乘，致寇至，貞吝。」就這麼短短幾個字。在〈繫辭傳〉中，孔子也特別強調過。「負且乘」，這是說「六三」陰居陽位，不中不正，要說多糟糕就有多糟糕。「六三」正是解卦中的眾矢之的，很多的箭都往它身上招呼，也代表人生最難纏的業障、情欲、罪過集於「六三」一身。加上「六三」是人位，三多凶，人造的是非太多，其他五個爻都是要對付這個爻的；這個爻便成了眾矢之的。上面說到二爻的黃矢將來也是要對付這個爻的，上爻要射的也是這個爻；四爻、五爻要擺脫的也是這個爻。人所造的罪孽很可怕，真正是「天作孽，猶可違；自作孽，不可活」，人一旦作孽，完全是作繭自縛。「六三」處於下卦坎險之極，對於整個卦來說，簡直是自尋煩惱，「六三」所代表的一切罪孽、業障要解脫、拋掉，不知要花多大的功夫。

「致寇至」比較好懂，人生的外患是自己招來的，不能怪別人。需卦第三爻「需于泥」，就是因為需求過多，陷入泥沼，於是很多負面的東西就來了。「需于泥」就「致寇至」，要善後就得「敬慎不敗」，需卦第三爻爻變就是節卦（䷻），必須節制「需于泥」的東西，才能防止被寇吞滅。而解卦第三爻的原因則不完全一樣，解法也不會一樣。如果「致寇至」，有「貞吝」，敵人非常可能來威脅你，因為你有弱點，想要保有既得資源，結果都不看好，因為是吝。「吝」就是文過飾非，不敢坦誠面對自己的弱點、缺憾，不肯補過，道路越走越窄，這是因為陰柔過度造成的，要敢於承擔，做錯就改。但是「貞吝」是非常危險的，不是「敬慎不敗」，其原因是「負且乘」，「負且乘」非常複雜，「負」就是背著沉重的包袱，諸如意識形態、主觀見解、喜怒哀懼愛惡欲等人生種種的負債，負荷壓力很大，正如「萬般將不去，惟有業隨身」。像大過卦（䷛）就是承擔過度，導致棟樑彎曲。同時還存在「乘」，這下更複雜了，「負且乘」幾乎是絕症，所以〈小象傳〉才會說：「負且乘，亦可醜也；自我致戎，又誰咎也？」需卦「需于泥，致寇至」，是自我致寇，所以要敬慎不敗。但是解卦的「六三」也是「致寇至」，結果卻是「自我致戎」，「戎」是軍事衝突，有戰事發生，也就是說有可能跟敵人之間爆發戰爭，然後敵方乘人之危，致使很難抗拒。可是這種局面完全是自找的，自己惹上的刀兵之災，你怪誰呢？因為你自己的弱點就是沉溺其中，難以自拔，才造成這樣的狀況。「亦可醜」，「醜」一般來看都不是好的，形象醜陋、醜惡，上不了台盤。但是「醜」比較中性的意思是「類」，「醜」字看起來有罵人的意思，其實是告訴你，各人內心深處有各種類型，有「負且乘」這麼要命的包袱、業障，要是沒有辦法擺脫，就會終身不得解，它會讓你一再犯錯，成為痼疾、絕症。如果一定要了解「負且乘」，就要深入剖析、深層反省，這就好比了解一個組織、一個社會、一個國家、一種文明裡面有沒有這樣的致命因素。這種致命因素要是不能真正化解，就會「致寇至」，總有一天會有人來消滅你。藏在內卦坎險之極的第三爻不中不正，而且「負且乘」，正是解卦的關鍵，如果放任它暫時不解開，將來就會出大事。

「亦可醜」在前面的卦中也出現過多次。像觀卦第二爻，〈小象傳〉就說「闚觀女貞，亦可醜也」，那個爻的境界就是見識很片面，不是全方位的觀照，有點感情用事，隔著門縫看人，如同井底之蛙看世界。大過卦的第五爻，枯楊開花，老太太娶了一個俊小子，「无咎无譽」，但是〈小象傳〉又有話講了：「老婦士夫，亦可醜也。」還有就是離卦的最後一爻，面對突如其來的大浩劫，第五爻是哭得稀哩嘩啦，第六爻是實際去解決問題，重建文明，「獲匪其醜」。這裡就是解卦的第三爻「負且乘，亦可醜也」，直接點出問題所在，最深層的問題糾結落點在哪裡，而且不只是「負」的問題，還有一個「乘」，這就更複雜了。

關於「負且乘」，坎卦「六三」的「險且枕」和解卦的「六三」，從某個角度來講是串起來的，因為解卦的初爻到五爻是坎卦的象，解卦的「六三」就是卦中卦坎卦的「六三」，所以「負且乘」跟「險且枕」絕對是有聯繫的，只是呈現在不同的卦而已。

〈繫辭傳〉說「負且乘，致寇至」

子曰：「作《易》者，其知盜乎？《易》曰：『負且乘，致寇至。』負也者，小人之事也；乘也者，君子之器也。小人而乘君子之器，盜思奪之矣。上慢下暴，盜思伐之矣。慢藏誨盜，冶容誨淫，《易》曰：『負且乘，致寇至。』盜之招也。」

人生有很多盜的行為，諸如欺名盜世、公然掠奪、大盜盜國。而人生種種盜的行為，因為不應該是你的，你卻強制掠奪，那就是寇的概念。寇怎麼來的呢？你自己有弱點人家才乘虛而入。孔子認為《易經》的作者完全了解人生盜的道理。「負也者，小人之事也」，一般平常老百姓背著包袱忙於生計，絕沒有車子坐。「乘也者，君子之器也」，有身份地位的人，出門有「乘」——車，有代步的工具。「小人而乘君子之器，盜思奪之矣」，這種「負且乘」是身份很不協調，「負」的包袱還沒甩掉，又到「乘」的環境，這個「器」怎麼乘得好呢？於是始終被包袱拖累，然後做出很多跟身份不合的事情。外人一看你們內訌，互相傾軋，就有可能要起搶奪之心。

「上慢下暴，盜思伐之矣」，「慢」是傲慢、驕傲，也有漫不經心、鬆弛的意思在內，上樑不正下樑自然歪，上面沒有好典範，下面有樣學樣也沒規矩，就有很多偷盜的行為、侵犯人家的行為。「上慢下暴」這樣一個惡性的循環，外面的大敵就會趁機攻打過來。「慢藏誨盜，冶容誨淫」，「誨」就是教誨。社會風氣不好，跟乘車的有地位的領導階層有關，因為本身就不是一個解脫自在的健康心態，所以就會「誨淫」、「誨盜」，社會上盜的行為跟淫的行為就是他們教的。任何一個組織或者個人都有其庫藏、資產，可是這些資產可能守不住，因為漫不經心，致使門戶洞開，充滿著弱點，門禁不森嚴，這不是叫人家來偷嗎？「冶容誨淫」，女孩子打扮得妖裡妖氣，人家就有非分之想；淫的人當然有罪過，可是冶容的人也有引誘的罪。這就是「負且乘，致寇至」的結果——「盜之招也」，自己招致敵人攻伐。這就是解卦「六三」，集體的共業長期累積出來，變成「負且乘」，永遠丟不掉，就會造成「致寇至，貞吝」，絕對不是那麼容易解決的。所以爻變是恒卦（䷟），「負且乘」是長期形成的。從佛教的觀點來講，那是累世累劫產生的，罪孽深重，哪那麼容易連根拔除呢？

四爻：棄舊從新

九四。解而拇，朋至斯孚。

〈小象〉曰：解而拇，未當位也。

從第四爻「解而拇，朋至斯孚」開始，真正解套了。第五爻「君子維有解，吉，有孚于小人。」第六爻「公用射隼於高墉之上，獲之无不利。」〈小象傳〉也說：「公用射隼，以解悖也。」上卦三個爻都解套了，下卦三個爻還在險中，爻辭中絕對沒有解的象或字，這也是不言之象。解卦下卦陷在坎險中，爻辭中就沒有「解」字。進入上卦之後，「動而免乎險」，才有了「解」，越解越鬆，越解越開，越解越自在，越解越徹底。

我們看第四爻：「解而拇，朋至斯孚。」「而」字不是「能夠」的意思，作「你的」解。「九四」脫離了下卦的坎險，第一個動作先鬆綁，把纏住腳、使大拇趾行動困難的包袱解開，雖然這還不是最終的除害，但是至少要先鬆綁。那麼包袱在哪裡？就是「六三」的糾纏。「六三」纏住「九四」，兩者是陰承陽、柔承剛的關係。「九四」雖然是上卦震的開始，可是它本身還在坎險之中，三、四、五爻構成的互卦就是坎（☵），「九四」還是在坎險之中，跟「九二」一樣，沒有改善太多。「九二」是在敵人的勢力範圍內偵測敵情；「九四」脫離了下卦，可以有一些動作了，但它還是有風險，不能亂動，不過至少可以鬆綁，跟那些包袱劃清界線，把包袱拋掉，這就是「解而拇」。「六三」所象徵的東西還拖住「九四」，讓「九四」舉步維艱；「九四」在上卦震之初想要往前邁步，就有包袱拖住，所以一定要把「六三」的關係切斷，劃清界線，因為「六三」將來鐵定會出事。再者，「九四」還談不上有實力去制裁「六三」，一定要趕快解套，將來「六三」出事就不會被波及、株連。這就是「九四」提前看到「六三」的衰勢，將來到「上六」那個階段會被徹底剷除，現在「解而拇」，才能夠自由，跟象徵罪惡的沉重包袱劃清界線，舊的朋友切斷了，才會有新的朋友來，即「朋至斯孚」，而且是誠信相交。

如果沒有「解而拇」，就沒人敢跟你交往。只有把負面的東西切斷了，清新的東西才會進來，人生就進入有孚的境界。人要是不肯斷掉舊的關係，新的關係就不會建立，不會過新的人生。為什麼不乾脆把「六三」除掉呢？「九四」還沒實力，時候也未到，要知道「解之時大矣哉」，要到「上六」才是恰當的時機。既然沒有去掉「六三」的能力，那就先求自保，馬上從漩渦中擺脫出來。正如〈小象傳〉說的：「解而拇，未當位也。」「九四」不當位、不當權，但是先要自保，將來要是「六三」東窗事發，就不會被拖累。

解卦如果動了三爻、四爻是什麼卦象呢？升卦（䷭）。誰也擋不住你往上升。而第四爻的爻變是師卦（䷆），是接著「九二」爻變豫卦而來，完全按照預定的方案，經歷了「六三」，「九四」把與「六三」的關係切斷，然後就進入師卦。這就像按照兵法一樣，一步步做。「九二」是預先想法子透過「田獲三狐」，讓「六三」醜陋的真相完全顯現出來，到四爻就可以「解而拇，朋至斯孚」，棄舊從新，人生從解卦中擺脫包袱，就往上成長，即升卦。

五爻：包容大度

六五。君子維有解，吉，有孚于小人。

〈小象〉曰：君子有解，小人退也。

第五爻是解卦的君位，已經跟「六三」沒有關係了，這時候要做什麼？反而要寬容，不要趕盡殺絕。「六三」其情可憫，把它消滅殆盡也不行。要知道陽中有陰、陰中有陽，陰極轉陽、陽極轉陰，你已經佔得上風，就不要逼人入窮途，他會困獸猶鬥；你給他一條重生之路，給他一定的空間，說不定他會改過自新。這也是圓融的太極圖的作法，維持著動態的平衡，就不會有病。所以「六五」得饒人處且饒人，無所不解，徹底放鬆。「六三」已經不足為患，何必追殺到底呢？

「君子維有解」，維繫的「維」，維繫人群追隨的觀念。君子一旦擺脫了「六三」這個小人的障礙，就不要對小人痛下殺手，這樣的行為會有問題，所以要包容大度，要「維有解」，就是「赦過宥罪」，對君子來講絕對是「吉」。「有孚于小人」，君子與小人不要變成社會對抗的兩極，君子得勢不要追殺小人，要用信望愛來照顧他，甚至還要感化小人變成君子。這不是對立兩極的思考，而是維持平衡的思考，不要有截然的善惡之分，君子小人也會隨時變的，就像「天地之心」一不小心變「明夷之心」，「明夷之心」一不小心成為「天地之心」；一念之間撂下屠刀立地成佛，一念之間佛就墜墮成魔。所以君子小人在這種情況下，最好維持平衡，不要痛打落水狗，那絕不是好事。如果君子一定要那麼做，不包容小人，爻變就是困卦（䷮），永遠糾纏不清，就像媳婦熬成婆一樣，永遠沒完沒了。「解」中有「困」象，就是因為心裡不仁，小人知難而退就好，君子不要追殺到底，否則「解」又變「困」，那不是一直在輪迴嗎？

這就是「六五」，要寬容。〈小象傳〉說：「君子有解，小人退也。」因為「有孚于小人」，網開一面，讓小人逃之夭夭。如果「六五」對「六三」善了，事情就結束了。但是我們一定要知道，一定還有一些人想不開，想對抗到底，你對他再寬大，再以德報怨，他還是要對付你，所以我們就一定要有「上六」的準備，因為「上六」已經打造好祕密武器，在「田獲三狐」的時候，對狐性有了相當的了解，用在第二爻的祕密武器就可以為民除害。那就是「上六」，「上六」所針對的也是「六三」，它是最後的殺手，五爻奏效，不要用上爻；五爻不奏效，一定要有上爻跟進的造勢。做任何事情，不要只想著寬大，萬一寬大無效呢？

上爻：剷除全民公敵

上六。公用射隼于高墉之上，獲之无不利。

〈小象〉曰：公用射隼，以解悖也。

我們看解卦最後一爻。先看爻辭後一句：「獲之无不利」，也就是說，已經捕獲到了，沒有任何後遺症。「公用射隼于高墉之上」，「公」就是天下為公的「公」，說明不是私怨。「公用」二字曾在大有卦第三爻出現過：「公用享于天子，小人弗克。」「公用」就是懂得製造輿論，製造公眾的意見，孟子曾說：「國人皆曰可殺，然後察之；見可殺焉，然後殺之。故曰，國人殺之也。」意思就是要想除掉一個禍害並不容易，要等到其醜陋的形象浮現出來，罪證確鑿，利用公眾的意見才能剷除這個禍害。「上六」的「公用」就是「國人皆曰可殺，而後殺之」，從「九二」開始，主持中道的黃金箭早就準備好了，等到「上六」的時候，利用輿論，用黃金箭這一祕密武器對付「六三」這個禍患。「隼」就是猛禽，「上六」就需要居高臨下把「六三」射下去，也就是佔據戰略的高度，在什麼高度呢？即在「高墉之上」，在高高的城牆上「公用射隼」。城牆就是代表民意的支持。這個難纏的「六三」，「負且乘」到了「上六」才被剷除，過程可謂艱難。

第六爻剷除全民公敵，為民除害，就像離卦上爻的「王用出征」一樣。「射隼于高墉之上」的高墉，也不是一天蓋成的，經歷了二爻的準備、四爻的行動，直到上爻佔據戰略高度，形勢越來越清楚了，真相已明，此時解決「六三」就絕對合理。〈小象傳〉說：「公用射隼，以解悖也。」「悖」就是完全背離正道而行的現象，上爻把它徹底剷除了。但是，不要高興得太早，上爻的爻變是未濟卦（䷿），什麼意思呢？因為解卦最主要的目的還是要和平解決，而上爻沒有和平解決，動用了武器，通過戰爭的方式解決，還是偏離了解卦的主調，所以是「未濟」，還是不成。這樣做也沒辦法，因為老鷹、狐狸太狡猾，總要有降魔手段，逼急了非用不可，不過畢竟不是和解，有傷天和。換句話說，人生要懂得轉圜，事緩則圓，解卦〈大象傳〉主張「赦過宥罪」，其實就是〈雜卦傳〉說的「解，緩也」，也有司法上緩刑的概念，是不是可以給「六三」自新之路？如果「六三」在獄中表現良好，沒出狀況，那就可以寬恕了。當然，緩刑的概念也有另外一種意思，就是說三爻作惡多端，直到上爻才被徹底剷除，也是給予「六三」改過的機會；事緩則圓，必須要這樣才能得到輿論的同情、支持。

這就是「上六」。「上六」是一個殺手鐗，是非常陽剛的剷除手段。不像五爻，還給「六三」一個空間，解卦一直「利西南」，一直忍讓、包容，不管是處於弱勢還是處於優勢都是忍耐、寬容，可是寬容到最後會物極必反，就是第六爻，在陰柔讓步的寬容中出現了殺氣，這就跟練太極拳一樣，也就是所謂的綿裡藏針，太極拳的動作看著有多柔就有多柔，可是等到出殺手的時候，沒有任何東西擋得住，這也是解卦上爻的象。因為徹底放鬆，一旦反擊的時候，發出的力量就不可阻擋。「公用射隼于高墉之上」可謂是柔中蘊剛，柔中伏有殺手。所以在解卦中，「上六」要作為「六五」的備用方案。

〈繫辭傳〉說解卦「上六」

《易》曰：「公用射隼于高墉之上，獲之无不利。」子曰：「隼者，禽也，弓矢者，器也，射之者，人也。君子藏器於身，待時而動，何不利之有？動而不括，是以出而有獲，語成器而動者也。」

——〈繫辭傳〉

「隼者，禽也」，其實就是「田有禽」的禽，兇猛的害鳥。「弓矢者，器也」，就是「得黃矢」，在第二爻就打造好了這一祕密武器，備而暫時不用。正如「工欲善其事，必先利其器」，人生要真正解決問題，一定要準備像「上六」這種最後的解決方案，能夠不用最好，但一定要準備，那是後盾。這就是軟硬兼施。「射之者，人也」，要射大鳥，操之在人手。「君子藏器於身，待時而動，何不利之有？」這裡說的是，後面不會有任何後遺症，因為「獲之无不利」，絕沒有人同情那個被射下來的。「藏器於身」就是第二爻「得黃矢」，沒有馬上用，藏起來了，到最後再拿出來。「待時而動」，一動就是雷霆萬鈞，出手的時候沒有任何人擋得住，而且沒有任何藉口，別人也不會嫌你殘酷，大家都覺得非這樣不可。

「動而不括」，「括」就是先前綁得緊緊的，現在是解的時候，正好要解開結，所以不能「括」。一旦鬆綁，能量從袋子裡面綻放出來，錦囊妙計傾巢而出，「是以出而有獲」，所以出手就明快、流利，又狠、又準、又穩。人生不採取行動則已，一旦採取行動絕對要很流暢，沒有窒礙。「語成器而動者也」，一定要成器才動，即等最佳的出手時機。〈繫辭傳〉對解卦「上六」的詮釋大致就是如此。

占卦實例1：一千年後，西方文明的發展如何？

一千年以後，西方文明的發展會是如何呢？結果是訟卦（䷅）第五爻、第六爻動。第六爻說明西方文明還是以爭訟、爭奪為主調，這就很要命，因為到最後沒有贏家，所以是困局；但是還有第五爻的制衡，第五爻講究法制，也有「訟元吉」的結局。而第五爻、第六爻齊變就是解卦的象。

也就是說，西方文明要解，一定要用訟卦第五爻「訟元吉」的精神，排難解紛，化掉第六爻爭奪的心。

我們曾經占算過，未來一千年世界文明的發展是不變的泰卦（䷊），而未來一千年東方文明主要是中國文明的發展，就是解卦第四爻的「解而拇，朋至斯孚。」換句話說，泰卦是東方文明和解的精神，即解卦第四爻的哲學跟西方文明訟卦的第五爻、第六爻最後的結晶。

占卦實例2：三一九槍擊案的神秘信息

二〇〇四年初，我推算當時的副總統呂秀蓮全年運勢，為解卦三、五爻動，齊變有大過之象。這卦真是充滿不可測的玄機！

「六三」爻辭：「負且乘，致寇至，貞吝。」〈小象傳〉批：「亦可醜也。」正是三一九大選前夕下午的詭異情景，正副總統候選人共乘一車，遂遭不明人士槍擊。「六五」爻辭：「君子維有解，吉，有孚于小人。」小人退後，君位已定，事後再怎麼追查，也難重建現場事證，只有不了了之。設計此案，實非常人所能，這就是大過之象的意義。解之時大矣哉！大過之時大矣哉！時機恰好，陳、呂二人逆轉勝。

當年民進黨呼籲選後和解，藍營憤憤不平，回嗆：「沒有真相，沒有和解！」找到事實真相為解，和解也是解，這話說得完全對。

占卦實例3：夢裡江山更好

二〇一〇年十一月中，我問自己為何夜夜作夢？為不變的解卦。人生多蹇，世路難行，日有所思，夜有所夢，在夢境中尋求紓壓解脫。

易經密碼：易經六十四卦的全方位導覽 / 劉君祖著．
-- 初版．-- 臺北市：大塊文化，2015.11
冊；　公分．--（劉君祖易經世界；6）

ISBN　978-986-213-652-2（第五輯：平裝）

1. 易經　2. 研究

121.17　　104020591

劉君祖易經世界6
易經六十四卦的全方位導覽
易經密碼　第五輯

作　者：劉君祖
責任編輯：李濰美
封面設計：張士勇
文字校對：趙曼如、楊菁、鄧美玲、劉君祖
法律顧問：董安丹律師、顧慕堯律師
出　版：大塊文化出版股份有限公司
地　址：台北市 105022 南京東路四段二十五號十一樓
網　址：www.locuspublishing.com
讀者服務專線：0800-006689
電　話：(02) 87123898　傳真：(02) 87123897
郵撥帳號：18955675　戶名：大塊文化出版股份有限公司
總經銷：大和書報圖書股份有限公司
地　址：新北市新莊區五工五路 2 號
電　話：(02) 89902588（代表號）　傳真：(02) 22901658
初版一刷：二〇一五年十一月
初版六刷：二〇二〇年十二月
ISBN　978-986-213-652-2
定　價：新台幣四〇〇元
Printed in Taiwan

《易經》是民族智庫，文字發明前的集體創作

易經是群經之首，相傳6500年前從伏羲畫卦開始，
經周文王修訂卦爻辭，到孔子的集大成。經文雖然只有四千多字，
卻歷經時代的檢驗，裡面含納了歷代聖賢豐富的生活經驗和深沉的智慧。

《易經》是天人之學，蘊涵天地人的應對關係

《易經》對於中國文化的影響非常深遠，
幾乎所有的學問和技藝均受其啟發。
尤其神秘的易占，是中國術數之學的具體應用，
精確推演人生世事盛衰榮枯的變化，
而且隨著時代演變，以及個人的生命閱歷，
可不斷發現新的詮釋角度，令人讚嘆不已。

《易經》是憂患之書，經得起時間的考驗證明

64卦、384爻就是教人面對人生的種種橫逆，
找到化解的方法。
它的神機妙算和決策智慧，
自古以來被廣泛運用於政治、經濟及軍事領域，
面對全球化的今日，不僅有極大的發展空間，
更能給予高度的啟發。

《易經》的陰陽和合，為宇宙的生命基因解碼

《易經》卦爻符號表意系統所提供的信息和剖析豐富而精確，
它將陰陽互變的所有可能都考慮進去，
還可透過時間驗證預測結果。
易經64卦是宇宙的資訊網、信息庫，
想要探究生命的奧秘，就得參透其中的意義。

《易經》的古老智慧，能為21世紀的瓶頸解套

《易經》總合了不同時代的人生經驗與處世智慧，它是古代帝王學，
因為它不是一家之言，會不斷湧現新的創意構思，
具有未來趨勢的前瞻性，可以解決每個時代所面臨的困境。

易經世界 劉君祖

劉君祖將古代易學
與現代生活緊密結合，
深入淺出、迭出新意，
讓人大開眼界。
他積累數十年的學思匯萃，
將義理與象數融合無間，
引領大家進入易經玄妙而
豐富的世界！

深入淺出、循序漸進
教你一次讀懂易經

入門

《天道驚險人驚艷—易經的第一堂課》

進階

《易經密碼》第一輯
《易經密碼》第二輯
《易經密碼》第三輯
《易經密碼》第四輯
《易經密碼》第五輯
《易經密碼》第六輯
《易經密碼》第七輯
《易經密碼》第八輯

高階

《易經之歌—易經繫辭傳》